Jituan Guankong Zonghe Shijian Jiaocheng

—— Jiyu Jindie EAS Guanli Ruanjian Pingtai

集团管控综合实践教程

—— 基于金蝶EAS管理软件平台

主　编　钟　男　张　娟

副主编　陈　茜　赵淑芬　郑玉兰

西南财经大学出版社
Southwestern University of Finance & Economics Press

中国·成都

图书在版编目(CIP)数据

集团管控综合实践教程:基于金蝶 EAS 管理软件平台/钟男,张娟主编.—成都:西南财经大学出版社,2020.8(2025.7 重印)
ISBN 978-7-5504-4495-9

Ⅰ.①集… Ⅱ.①钟…②张… Ⅲ.①财务软件—教材 Ⅳ.①F232

中国版本图书馆 CIP 数据核字(2020)第 156280 号

集团管控综合实践教程——基于金蝶 EAS 管理软件平台

主 编 钟男 张娟

副主编 陈茜 赵淑芬 郑玉兰

责任编辑:李特军

责任校对:乔雷

封面设计:张姗姗

责任印制:朱曼丽

出版发行	西南财经大学出版社(四川省成都市光华村街 55 号)
网　　址	http://cbs. swufe. edu. cn
电子邮件	bookcj@ swufe. edu. cn
邮政编码	610074
电　　话	028-87353785
照　　排	四川胜翔数码印务设计有限公司
印　　刷	郫县犀浦印刷厂
成品尺寸	185 mm×260 mm
印　　张	14. 125
字　　数	318 千字
版　　次	2020 年 8 月第 1 版
印　　次	2025 年 7 月第 5 次印刷
印　　数	6601— 8600 册
书　　号	ISBN 978-7-5504-4495-9
定　　价	43. 80 元

前 言

随着中国经济的快速发展，大量的中国企业都采用跨地域、多组织、多业态的集团企业的运作和管理模式。但由于管理经验缺乏，不少集团企业的下属分（子）公司的财务管理自主权过大，各自为政，导致集团的整体经营活动目标分散，下属各分（子）公司过于注重局部利益而忽略整体利益，最终会严重影响集团的经营效率。同时，下属分（子）公司在资金管理上有较强的自主权，独立投资、融资，这会导致集团整体资本结构欠佳，投资、融资规模的比例在整个集团内部资金链中的比例失调，影响资金的内部融通，增加外部投资的风险。另外，集团企业在成本控制上，会削弱对成本的控制力度，影响内部财务核算结果，导致成本核算的失真以及财务控制处理系统的失效，从而增加集团的财务和税务风险。这种各自为政、缺乏整体观念的分权式财务管控，会对实现集团内部各项资源的优化配置、保持内部凝聚力、增强集团的整体实力产生负面影响。

正是在此背景下，越来越多的集团企业开始注重实施集团管控。集团管控主要是实现财务的管控，是指以集团总部为财务管控的主体，在特定环境下，采用一定的方式使集团资本运动链沿着集团企业整体财务价值最大化的目标发展。集团管控主要内容包括预算（绩效）管控、资金管控、投融资管理、财务报告与分析、风险与内控、成本管控等。

通过实施集团财务管控，集团总部从整体上对整个集团的财务进行指导和调控。实施财务管控有利于将“透明”的财务信息准确及时地集中，这样既解决了集团企业总部和下属单位财务信息的不对称性问题，同时又为制定战略发展规划提供依据，同时还有利于集团总部了解下属单位的生产经营情况和战略实施情况，保证集团内部财务目标的协调一致，为企业实施改革和发展战略提供重要保障。

集团管控也在随着技术的发展而不断演进，从以往的管理控制模式开始逐步向赋能转型。人工智能、大数据等技术的发展，促使集团管控的模式转变为以共享服务中心为支撑，既赋能前端的业务，同时又支持后台的管理者进行数字化决策和战略模式的创新。

金蝶 EAS 作为大型集团型企业的财务、业务管理平台，其为大型集团企业的财务管理、业务经营提供了强有力的支撑，目前在国内众多的大型集团企业中被广泛应用。为此，本书以金蝶 EAS 的集团财务管理的核心功能为基础，结合金蝶近年来参与的多家大型集团企业的财务管控建设案例，并融入作者所在团队的多年教学经验，非常适合高等院校的财务管理、会计信息化、工商管理、信息管理等相关专业作为教学用书，以便学生对于集团企业的财务管理模式、业务场景、管理流程等有清晰的认知，并初步具备集团企业的财务管理规划的能力，为未来的职业发展打造更高的起点。当然，对于企业财务管理人员和信息化负责人，本书也是一本不错的参考书。

本书分共为十章，从集团管控的理念入手，介绍了集团组织架构的搭建、集团的预算管理、集团费用管理、集团资金结算、集团现金池管理、集团投融资管理、集团财务核算、集团合并报表及集团财务分析等内容。

在本书的编写过程中，金蝶软件公司的杨丹虹、孟晓轩、傅仕伟、郑菁、刘婷、刘媛媛、颜振堂、曾欣等也参与了部分章节的编写工作，并提供了相关企业的案例，在此对他们的大力支持和付出表示衷心感谢！同时，在本书的编写过程中，我们查阅了大量的书籍和文献，引用了网上资料和参考文献的部分内容，在此特向其作者表示深切的谢意！

由于时间仓促，书中难免会有不妥之处，希望读者予以谅解并指正。

编者

2020 年 6 月

目 录

1 集团管控概述

1.1 集团管控的概念

随着市场经济体制的不断发展完善，从20世纪80年代中期开始，一些企业不断通过并购、重组以及联合等多种资本运作方式组建集团企业，逐步形成了一批跨区域和行业、多主体的综合性产业集团。随着集团企业的组建并快速发展，其内部管理手段滞后的矛盾也日渐突出。集团财务如何进行管理是现代集团企业管理的一个重要环节，关乎着集团企业的可持续经营和健康发展。集团企业实施集团财务管理与控制，可以降低企业运营成本，提高资本运作效率，提升企业抵抗经营风险的能力，从而提高集团企业的市场竞争力。

集团管控主要实现财务的管控，是指以集团总部为财务管控的主体，在特定环境下，采用一定的方式使集团资本运动链沿着集团企业整体财务价值最大化的目标发展。集团财务管控主要内容包括预算（绩效）管控、资金管控、投融资管理、财务报告与分析、风险与内控、成本管控等。

1.2 集团管控在我国的应用现状

集团企业作为由多种组织形式和多层次委托代理关系企业构成的公司，具有股权关系和管控模式复杂的特点，这使得其在财务管理上与单一企业有着显著的差别，呈现出财务管理多元化、立体化、分层化、复杂化的特性。在现代社会经济发展过程中，由于市场经济发展以及其自身的原因，集团企业在财务管控方面存在一些问题：

（1）集团下属公司财务管理各自为政，缺乏一体性。

目前，不少集团企业实行下属分（子）公司分开的财务管控，权利过于下放，集团总部对下属公司难以实施有效管控，从而就难以站在集团整体的高度去制定财务战略和开展相关活动，造成集团整体经营活动目标分散，下属分（子）公司过分注重局部利益而忽视整体利益，最终严重影响集团的经营效率。一方面集团在投资、融资上，会出现整体资本结构欠佳，投资、融资规模的比例在整个集团内部资金链中的失调的问题，影响资金的内部融通，增加外部投资的风险；另一方面集团在成本控制上，会削弱对成本的控制力度，影响内部财务核算结果，导致成本核算的失真以及财务控制处理系统的失效，从而增加集团的财务和税务风险。这种各自为政，缺乏整体观念的分权式财务管控，会对实现集团内部各项资源的优化配置、保持内部凝聚力、维系集团的整体实力产生负面影响。

（2）集团企业财务管理观念落后，缺乏科学性。

这主要表现在两个方面，一是集团企业财务人员缺乏相应的集团财务管控经验，很多时候不能站在集团总部的高度去思考问题，展开财务管理工作，而是仅仅做好总部自身的财务管理工作，再加上集团内部缺乏系统规范的财务管理与控制制度体系，因而无法第一时间掌握集团分部和子公司的财务状况，难以对其进行有效的财务引导和监管。二是随着现代企业制度的确立完善和《企业财务通则》在企业中的推广实施，集团企业所处的财务管理环境更加灵活，充满机遇与挑战。但由于集团企业的管理人员和财务人员尚未适应这种全新的财务管理环境，在思想上仍受旧的财务制度束缚，还未构建起符合时代要求的财务管控的新理念和新知识体系，因而在财务管控的实践中，便会出现许多不适宜、不科学的做法，如筹资时没有系统权衡资本构成，投资时没有分析风险报酬等，从而严重影响了集团企业的财务管控效率。

（3）集团企业财务管理人员配合不够，缺乏默契。

在旧的财务制度下，集团财务管控人员主要以完成自身工作为主，并未强调管控机制的实行，没有树立整体观念。除财务管控部门的人员以外，其他职能部门的人员不用参与集团的财务工作，因而对财务管理相关内容所知甚少，无法与财务人员形成配合。这样的管控方式也就导致了全新的财务管理难以推行，为集团总部提升对下属分（子）公司财务管控的成效造成了障碍。

（4）集团企业财务管控内容不足，缺乏动态性。

目前部分集团企业的财务管控体系缺乏动态且全面的建设与监管，从而导致其对财务的管控缺少力度。这样的做法在事前难以做到财务预算的有效分析，事中容易造成对财务、会计各项资料的失控，而在事后又无法根据年初预算规划来考核年度投资与融资收益结果。管控内容的不足，使得集团企业的事前预算、事中控制和事后审核各项环节都成效甚微，因而集团下属分（子）公司对财务决策的制定、选择和执行整个过程便超出了集团总部财务管理与控制的范围，难以受到集团财务的有效控制。

（5）集团企业财务管理监管不力，缺乏力度。

虽然新的财务制度实施效果显著，但由于集团企业财务管控力度不足，从而造成会计核算出现偏差、财会管理系统混乱、财务管控功能弱化、集团资金的流失，最终减弱集团抵御财务风险的能力，给集团经营活动的开展带来消极影响。探究集团财务管控体系可以发现，其监管不力的原因主要包括：集团各级财务人员普遍专业素质不高，尚未形成自主的决策观念，难以行使独立审核和监管的职能；集团财务控制权放权过多，在对下属分（子）公司进行资产处置上没有严格的权力限制的规定，导致下属分子公司权限过宽，无法形成约束机制，容易给有不良动机者留下制度的空子；缺乏与之相配套的规章制度体系，《中华人民共和国会计法》难以贯彻执行等。

1.3 实施集团管控的必然性

（1）集团财务管理是集团企业改革和发展战略的需要。

当前，我国的集团企业普遍存在着财务行为不够规范和集团战略得不到下属单位完全认同和全力贯彻执行等情况，所以集团总部有必要从整体上进行指导和调控。实施财务管控有利于将“透明”的财务信息准确及时地集中，这样既解决了集团企业总部和下属单位财务信息的不对称性，同时又为制定战略发展规划提供依据，还有利于集团总部了解和调控下属单位的生产经营情况和战略实施情况，保证集团内部财务目标的协调一致，为企业实施改革和发展战略提供重要保障。

（2）集团财务管理可以有效促进财务和业务的协同。

当集团企业实行财务管控后，在经济业务发生时，财务就可以在第一时间得到面向业务流程的全部量化信息，并进行实时跟踪和监控，从根本上缩短了信息可靠性校验和统计周期，这不但保障了财务所收到的业务信息的及时准确性，同时实现了财务信息形成与业务发生同步的高效运行机制，使财务更好地为业务发展服务。

（3）财务集中管理可以最大限度地防范集团企业风险。

财务管控是防范集团企业风险的重要措施。集团总部通过财务集中管控，可以实现以下几个目的：

一是能够控制业务流程、规范集团内部的财务工作和财务行为，避免或减少财务工作违法行为的发生，防范法律风险。

二是能够降低由集团大型化、业务分散化所带来的经营风险，另外可随时监控成员企业的运营情况，及时发现问题，及时采取风险控制或者补救措施，将经营风险控制在合理范围之内。

三是能够使集团总部随时掌握下属公司的财务状况，使财务管控由原来的事后监督变成了事前审核、事中控制、事后监督相结合的模式，合理规避财务风险。

1.4 集团管控未来的发展趋势

（1）管理理念从管控向赋能转变。

管控与赋能是什么关系？两者是并行的还是矛盾的？传统的激励给予员工更多的动力。例如，给员工设定绩效目标，只要员工达到了绩效目标，就给予奖励，没有达到，就会有相应的处罚措施；赋能更关注能力而非动力，使员工有更强的能力去工作；在员工开展工作的过程中，给予员工更多的能力培养、指导，以及提供更高效的业务处理平台，让员工有更强的能力去达到目标。

集团管控从管控到赋能的思维转变是必要的，从生产力和生产关系的发展来看，赋能是必然的趋势；从人的角度来看，“90后”“00后”陆续走上工作岗位，传统的管理方式不再可行，管理层应该确认双方的核心利益与动机是一致的，并对员工做到足够的赋能，使员工有更充分的能力做事。

（2）转型驱动力从流程驱动向数据驱动转变。

流程驱动和数据驱动的本质区别是什么？以手机拍照功能的演进为例，传统的“一键拍照”功能，最初无法对场景进行个性化选择，后来发展到内置各类人像、运动等应用场景可供选择，再发展成为可以用 AI（人工智能）算法自动根据环境选择合适的模式，实现“一键拍照”。两种“一键拍照”，结果相同，但驱动模式有着本质区别。推动手机拍照技术发展的不是流程，而是 AI 与大数据驱动手机厂商对于手机拍照技术的数据化提升。

财务人员如何才能进行财务分析或决策支持？员工可以思考企业如何扩大收入，如何获取起决定性作用的数据，再思考企业在运行过程中产生的数据以及数据的组合可能有哪些价值，谁最需要这些数据。通过反复思考，我们就能发现什么是真正有价值的数据以及获取的办法。判断数据是否有价值的依据是客户的需求，所以数据驱动的背后是用户驱动，即以客户为中心。流程驱动和数据驱动关注的信息也不同，前者关注企业内部数据，如企业 ERP 系统更关注企业内部信息的采集，而数据驱动则同时关注企业内部数据和外部数据，同时企业间的界限也越来越模糊。企业越来越多地将关注力放在整个生态而不单纯是内部运营。

以数据驱动为主体的发展趋势，将使集团管控能基于企业的财务数据、业务数据，以及外围的社会化大数据进行更加科学、高效的决策，为管理层的业务模式创新、战略创新提供更加强劲的驱动力。

（3）运营模式从传统金字塔模式向前、中、后台模式转变。

未来财务管理模式甚至整个企业的组织模式会转变为前、中、后台模式，财务职能分布在前中后台，前台是赋能服务网络，中台是共享运营中心，后台是决策创新中心，实时交互、协同联动。这种模式有两个特征：一是开放性，即与其他企业相互融合开放连接起来，企业之间的界限变得模糊；二是前中后台同时担负业务、财务及其他相应职能，并保持互动。

2 集团组织搭建

2.1 集团组织概述

集团企业必须善于运用新技术、新手段、新的管理模式改变自己的业务模式，获取创新带来的利润价值。这些新技术、新手段、新的管理模式可极大地提高沟通效率，降低沟通成本和信息获取成本，加快信息传递速度，提升对业务的控制能力以及应对未来的能力。

金蝶 EAS 组织架构模型正是基于以上需求而设计的，它是企业模型中的一个重要组成部分。它充分考虑了动态企业建模的组织维度，为企业提供了对业务流程和组织架构的灵活定制功能，支持企业中任意组织层次的集中或分散的复杂混合管理模式。同时，金蝶 EAS 能够定义组织间的复杂协同关系，提供基于虚拟组织的业务协同与控制的调整功能，不管组织间的关系如何调整，其调整都只是调整该组织模型，不用涉及其他环节，保证企业能够充分应对快速多变的竞争环境。

金蝶 EAS 组织架构模型是为处理多公司、多工厂、多地点的协同业务而设计的，力求为各项应用提供基于组织的灵活性和扩展性。例如，要能支持企业总部或事业部间不同的管理控制模式、支持不同类型的公司间业务处理的协同方式、支持不同类型业务组织间的业务协同、支持多种业务汇报关系、支持不同组织结构下的业务汇总与分解关系等。

金蝶 EAS 组织架构模型能够灵活地支持集团企业的各种管理模式，包括集中管理与业务监控，让企业根据需要灵活调整集中管理与监控的力度，其可以组合出各种混合管理模式以及非常细化的逐层控制。从业务管理的角度来说，金蝶 EAS 组织架构模型的特点如下：

①实现支持集权、分权或者混合管理模式的组织模型，包括基本共享环境的分配（紧密管理还是分散管理）、基本共享环境的共享和复制（政策控制强度和力度）。

②实现矩阵管理模型，横向的信息共享、协作和控制与纵向的业务集中管理（基于虚体的统计查询、汇报关系）。

③实现组织间业务协作模式（业务的集中与分散），包括责任类型以及责任描述等。

④组织隔离（管理权的集中与分散）。组织隔离的概念不是业务组织的区别，而是基本共享环境的区别，主要包括用户、权限、流程、业务数据转换、参数、预警、基础档案的隔离。

在金蝶 EAS 组织架构模型中，组织类型分为行政组织、财务组织、采购组织、库存组织、销售组织、责任中心、HR 组织（人力资源组织）、管理单元八大类。其中，除了行政组织以外其他组织类型都可以称之为业务组织。在金蝶 EAS 组织架构模型中，企业的具体业务行为由这些具体的业务组织负责执行与实施，业务组织体现了企业在业务上的横向管理关系。也就是说，业务活动的主要载体是业务组织。它们各自承载特定的业务，并负责制定跟本类业务相关的业务政策。业务组织是各类业务管理的边界，也是业务数据隔离的边界。简单地说就是：业务组织是"业务系统"的概念，代表该组织可以做什么事。

本章将以一家集团企业的案例为基础，来讲解集团企业组织架构的搭建过程及其基础资料收集整理。

2.2 案例背景

鑫弘机械集团公司是一家较早在国内 A 股上市的以机械制造为主营业务的集团企业，于 1993 年成立，主营挖掘机、装载机、叉车等机械系列产品，营业收入约 8 亿元，员工约 3 000 人。

鑫弘机械集团公司组织架构如图 2-1 所示。旗下设立了集团本部、机械制造公司、机械配件公司和机械销售公司。集团本部负责处理集团所有相关业务。机械制造公司只负责生产机械产品如挖掘机、装载机等。机械配件公司为机械制造公司生产机械所需的所有配件，与机械制造公司存在内部往来。销售公司负责产品销售，将机械制造公司生产出来的机械销往全国各地，是一家只有销售职能的下属公司，销售公司向机械制造公司要货。

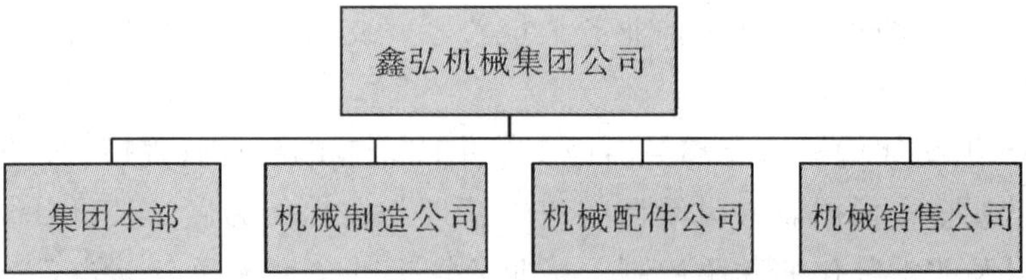

图 2-1　鑫弘机械集团公司组织架构

鑫弘机械集团公司采用战略管控型的管控模式管理集团所有业务，总部作为战略决策中心和投资决策中心，以追求集团企业总体战略控制和协同效应的培育为目标，母公司除了在资产上对下属单位进行控制外，还负责集团的财务、资产运营和集团整体的战略规划，例如对下属单位的战略发展规划、企业资产运用、预算划拨、企业绩效管理等。各下属单位同时也要制定自己的业务战略规划，并提出达成规划目标所需投入的资源预算。总部负责审批下属企业的规划并给予有附加价值的建议，批准其预算，再交由下属企业执行。母公司对下属单位的管理主要通过年度报告或者季度报告的形式来表现。

在实行这种管控模式的过程中，为了保证下属单位目标的实现以及集团整体利益的最大化，各下属单位业务的相关性要求很高，集团总部的规模并不大，主要在进行综合平衡、提高集团综合效益上做工作，如协调各下属单位之间的矛盾、平衡各企业间的资源需求。

本案例将在这样的背景下来讲解集团管控过程中预算管理、资金管理、现金池管理、资金结算等业务过程，旨在让学生学习整个集团管控相关的业务流程。

2.3 任务一：新建组织单元

2.3.1 任务描述

集团 ERP 运维专员根据集团组织架构，搭建本集团的组织单元。首先以数据中心：集团管理会计，用户名：administrator，密码：kdadmin 进入 EAS 系统，分别新建鑫弘机械集团_学号、集团本部_学号、机械制造公司_学号、机械配件公司_学号、机械销售公司_学号五个组织单元，表 2-1 和表 2-2 是集团及集团本部组织单元的具体信息。

表 2-1 鑫弘机械集团_学号组织信息

	行政组织页签			财务组织页签			
编码：学号 名称：鑫弘机械集团_学号 仅需要设置行政组织和财务组织页签	上级行政组织	组织层次类型	独立核算	上级财务组织	会计期间类型	基本核算汇率表	本位币
	管理单元	集团	勾选	管理单元	中国会计期间类型	基本核算汇率表	人民币

表 2-2　集团本部_学号组织信息

	行政组织页签			财务组织页签					采购组织页签			销售组织页签		
	上级行政组织	组织层次类型	独立核算	财务实体组织	上级财务组织	会计期间类型	基本核算汇率表	本位币	采购实体组织	上级采购组织	记账委托财务组织	销售实体组织	上级销售组织	记账委托财务组织
编码：01_学号 名称：集团本部_学号	鑫弘机械集团_学号	公司	勾选	勾选	鑫弘机械集团_学号	中国会计期间类型	基本核算汇率表	人民币	勾选	鑫弘机械集团_学号	集团本部_学号	勾选	鑫弘机械集团_学号	集团本部_学号

	库存组织页签			成本中心组织页签			利润中心组织页签		
	库存实体组织	上级库存组织	记账委托财务组织	成本中心实体组织	上级成本中心	记账委托财务组织	利润中心实体组织	上级利润中心	委托财务组织
编码：01_学号 名称：集团本部_学号	勾选	鑫弘机械集团_学号	集团本部_学号	勾选	鑫弘机械集团_学号	集团本部_学号	勾选	鑫弘机械集团_学号	集团本部_学号

2.3.2　具体操作

第一步：登录 EAS 客户端，打开桌面的 EAS 客户端图标进行登录，数据中心选择：集团_任课老师的名字，登录名：administrator，密码：kdadmin，如图 2-2 所示。

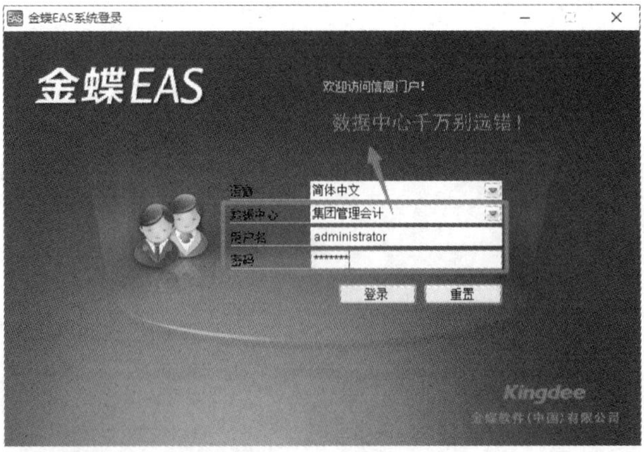

图 2-2　EAS 登录界面

由于所有学生都是用 administrator 登录来新建组织单元，因此系统会提示“账号重复登录”，点击【忽略】即可。（特别注意：此处因为大家都是用 administrator 来搭建组织单元，因此出现提示的时候要点击【忽略】，不能点击【踢出】，如图 2-3 所示。）

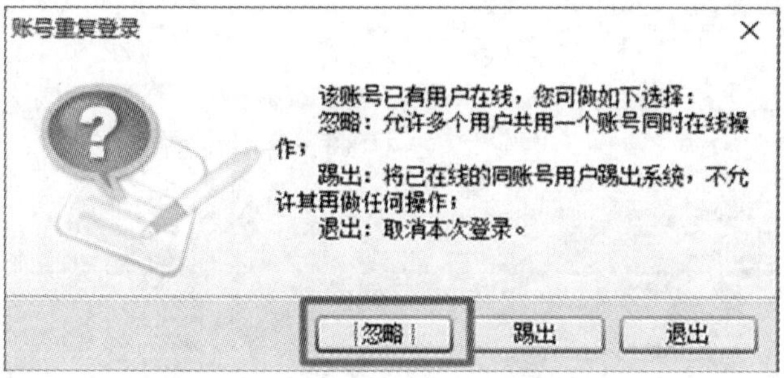

图 2-3　账号重复提示时选择【忽略】

第二步：打开【企业建模】-【组织架构】-【组织单元】（下一层级），在此处需要新增组织单元，并且维护好组织单元的组织类型，如图 2-4 所示。

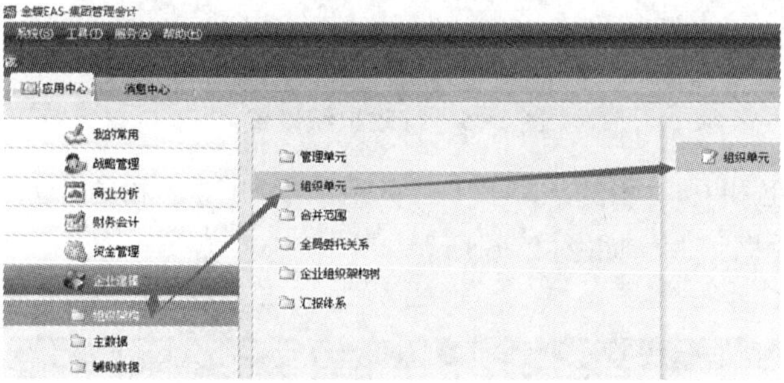

图 2-4　组织单元路径

【注意】

①新增组织单元的时候要选择好对应的上级组织再点击【新增】，否则会导致组织上下级关系混乱，无法进行正常业务处理。

②设置组织单元组织类型时，需要按照实验数据，仔细选择好组织类型，并按照顺序从左到右设置，否则对后面实验的开展影响很大。

（1）新增鑫弘机械集团_学号组织。

开始新增第一个组织单元：鑫弘机械集团_学号，需要参照前面资料给出的集团组织单元信息。假设学号是“12115021051”，则在新增组织单元后编码输入“12115021051”，名称输入“鑫弘机械集团_12115021051”。接下来勾选组织类型，按照顺序勾选和设置前 7 个类型，即从独立核算勾选到利润中心就可以了，然后开始从行政组织页签开始从左往右的顺序设置。

进入组织单元页面后，先选择“管理单元”，再点击左上角的【新建】按钮，首先设置鑫弘机械集团_学号的【行政组织】页签，检查上级行政组织为“管理单元”，选择组织层次类型为集团，勾选“独立核算”，如图 2-5 所示。

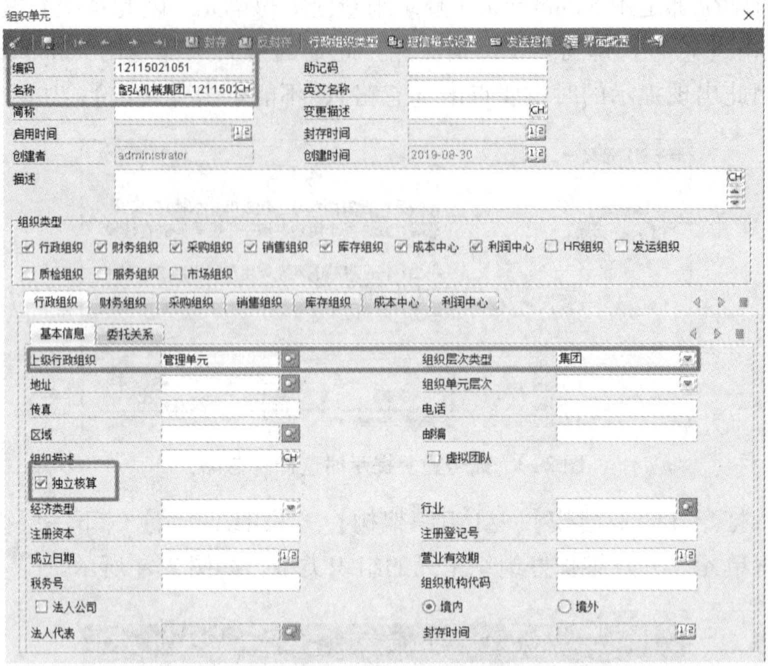

图 2-5　行政组织设置

接下来设置鑫弘机械集团的_学号【财务组织】页签，检查上级财务组织为“管理单元”，根据实验数据填写，如图 2-6 所示。

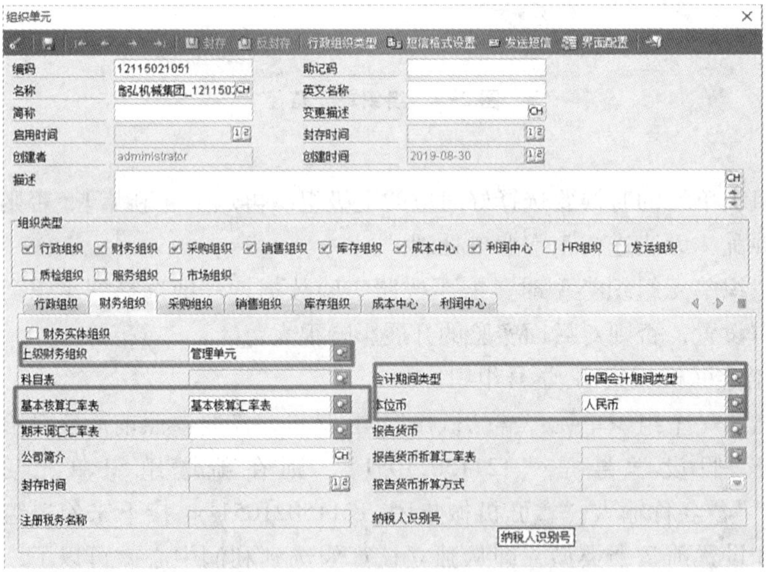

图 2-6　财务组织设置

新增鑫弘机械集团_学号的时候，【采购组织】页签至【利润中心】页签不需要设置，设置完成【行政组织】和【财务组织】页签后，鑫弘机械集团_学号单元就算设置完成了。点击【保存】，然后返回组织单元界面，可以看到新增后的集团。

(2) 新增集团本部_学号组织

新增集团本部_学号组织，需要参照前面提供的集团本部的组织单元信息。在组织单元界面，选中鑫弘机械集团_学号继续新增其他组织单元，如图 2-7 所示。

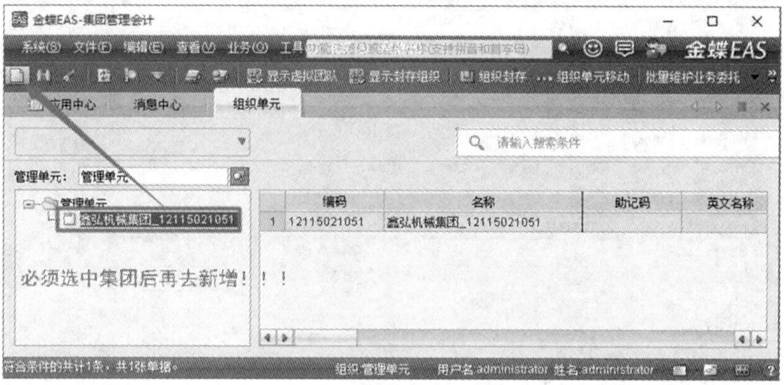

图 2-7 新增组织单元

选中“鑫弘机械集团_12115021051”，点击【新增】，输入编码为“01_12115021051”，名称为“集团本部_12115021051”，然后从左往右勾选组织类型，如图 2-8 所示。

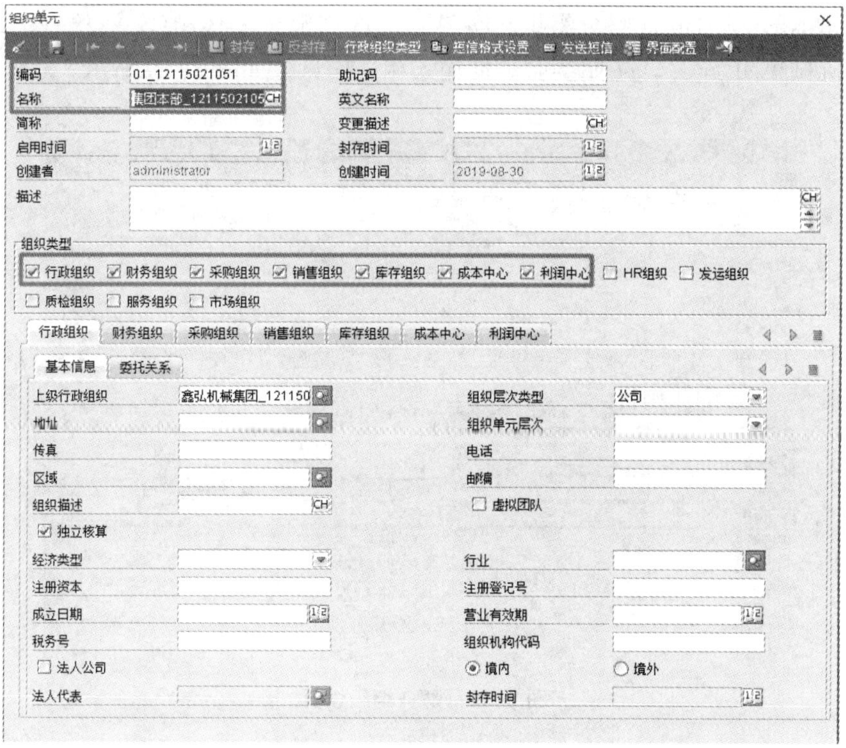

图 2-8 设置组织类型

设置集团本部_学号的【行政组织】页签，检查上级行政组织为鑫弘机械集团_学号，组织层次类型为“公司”，勾选“独立核算”，如图 2-9 所示。

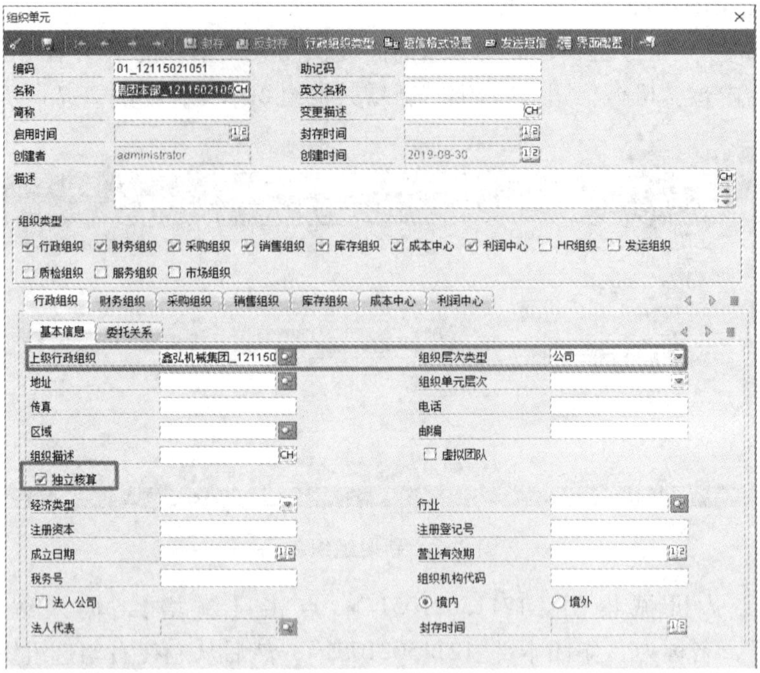

图 2-9 行政组织设置

在集团本部_学号的【财务组织】页签，勾选“财务实体组织”，检查上级行政组织为鑫弘机械集团_学号，按照实验数据输入相关信息，如图 2-10 所示。

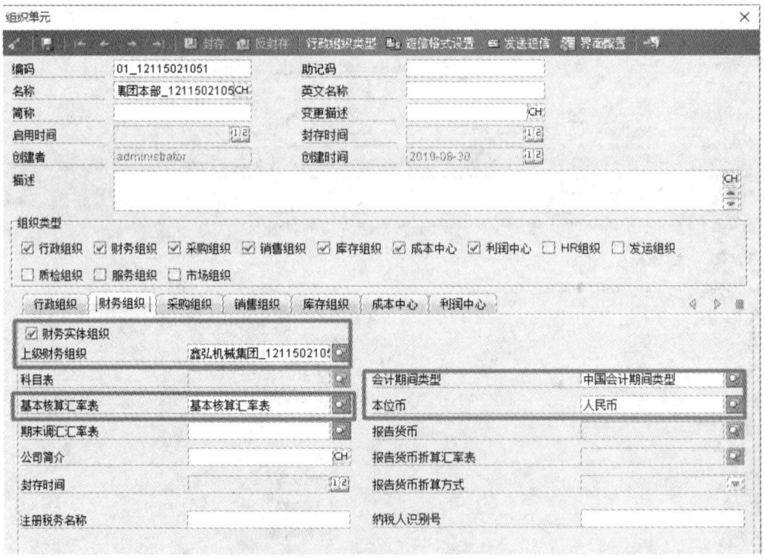

图 2-10 财务组织设置

【注意】

财务页签很关键，是不是实体组织关系到后面页签设置。任务描述提供的是实体，则必须勾选实体。

集团本部_学号的【采购组织】页签至【利润中心】全部只需要从左往右勾选实

体组织即可，勾选了实体组织，则可以看到记账委托财务组织自动设置为集团本部_学号了，检查上级采购组织、销售组织、库存组织、成本中心和利润中心均为鑫弘机械集团_学号即可。

集团本部_学号的【采购组织】页签信息如图 2-11 所示。

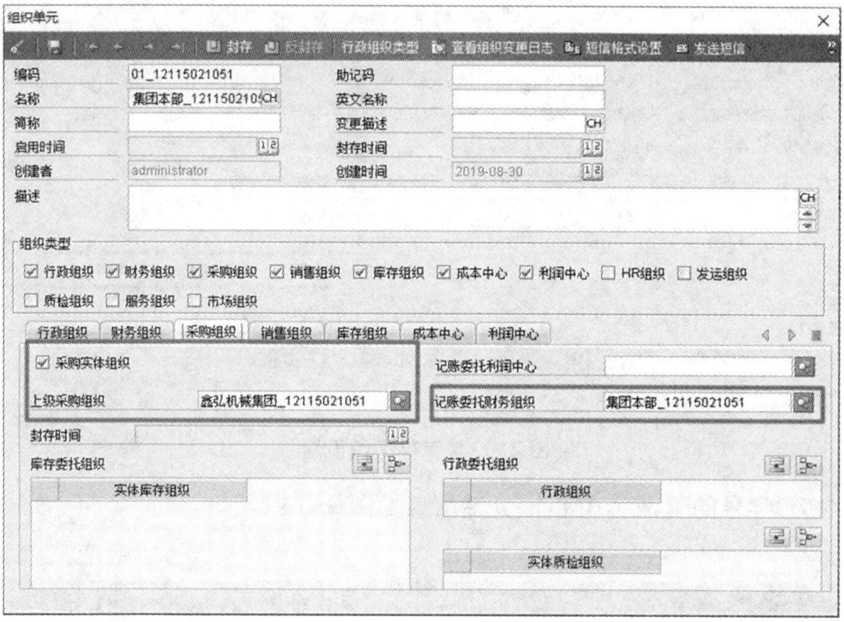

图 2-11　采购组织设置

集团本部_学号的【销售组织】页签信息如图 2-12 所示。

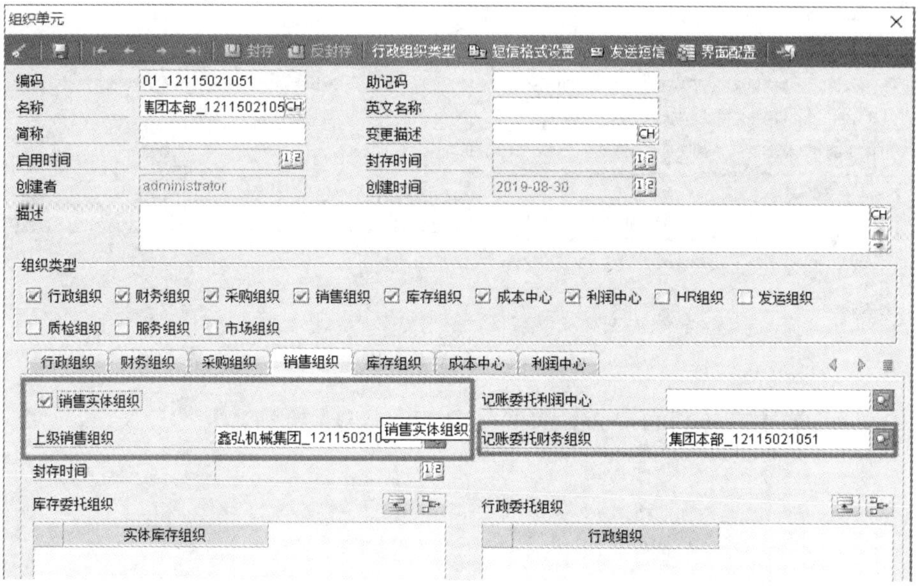

图 2-12　销售组织设置

集团本部_学号的【库存组织】页签信息如图 2-13 所示。

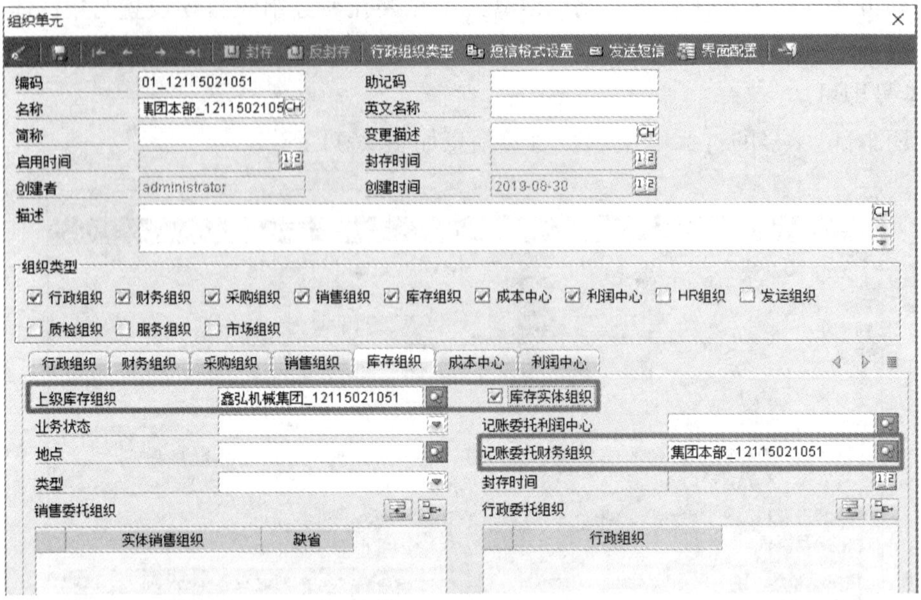

图 2-13　库存组织设置

集团本部_学号的【成本中心】页签信息如图 2-14 所示。

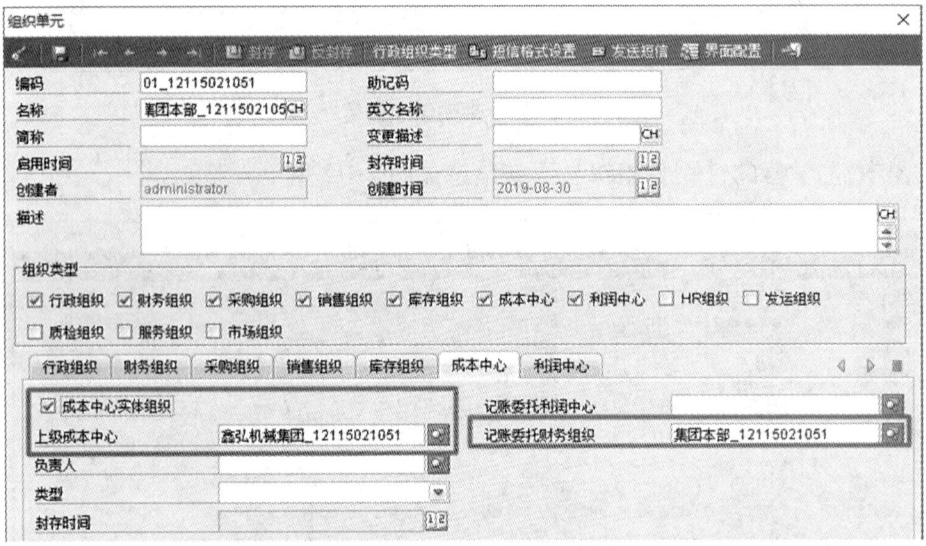

图 2-14　成本中心设置

集团本部_学号的【利润中心】页签信息如图 2-15 所示。

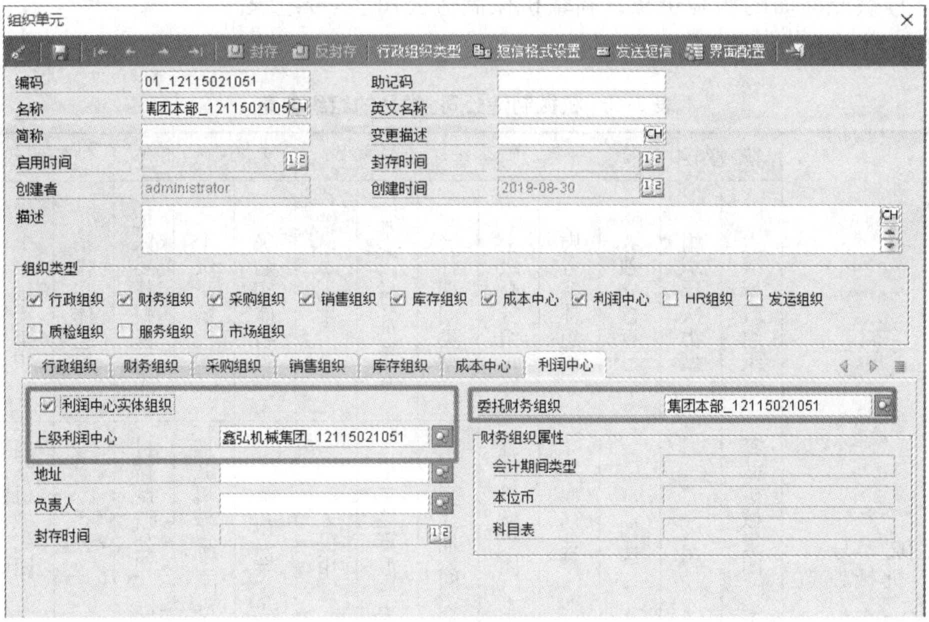

图 2-15　利润中心设置

设置完成这些页签后就可以点击左上角的【保存】按钮，保存集团本部_学号的组织单元。其他三个组织单元的新增和设置按照练习作业的要求完成，此处不再详细描述。

完成上述实验练习后，1 个集团 4 个下级组织全部增加完毕。学生需再次确认 4 个下级组织归属于鑫弘机械集团，而鑫弘机械集团在管理单元下，增加完成的最终效果如图 2-16 所示。

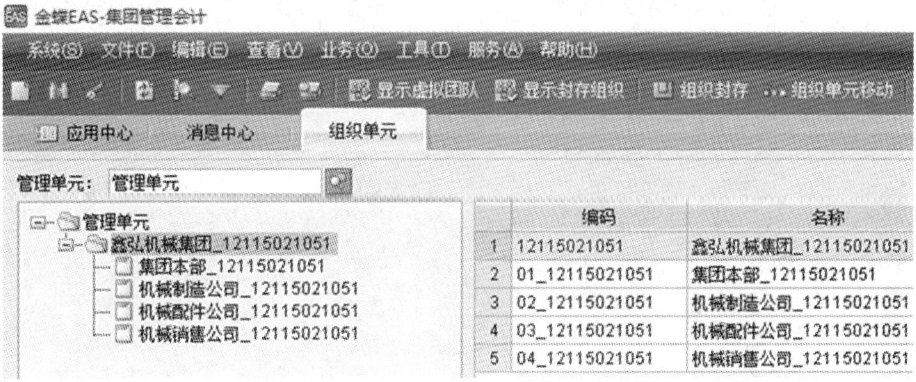

图 2-16　组织设置结果

至此，任务一组织单元搭建任务就已经完成。

2.3.3　练习作业

此练习必做，后续实验环节会用到实验结果。

（1）参照前面的实验步骤，新增机械制造公司_学号组织。

机械制造公司_学号的组织信息如表 2-3 所示。

表 2-3　机械制造公司_学号的组织信息

	行政组织页签			财务组织页签					采购组织页签			销售组织页签		
	上级行政组织	组织层次类型	独立核算	财务实体组织	上级财务组织	会计期间类型	基本核算汇率表	本位币	采购实体组织	上级采购组织	记账委托财务组织	销售实体组织	上级销售组织	记账委托财务组织
编码：02_学号 名称：机械制造公司_学号	鑫弘机械集团_学号	公司	勾选	勾选	鑫弘机械集团_学号	中国会计期间类型	基本核算汇率表	人民币	勾选	鑫弘机械集团_学号	机械制造公司_学号	勾选	鑫弘机械集团_学号	机械制造公司_学号

	库存组织页签			成本中心组织页签			利润中心组织页签		
	库存实体组织	上级库存组织	记账委托财务组织	成本中心实体组织	上级成本中心	记账委托财务组织	利润中心实体组织	上级利润中心	委托财务组织
编码：02_学号 名称：机械制造公司_学号	勾选	鑫弘机械集团_学号	机械制造公司_学号	勾选	鑫弘机械集团_学号	机械制造公司_学号	勾选	鑫弘机械集团_学号	机械制造公司_学号

（2）参照前面的实验步骤，新增机械配件公司_学号组织。

机械配件公司_学号的组织信息如表 2-4 所示。

表 2-4　机械配件公司_学号的组织信息

<table>
<tr><td rowspan="6">编码：03_学号
名称：机械配件公司_学号</td><td colspan="3">行政组织页签</td><td colspan="5">财务组织页签</td><td colspan="3">采购组织页签</td><td colspan="3">销售组织页签</td></tr>
<tr><td>上级行政组织</td><td>组织层次类型</td><td>独立核算</td><td>财务实体组织</td><td>上级财务组织</td><td>会计期间类型</td><td>基本核算汇率表</td><td>本位币</td><td>采购实体组织</td><td>上级采购组织</td><td>记账委托财务组织</td><td>销售实体组织</td><td>上级销售组织</td><td>记账委托财务组织</td></tr>
<tr><td>鑫弘机械集团_学号</td><td>公司</td><td>勾选</td><td>勾选</td><td>鑫弘机械集团_学号</td><td>中国会计期间类型</td><td>基本核算汇率表</td><td>人民币</td><td>勾选</td><td>鑫弘机械集团_学号</td><td>机械配件公司_学号</td><td>勾选</td><td>鑫弘机械集团_学号</td><td>机械配件公司_学号</td></tr>
<tr><td colspan="3">库存组织页签</td><td colspan="3">成本中心组织页签</td><td colspan="3">利润中心组织页签</td></tr>
<tr><td>库存实体组织</td><td>上级库存组织</td><td>记账委托财务组织</td><td>成本中心实体组织</td><td>上级成本中心</td><td>记账委托财务组织</td><td>利润中心实体组织</td><td>上级利润中心</td><td>委托财务组织</td></tr>
<tr><td>勾选</td><td>鑫弘机械集团_学号</td><td>机械配件公司_学号</td><td>勾选</td><td>鑫弘机械集团_学号</td><td>机械配件公司_学号</td><td>勾选</td><td>鑫弘机械集团_学号</td><td>机械配件公司_学号</td></tr>
</table>

（3）参照前面的实验步骤，新增机械销售公司_学号组织。

机械销售公司_学号的组织信息如表 2-5 所示。

表 2-5　机械销售公司_学号的组织信息

	行政组织页签			财务组织页签					采购组织页签			销售组织页签		
	上级行政组织	组织层次类型	独立核算	财务实体组织	上级财务组织	会计期间类型	基本核算汇率表	本位币	采购实体组织	上级采购组织	记账委托财务组织	销售实体组织	上级销售组织	记账委托财务组织
编码：04_学号 名称：机械销售公司_学号	鑫弘机械集团_学号	公司	勾选	勾选	鑫弘机械集团_学号	中国会计期间类型	基本核算汇率表	人民币	勾选	鑫弘机械集团_学号	机械销售公司_学号	勾选	鑫弘机械集团_学号	机械销售公司_学号

	库存组织页签			成本中心组织页签			利润中心组织页签		
	库存实体组织	上级库存组织	记账委托财务组织	成本中心实体组织	上级成本中心	记账委托财务组织	利润中心实体组织	上级利润中心	委托财务组织
编码：04_学号 名称：机械销售公司_学号	勾选	鑫弘机械集团_学号	机械销售公司_学号	勾选	鑫弘机械集团_学号	机械销售公司_学号	勾选	鑫弘机械集团_学号	机械销售公司_学号

2.4　任务二：用户管理

2.4.1　任务描述

为了后续的业实验操作，集团 ERP 运维专员根据实验数据新增用户，并按实验数据给予用户相关权限，确定组织范围，表明用户可在什么组织做什么事情。

（1）新增职位信息。

根据表 2-6 新增职位信息。

表 2-6　职位信息

编码	名称	行政组织	上级职位
01_学号	销售员	集团本部_学号	集团管理员
02_学号	销售员	机械销售公司_学号	集团管理员

（2）新增员工。

根据表 2-7 新增员工信息。

表 2-7　员工信息

编码	名称	职位分配
01_学号	学生姓名	集团本部 销售员
02_学号	吴峰_学号	机械销售公司 销售员

（3）新增用户类型为“职员”的用户。

根据表 2-8 新增用户类型为“职员”的用户。

表 2-8　职员信息

用户账号	用户类型	用户实名	密码
学生姓名	职员	学生姓名	学号

（4）维护新增用户的组织范围及授权。

根据表 2-9 的数据维护新增用户的组织范围及授权。

表 2-9　用户组织范围和授权

用户账号	增加组织	授权内容
学生姓名	管理单元 鑫弘机械集团_学号 集团本部_学号 机械制造公司_学号 械配件公司_学号 机械销售公司_学号	所有模块权限

2.4.2　具体操作

使用 administrator 用户操作此任务。以数据中心：集团管理会计，用户名：administrator，密码：kdadmin 进入系统。

（1）新增职位操作。

职位新增的路径为【企业建模】-【组织架构】-【汇报体系】-【职位管理】。

打开职位管理新增职位，在新增职位的时候要注意选择组织，要求在集团本部_学号下新增职位。因此，先选中“集团本部_学号”，再点击工具栏左上角的【新增】按钮。

在“职位编辑”页面，分别输入编码为 01_学号，名称为“销售员”，检查行政组织为集团本部_学号，上级职位为“集团管理员”，然后点击【保存】，如图 2-17 所示。

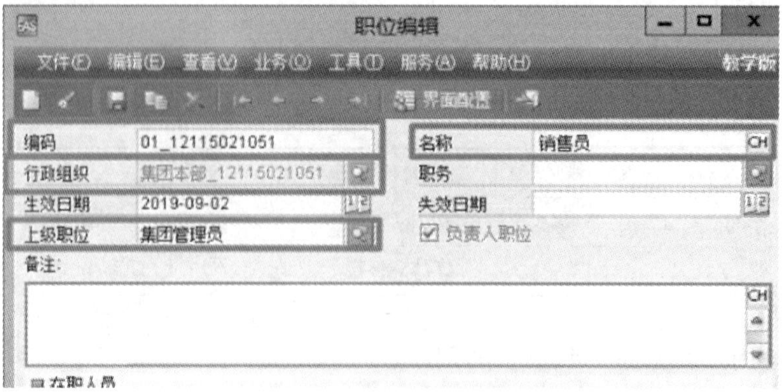

图 2-17　填写职位信息

参照前面提供的实验数据，以同样的方式增加机械销售公司的“销售员”职位，此处不再详细描述。增加完“机械销售公司_学号”下的职位后，可在该组织下查看输入结果。

（2）新增员工。

完成职位新增后才可以新增员工，新增员工的路径为【企业建模】-【辅助数据】-【员工信息】-【员工】。

选择到具体的职位才能新增员工，先选中集团本部_学号下的“销售员”，再点击【新增】，输入编码为 01_学号，点击【保存】即可，如图 2-18 所示。

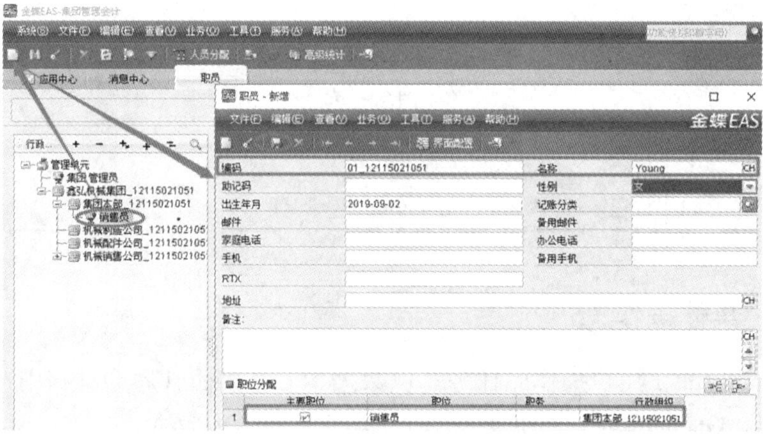

图 2-18　新增职员信息

参照前文提供的实验数据，以同样的方式新增机械销售公司_学号的员工。新增完成销售公司_学号的员工后，可在该组织下查看输入的结果。

（3）新增用户并关联职员。

完成职位和员工增加后，开始新增用户并关联职员，新增用户的路径为【企业建模】-【安全管理】-【权限管理】-【用户管理】。

新增用户时，输入的用户账号为登录 EAS 系统的账号，职员选择集团本部_学号下的职员（学生自己姓名），设置好密码为学号即可，最后点击【保存】。姓名为

“Young”的学生的用户账号设置如图 2-19 所示。

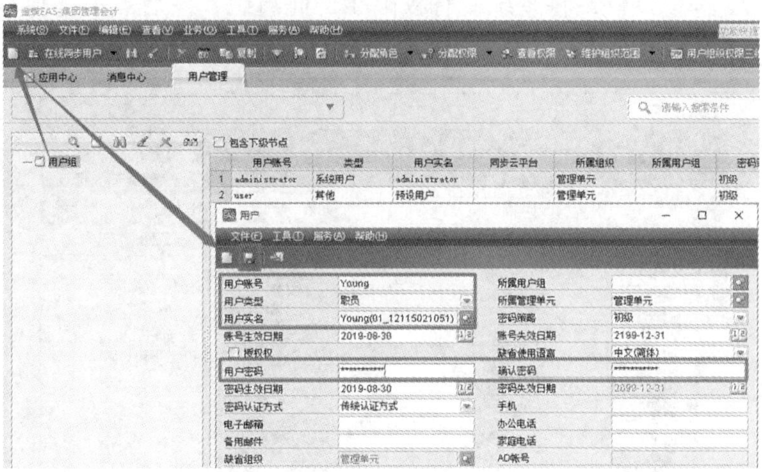

图 2-19　新增用户信息

（4）维护用户组织范围和授予权限。

金蝶 EAS 系统要完成用户新增后，开始对用户可以在什么组织下做什么事情进行设置。

先维护组织范围才能授予权限，维护组织范围代表此用户可以在什么组织下做事情。

第一步：先维护组织范围。进入用户管理界面，选中自己新增的用户，点击工具栏的【维护组织范围】按钮。

在弹出的“组织范围维护”界面，点击上面的按钮【增加组织】，进入组织单元界面。选择以自己学号为标志的集团和下属 4 个组织（可以按 shift 多选后点击【加入】或者直接点击【全加】）。

点击【确定】后返回“组织范围维护”界面，可以看到管理单元和搭建的组织单元共 6 个组织范围，代表可在这些组织内处理业务，如图 2-20 所示。

组织范围维护

增加组织　删除组织　选择组织方案　高级统计

组织范围类型　业务组织

	组织编码	组织名称
1	01	管理单元
2	12115021051	鑫弘机械集团_12115021051
3	01_12115021051	集团本部_12115021051
4	02_12115021051	机械制造公司_12115021051
5	03_12115021051	机械配件公司_12115021051
6	04_12115021051	机械销售公司_12115021051

此处表示用户的组织范围

图 2-20　组织范围维护

第二步：授予各个组织的权限。维护好组织范围后，需要设置能够在各个组织下做什么事情，即需要授予各个组织的权限。

选中用户，点击【分配权限】。在“分配权限”界面，在“组织”处点击，选择“管理单元”进行授权，将系统所有权限赋予此组织，然后点击【保存】，如图 2-21 所示。

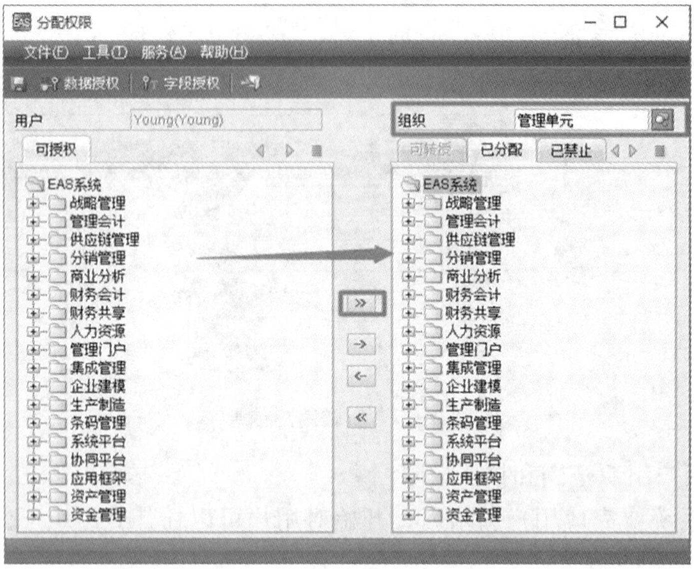

图 2-21　选择权限

接下来依次选择集团和各下级组织授予全部权限，需要依次授权，不要遗漏，否则后续切换到对应组织可能会没有权限。

以鑫弘机械集团为例，在“组织”处点击，选择“鑫弘机械集团_学号”，选择全部权限到右边的权限框后，点击【保存】，如图 2-22 所示。

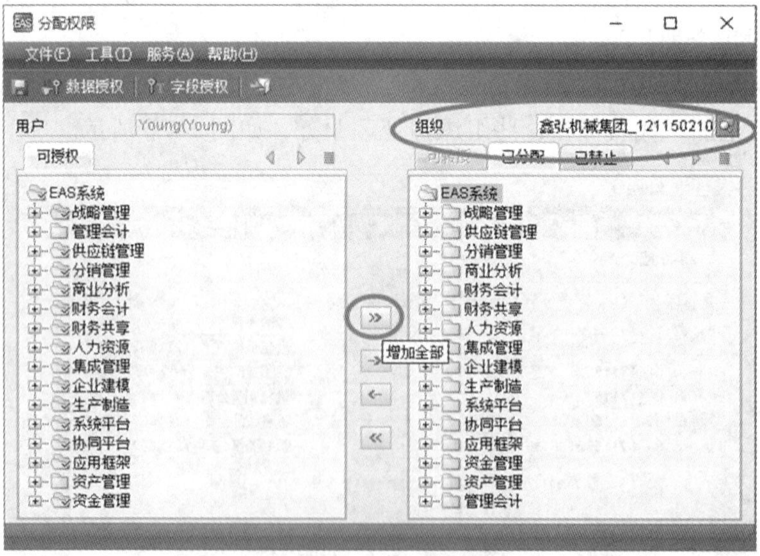

图 2-22　选择权限

2.4.3　练习作业

此练习必须完成，后续实验会用到该结果。

（1）参照鑫弘机械集团的权限设置方式，将所有权限授予集团本部_学号。

（2）参照鑫弘机械集团的权限设置方式，将所有权限授予机械制造公司_学号。

（3）参照鑫弘机械集团的权限设置方式，将所有权限授予机械配件公司_学号。

（4）参照鑫弘机械集团的权限设置方式，将所有权限授予机械销售公司_学号。

2.5　任务三：会计科目分配

2.5.1　任务描述

使用新建的用户登录系统，切换管理单元，将已有的会计科目分别分配给集团和其他四个下属公司，以用户名：学生姓名，密码：学号进入系统，切换当前组织为管理单元。

2.5.2　具体操作

本节所有的业务操作均使用上节新建的用户进行操作。

可选择菜单【系统】-【重新登录】，重新登录系统。输入用户名和密码后点击登录。

【知识扩展】

如果需要重新登录，也可点击主界面右下角状态栏的用户名，进行重新登录。确认当前组织为“管理单元”。如果不是，可点击右下角的组织进行切换。

使用新建的用户进行分配科目的操作。科目分配的路径为【企业建模】-【辅助数据】-【财务会计数据】-【会计科目】。在“会计科目”界面上直接点击工具栏的【分配】按钮。系统显示“科目分配”界面。勾选【显示所有下级财务组织】后，先勾选列表中第一个组织，再选择【显示未分配科目】，选择【全选】，将列出的所有未分配科目项选上，最后点击顶部的【分配】按钮，分配完成会提示成功，如图2-23所示。

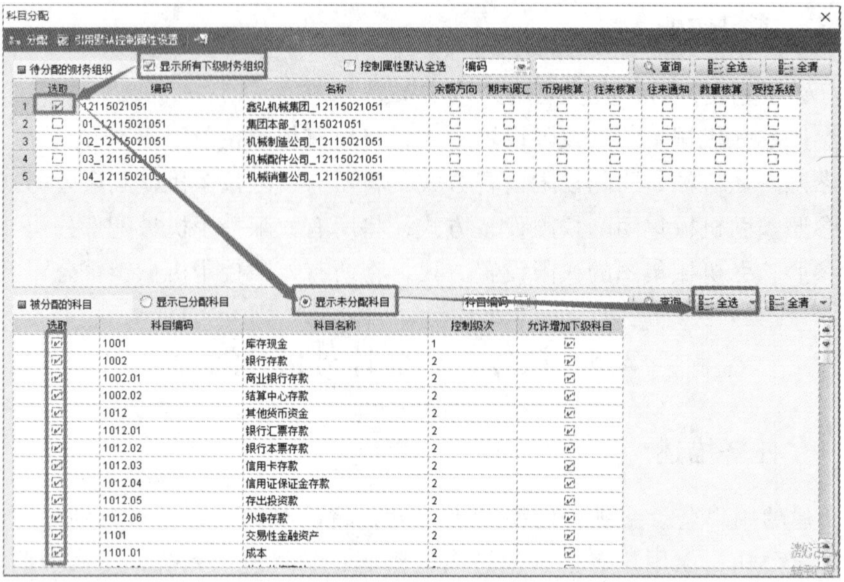

图 2-23　科目分配

按照同样的方法，根据练习作业要求，给集团本部、机械制造公司、机械配件公司、机械销售公司分配会计科目。

2.5.3　练习作业

此练习必须完成，后续实验会用到该结果。

（1）参照鑫弘机械集团的科目分配方式，给集团本部_学号分配科目。

（2）参照鑫弘机械集团的科目分配方式，给机械制造公司_学号分配科目。

（3）参照鑫弘机械集团的科目分配方式，给机械配件公司_学号分配科目。

（4）参照鑫弘机械集团的科目分配方式，给机械销售公司_学号分配科目。

2.6　任务四：新增客户

2.6.1　任务描述

任务 1：为更好地管理客户信息，需要在机械销售公司_学号下新增外部客户，具体信息如表 2-10 所示。

表 2-10　外部客户信息

编码	名称	税务登记号	客户分类
01_学号	耀星公司_学号	01_学号	外部客户
02_学号	耀眼公司_学号	02_学号	外部客户

任务 2：为更好地管理客户信息，需要在“机械制造公司_学号”下新增内部客

户，具体信息如表 2-11 所示。

表 2-11　内部客户信息

编码	名称	内部客户	集团内公司	税务登记号	分类
03_学号	机械制造公司_学号	勾选	机械制造公司_学号	03_学号	内部客户

任务 3：为更好地管理客户信息，需要在“机械配件公司_学号”下新增内部客户，具体信息如表 2-12 所示。

表 2-12　内部客户信息

编码	名称	内部客户	集团内公司	税务登记号	分类
04_学号	机械配件公司_学号	勾选	机械配件公司_学号	04_学号	内部客户

完成客户新增后，需将所有客户进行核准方可进行使用。

2.6.2　具体操作

（1）新增外部客户。

登录系统点击主界面状态栏右下角，切换组织到机械销售公司_学号，新增外部客户。客户新增的路径为【企业建模】-【主数据】-【客户】。

选中外部客户的客户分类，点击【新增】，按照数据输入客户信息，确认客户分类为外部客户后，点击【保存】，如图 2-24 所示。

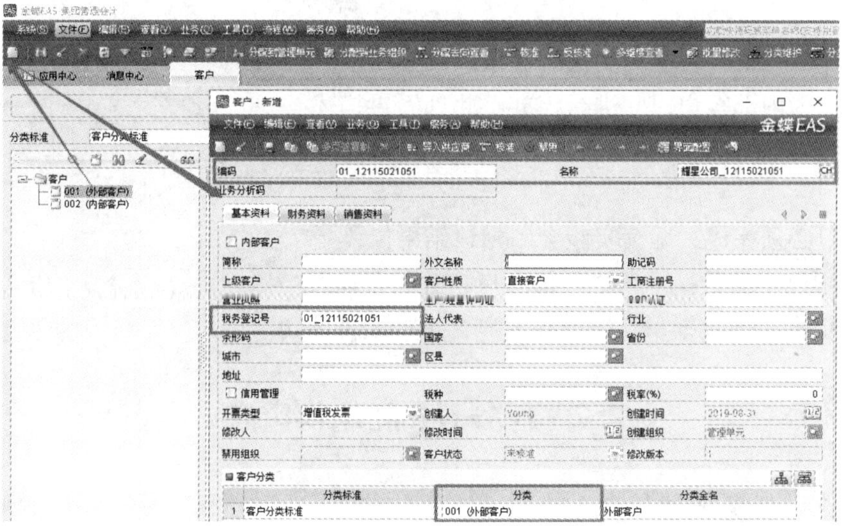

图 2-24　新增外部客户

以同样的方式，参照实验数据，在后面的练习作业新增另一个外部客户，此处不再详细描述。

新增外部客户后，在客户界面，按 shift 选中两个客户，点击【核准】，核准后状态由“未核准”更新为“核准”。核准后，后续业务处理才能使用。

（2）新增内部客户。

本部分新增内部客户。切换组织为机械制造公司_学号，同样打开【企业建模】-【主数据】-【客户】。

选中内部客户的客户分类，点击【新增】，勾选内部客户后点击▣，选择集团内公司为“机械制造公司_学号”，输入编码和税务登记号（均为03_学号），确认客户分类为内部客户后，点击【保存】，保存客户相关信息，如图2-25所示。然后，选择该客户，点击【核准】，将内部客户进行核准。

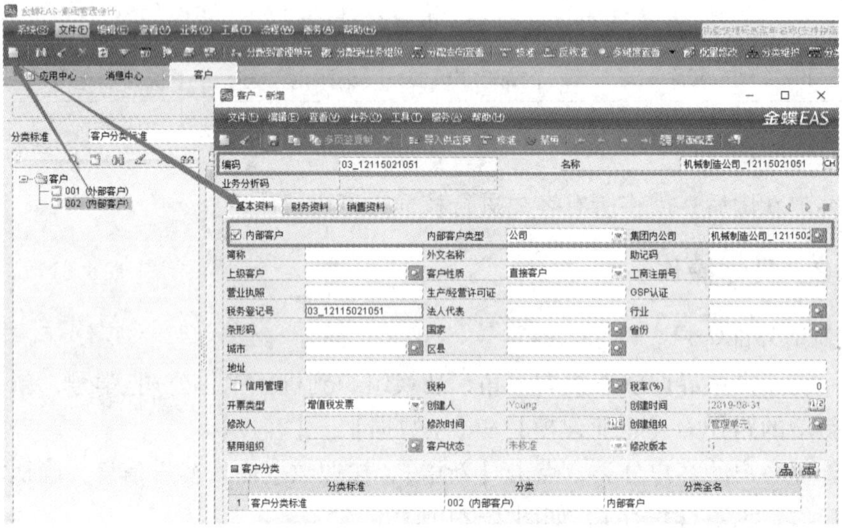

图2-25　新增内部客户

用同样的方式，将组织切换到机械配件公司_学号，参照前面的实验数据，新增最后一个客户为内部客户，并进行核准。此处不再描述。

2.6.3　练习作业

此练习必须完成，后续实验会用到该结果。

（1）根据实验数据，新增外部客户：耀眼公司_学号。

（2）根据实验数据，新增内部客户：机械配件公司_学号。

2.7　任务五：新增供应商

2.7.1　任务描述

任务　为更好地管理供应商信息，需要在机械制造公司_学号下新增外部和内部供应商，数据见表2-13和表2-14。

表 2-13　外部供应商信息

编码	名称	分类
01_学号	恒星公司_学号	外部供应商

表 2-14　内部供应商信息

编码	名称	内部供应商	集团内公司	分类
02_学号	机械销售公司_学号	勾选	机械销售公司_学号	内部供应商
03_学号	机械配件公司_学号	勾选	机械配件公司_学号	内部供应商

新增供应商后，将所有供应商进行核准，便于后续使用。

2.7.2　具体操作

（1）新增外部供应商。

登录主界面，切换组织到机械制造公司_学号，新增供应商，路径为【企业建模】-【主数据】-【供应商】。

在供应商主界面，选中“外部供应商”的供应商分类后，点击【新增】，输入编码“01_学号”，名称“恒星公司_学号”，确认供应商分类为“外部供应商”后，点击【保存】，如图 2-26 所示。

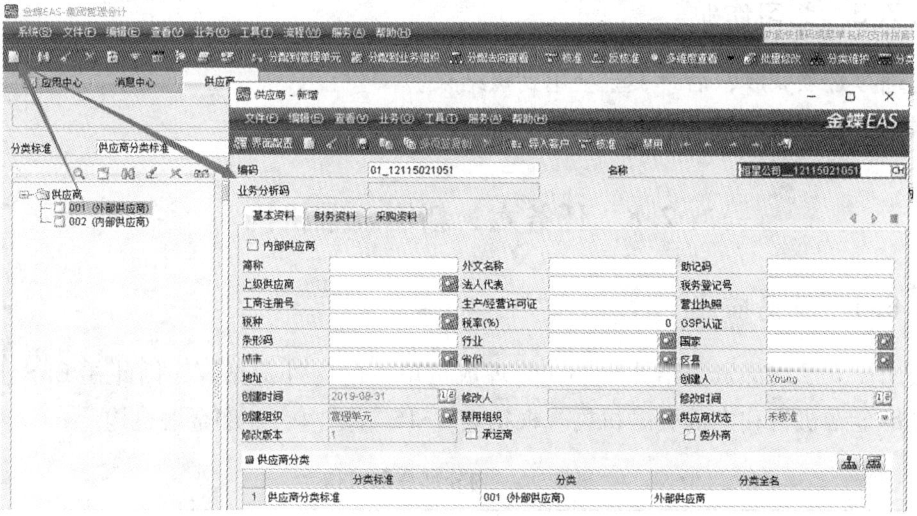

图 2-26　新增外部供应商

返回供应商界面，选中刚刚录入的供应商，点击【核准】，核准该供应商。

（2）新增内部供应商。

新增内部供应商，依旧在“机械制造公司_学号”下，选中“内部供应商”的供应商分类后，点击【新增】。在供应商新增界面，勾选“内部供应商”，在集团内公司点击，选择“机械销售公司_学号”，修改编码为 02_学号，确认供应商分类为“内部供应商”后，点击【保存】，如图 2-27 所示。

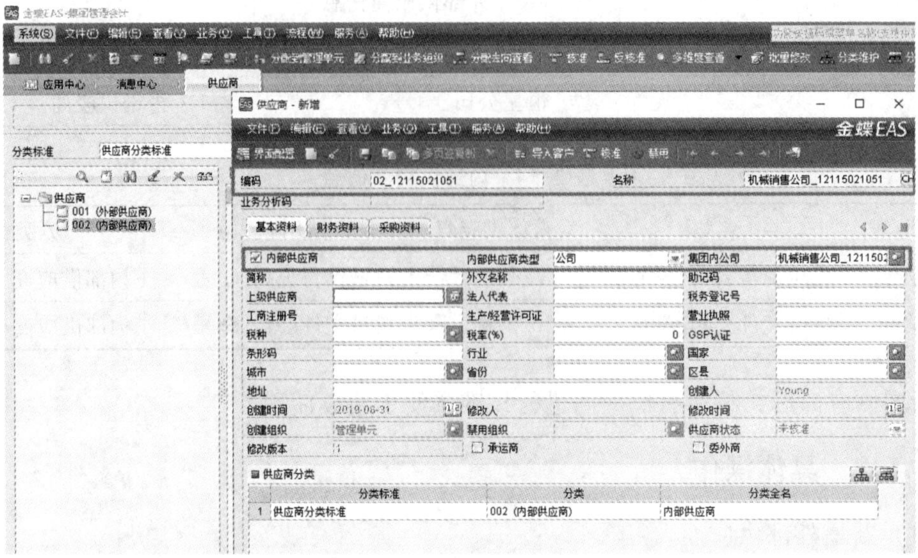

图 2-27　新增内部供应商

返回供应商主界面，选中刚录入的供应商，点击【核准】，核准该供应商。

以同样的方式，参考前面表格的实验数据，新增最后一个内部供应商，此处不再描述。

2.7.3　练习作业

此练习必须完成，后续实验会用到该结果。

根据实验数据，新增内部供应商：机械配件公司_学号。

2.8　任务六：新增金融机构

2.8.1　任务描述

集团设立了内部资金结算中心，管理成员单位的内外部结算，因此在 EAS 上需要设置外部金融机构和内部金融机构。根据表 2-15 新增内、外部金融机构。

表 2-15　内外部金融机构

编码	名称	上级机构/中心	银行/非银行	集团内部金融机构	对应公司
01_学号	农业银行_学号	无	银行	No	No
01_学号. 01	农业银行深圳南山支行_学号	农业银行_学号	银行	No	No
01_学号. 02	农业银行深圳福田支行_学号	农业银行_学号	银行	No	No
02_学号	工商银行_学号	无	银行	No	No

表2-15(续)

编码	名称	上级机构/中心	银行/非银行	集团内部 金融机构	对应公司
02_学号. 01	工商银行深圳 蛇口支行_学号	工商银行_学号	银行	No	No
02_学号. 02	工商银行广州 五羊支行_学号	工商银行_学号	银行	No	No
JSZX_学号	鑫弘结算 中心_学号	无	银行	勾选	集团本部_ 学号
鑫弘结算中心_学号启用日期为 2019 年 1 月 1 日					

2. 8. 2　具体操作

（1）新增外部金融机构。

切换组织为“鑫弘机械集团_学号”。新增金融机构的路径在【企业建模】-【辅助数据】-【财务会计数据】-【金融机构（银行）】。

进入“金融机构（银行）”页面后，选中“金融机构”，点击【新增】。先新增一级金融机构，此处输入编码“01_学号”，名称“农业银行_学号”后，点击【保存】，如图 2-28 所示。

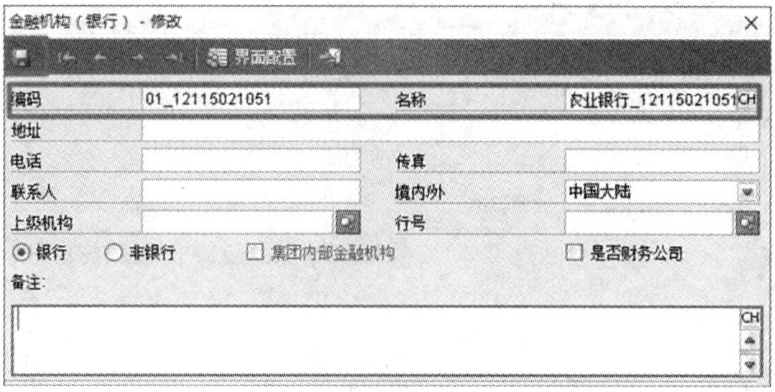

图 2-28　新增金融机构

返回“金融机构（银行）”主界面，再点击【新增】，新增二级金融机构。输入编码为“01_学号. 01”，名称为“农业银行深圳南山支行_学号”，在上级机构处点击 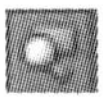，选择“农业银行_学号”，然后点击【保存】，如图 2-29 所示。

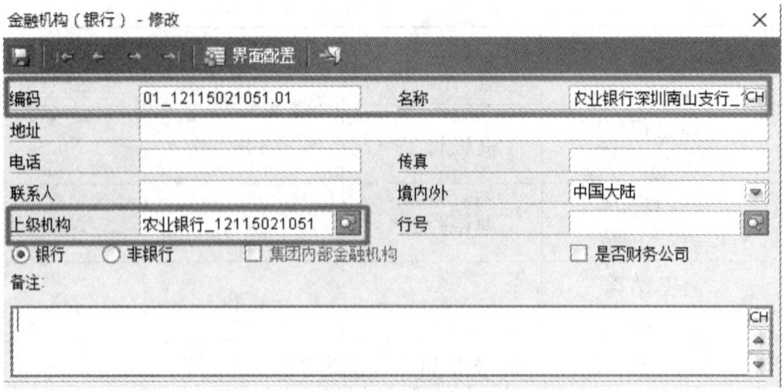

图 2-29　新增二级金融机构

参照前面提供的数据，按同样的方式新增其他外部金融机构，此处不再详述。

（2）新增内部金融机构。

接下来新增内部金融机构，注意内部金融机构和外部金融机构的不同。

点击【新增】后，输入编码“JSZX_学号”，名称“鑫弘结算中心_学号”，勾选“集团内部金融机构”，点击，选择对应公司为“集团本部_学号”，设置启用日期为“2019-01-01”后，点击【保存】，如图 2-30 所示。

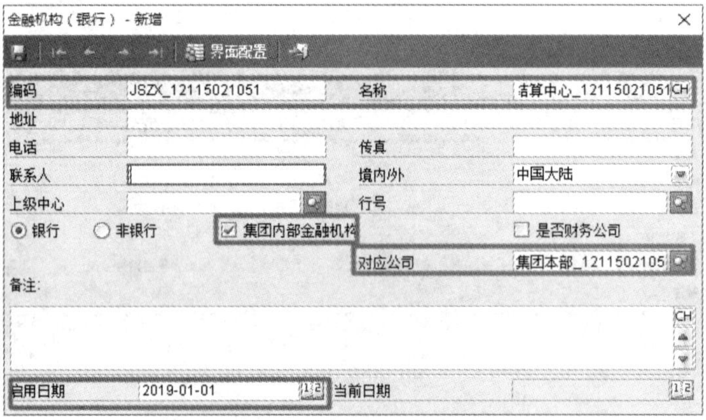

图 2-30　新增内部金融机构

注意：内部金融机构的启用日期要设置正确，这样后续初始化的启用日期才能够匹配。所有的外部金融机构和内部金融机构增加完成的界面如图 2-31 所示。

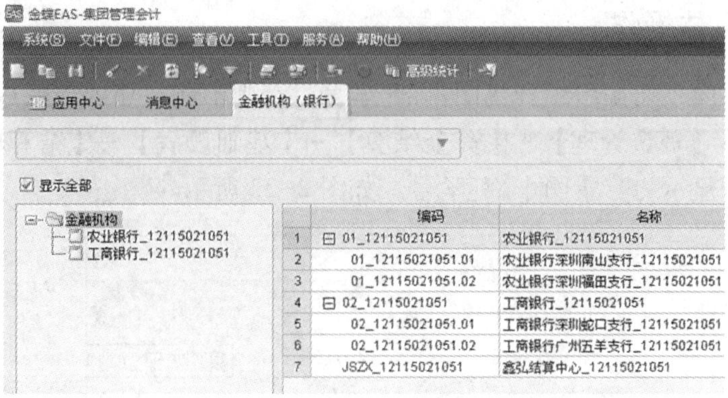

图 2-31　内部金融机构完成结果

2.8.3　练习作业

此练习必须完成，后续实验会用到该结果。

（1）参照实验数据，新增外部金融机构：农业银行深圳福田支行_学号。

（2）参照实验数据，新增外部金融机构：工商银行_学号。

（3）参照实验数据，新增外部金融机构：工商银行深圳蛇口支行_学号。

（4）参照实验数据，新增外部金融机构：工商银行广州五羊支行_学号。

2.9　任务七：新增内部账户

2.9.1　任务描述

建立完成金融机构后，由于内部结算中心管理的需要，需要在结算中心设置内部账户，根据表 2-16 新增内部账户信息。

表 2-16　内部账户

编号	名称	账号	开户单位	开户日期	结算中心	账户用途	科目	管理策略
01_学号	机械制造公司内部账户_学号	NB01_学号	机械制造公司_学号	2018-12-1	鑫弘结算中心_学号	活期	吸收存款（2011）	001
02_学号	机械配件公司内部账户_学号	NB02_学号	机械配件公司_学号	2018-12-1	鑫弘结算中心_学号	活期	吸收存款（2011）	001
03_学号	机械销售公司内部账户_学号	NB03_学号	机械销售公司_学号	2018-12-1	鑫弘结算中心_学号	活期	吸收存款（2011）	001
04_学号	机械销售公司内部账户_学号（定期）	NB04_学号	机械销售公司_学号	2018-12-1	鑫弘结算中心_学号	定期	吸收存款（2011）	001

2.9.2 具体操作

在系统主界面，切换组织到集团本部_学号，否则不能新建内部账户档案。

选择主菜单【资金管理】-【资金结算】-【基础设置】-【结算中心】，首先检查结算中心是否显示为：集团本部_学号，如图 2-32 所示。

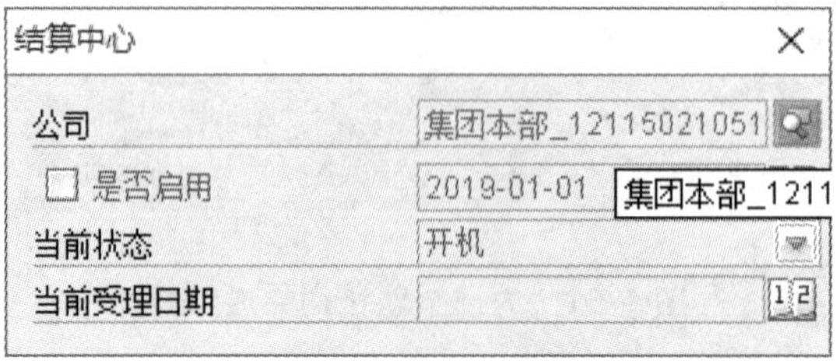

图 2-32 检查结算中心

新增内部账户档案的路径为【资金管理】-【资金结算】-【基础设置】-【内部账户档案】，系统弹出过滤条件窗口，点击【确定】即可。

在“内部账户”页面，选中“集团本部_学号”后点击右上角的【新增】按钮。

在新增页面输入编号“01_学号”，名称“机械制造公司内部账户_学号”，账号“NB01_学号”，开户单位“机械制造公司_学号”，开户日期“2018-12-01”，科目“吸收存款（2011）”，结算中心“鑫弘结算中心_学号”，账户用途默认为“活期”，管理策略为“001”，最后点击【保存】，如图 2-33 所示。

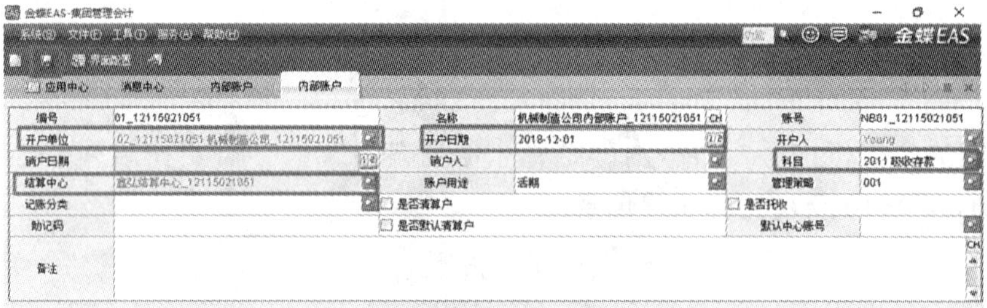

图 2-33 新增内部账户

按照练习作业要求，增加其他三个内部账户。全部内部账户新增完成后，特别需要检查机械销售公司内部账户：两个内部账户，一个账户为活期，一个为定期。

2.9.3 练习作业

此练习必须做，后续实验会用到该结果。

（1）参照实验数据，增加内部账户：机械配件公司内部账户_学号。

（2）参照实验数据，增加内部账户：机械销售公司内部账户_学号。

（3）参照实验数据，增加内部账户：机械配件公司内部账户_学号（定期）。

2.10 任务八：新增银行账户

2.10.1 任务描述

（1）内部银行账户。

开户后的账户需要在银行账户进行维护，根据表 2-17 和表 2-18 的内容新增内、外部银行账户。

表 2-17 内部银行账户信息表

编码	银行账号	名称	开户单位	金融机构	对应内部账户	科目	用途	收支性质
01_学号	NBYH 01_学号	机械制造公司内部银行账户_学号	机械制造公司_学号	鑫弘结算中心_学号	机械制造公司内部账户_学号	结算中心存款（1002.02）	活期	收支户
02_学号	NBYH 02_学号	机械配件公司内部银行账户_学号	机械配件公司_学号	鑫弘结算中心_学号	机械配件公司内部账户_学号	结算中心存款（1002.02）	活期	收支户
03_学号	NBYH 03_学号	机械销售公司内部银行账户_学号	机械销售公司_学号	鑫弘结算中心_学号	机械销售公司内部账户_学号	结算中心存款（1002.02）	活期	收支户

（2）外部银行账户。

表 2-18 外部银行账户信息表

编码	银行账号	名称	开户单位	金融机构	对应内部账户	科目	用途	收支性质	母账户/上级账号
001_学号	666777888 001_学号	资金母账户_学号	集团本部_学号	农业银行深圳南山支行_学号	无	商业银行存款（1002.01）	活期	收支户	勾选/无
002_学号	666555444 002_学号	制造公司收付账户_学号	机械制造公司_学号	农业银行深圳福田支行_学号	机械制造公司内部账户_学号	商业银行存款（1002.01）	活期	收支户	不勾选/资金母账户_学号
003_学号	678908798 003_学号	配件公司收付账户_学号	机械配件公司_学号	工商银行深圳蛇口支行_学号	机械配件公司内部账户_学号	商业银行存款（1002.01）	活期	收支户	不勾选/资金母账户_学号
004_学号	675468975 004_学号	销售公司收付账户_学号	机械销售公司_学号	工商银行广州五羊支行_学号	机械销售公司内部账户_学号	商业银行存款（1002.01）	活期	收支户	不勾选/资金母账户_学号

2.10.2 具体操作

（1）新增内部银行账户。

切换组织到“集团本部_学号”，先新增内部银行账户。

银行账户新增的路径为【资金管理】-【账户管理】-【业务处理】-【银行账户维护】。系统弹出过滤条件窗口，直接点击【确定】即可。

在银行账户编辑页面，点击【新增】，新增后输入编码“01_学号”，参照实验数据新增“机械制造公司内部银行账户_学号”。填写完毕后点击【保存】，如图 2-34 所示。

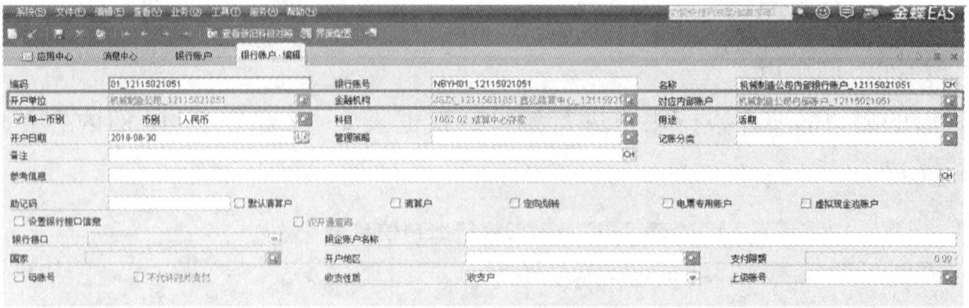

图 2-34　新增内部银行账户

其他两个内部银行账户用同样的方式增加进去，可参照后面练习作业的要求。

【知识扩展】

用户可在结算中心对应的组织集团本部_学号下查看到所有组织的内部银行账户，主要是确认内部银行账户增加是否准确。

非结算中心只能查看自己组织的银行账户，若要修改内部银行账户，需切换到对应的组织去修改。

下面讲解如何在集团本部查看所有组织的银行账户。先将组织切换到集团本部_学号，然后选择【账户管理】-【业务处理】-【银行账户维护】，在弹出的“银行账户-条件查询”窗口点击“公司”后的搜索图标。

在弹出的“财务组织”窗口中，可按 crtl 或者 shift 选择多个公司后，点击【加入】，需要全部加入时直接点击【全加】。本次选择机械制造、机械配件、机械销售公司三家公司，如图 2-35 所示。

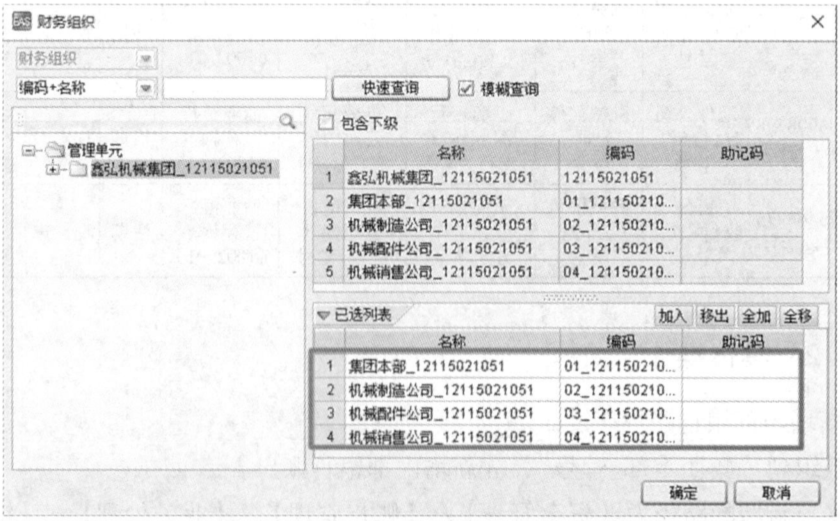

图 2-35　选择财务组织

返回主界面后，用户可看到增加完成的内部银行账户，检查金融机构、开户公司是否有误，以免设置错误给后续业务处理带来不便。

（2）新增外部银行账户。

新增完内部银行账户后，再新增外部银行账户。注意内部银行账户和外部银行账户的区别。

切换组织到集团本部下操作新增银行账户，新增银行账户路径依旧为【资金管理】-【账户管理】-【业务处理】-【银行账户维护】。

点击【新增】，按照实验数据填写银行账户，点击【保存】。如图 2-36 所示。

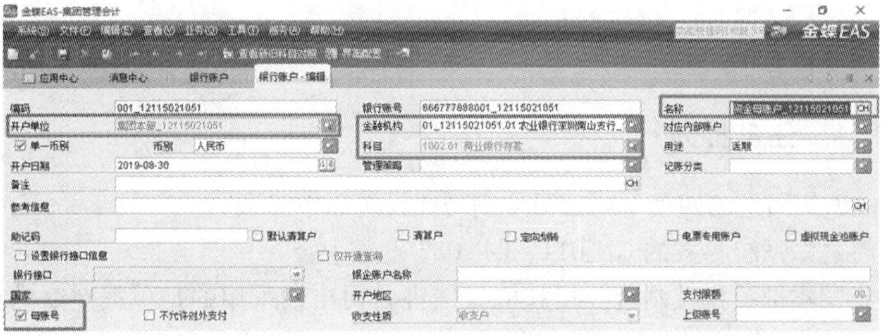

图 2-36　新增银行账户

按照增加资金母账户的方式，其他三个外部银行账户也新增到系统内，这三个外部银行账户需选择资金母账户作为上级账号，并选择对应的内部账户。

点击【新增】，输入编码“002_学号”，按照实验数据填写完成后，点击【保存】，保存银行账户，如图 2-37 所示。

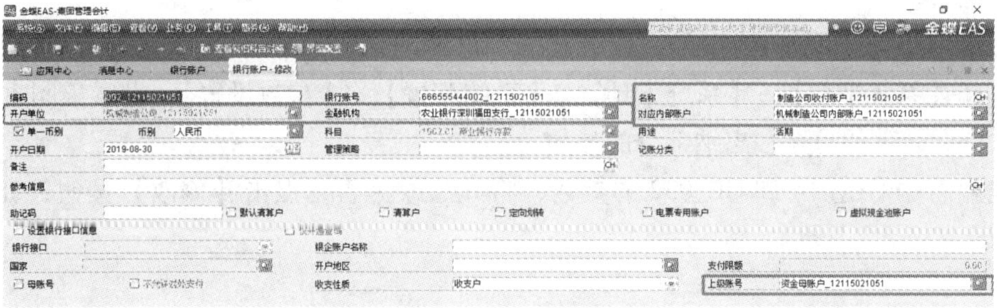

图 2-37　新增银行账户

根据实验数据，参照后面练习作业的要求，继续新增另外两个外部银行账户，此处不再详述。这样，4 个外部银行账户就新增完成了。

新增完成后的内外部银行账户可切换对应组织，用户通过路径【资金管理】-【账户管理】-【业务处理】-【银行账户维护】进行查看，显示银行账户后，重点检查金融机构和开户公司填写是否正确。

这就是新增完成的所有内部银行账户和外部银行账户，其中内部银行账户主要是在资金结算部分用到，外部银行账户主要是在现金池管理部分用到。

2.10.3 练习作业

此练习必须做，后续实验会用到该结果。

（1）参照实验数据，新增内部银行账户：NBYH02_学号。

（2）参照实验数据，新增内部银行账户：NBYH03_学号。

（3）参照实验数据，新增外部银行账户：666555444002_学号。

（4）参照实验数据，新增外部银行账户：678908798003_学号。

（5）参照实验数据，新增外部银行账户：675468975004_学号。

2.11 任务九：设置相关系统参数

2.11.1 任务描述

鑫弘机械集团下的四个下属公司分别需要设置以下参数：

（1）将总账系统参数的 GL_014、GL_032 设置为否。

（2）集团本部、机械制造公司和机械销售公司出纳采用的是单据登账的模式，机械配件公司出纳采用的是凭证登账的模式（均设置出纳管理的参数为 CS001）。

2.11.2 具体操作

系统参数的设置是按照组织单元来进行保存的，每个组织单元都有其独立的参数，除了集团层面控制的系统参数外，各个业务组织都能够修改自己的系统参数。由于有些参数在业务发生后就不可修改，因此用户需要在初始设置时先设置好参数，为后续业务做铺垫。

切换组织为集团本部_学号，设置总账和出纳的系统参数。

打开【系统平台】-【系统工具】-【系统配置】-【参数设置】，设置集团本部_学号的财务会计下的总账和出纳部分的参数。

找到总账 GL_014 和 GL_032 的参数，将其修改为否，点击【修改】按钮，如图 2-38 所示。

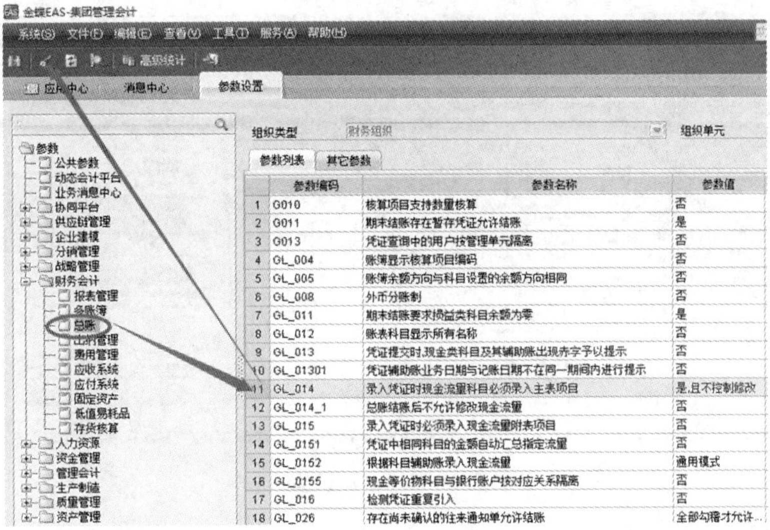

图 2-38　参数设置

在弹出的“设置参数值”窗口中，点击【控制范围】按钮，进入“参数控制范围”窗口。首先勾选“控制”，选择参数值为“否”，点击【保存】按钮返回。这样，总账 GL_014 参数由“是”变更为了“否”，如图 2-39 所示。

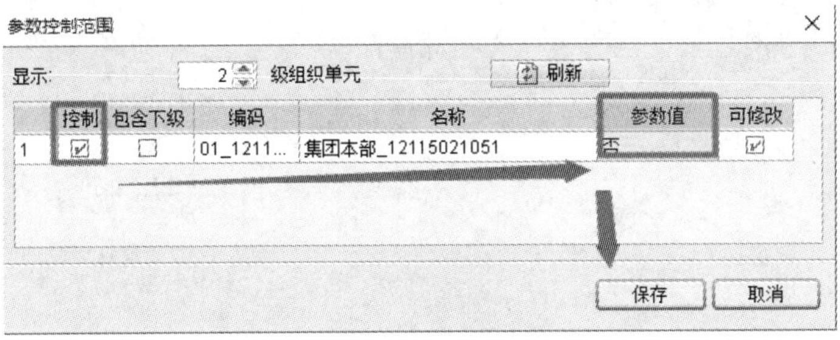

图 2-39　参数控制范围

参照上面的操作，继续修改 GL_032 参数，将其参数设置为“否”。

接下来设置集团本部_学号的出纳系统参数，点击左边的树节点到财务会计-出纳管理，选择 CS001 参数，然后点击页面左上角的【编辑】按钮，如图 2-40 所示。

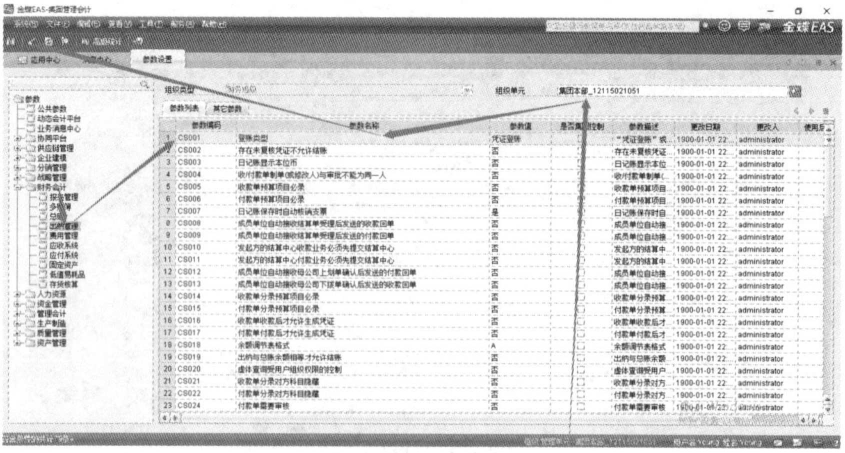

图 2-40　参数设置

在“参数控制范围”窗口，勾选“控制”后，选择参数值为“单据登账”，然后点击【保存】。这样集团本部_学号下的 CS001 参数值就是单据登账了，如图 2-41 所示。

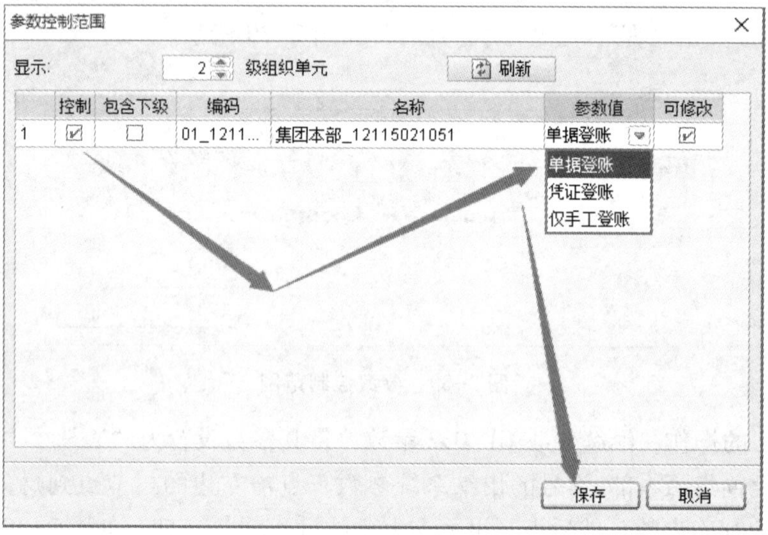

图 2-41　参数控制范围

至此集团本部的总账和出纳系统参数也就设置完毕了。

可参照上面的操作，将其他三个组织的总账和出纳系统参数进行设置，此处不再详细描述。

2.11.3　练习作业

此练习必须做，后续实验会用到该结果。

（1）参照实验数据，修改集团本部_学号的总账系统参数 GL_014、GL_032 为“否”。

（2）参照实验数据，修改机械制造公司_学号的总账系统参数 GL_014、GL_032 为“否”。

（3）参照实验数据，修改机械销售公司_学号的总账系统参数 GL_014、GL_032 为“否”。

（4）参照实验数据，修改机械配件公司_学号的总账系统参数 GL_014、GL_032 为“否”。

（5）参照实验数据，设置机械制造公司_学号的出纳系统参数 CS001 为“单据登账模式”。

（6）参照实验数据，设置机械销售公司_学号的出纳系统参数 CS001 为“单据登账模式”。

（7）参照实验数据，设置机械配件公司_学号的出纳系统参数 CS001 为“凭证登账模式”。

2.12　任务十：启用总账、出纳系统

2.12.1　任务描述

分别启动鑫弘机械集团_学号下属 4 个公司的总账和出纳系统，启用期间均为 2019 年 1 月。

2.12.2　具体操作

启用哪个组织的总账和出纳系统则对应切换到对应的组织一一设置。

切换组织到集团本部_学号，启用系统的路径为【系统平台】-【系统工具】-【系统配置】-【系统状态控制】。

进入系统状态控制界面后，在总账和出纳系统的启用期间处分别点击![]，选择会计年度为 2019，期间为 1 后点击确定，进行保存，如图 2-42 所示。

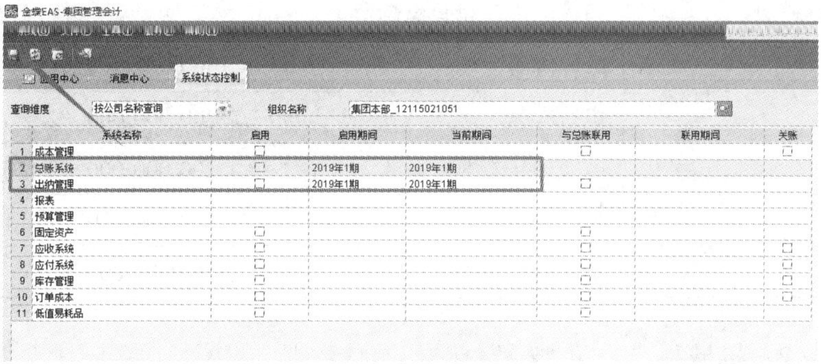

图 2-42　启用总账和出纳系统

接下来可以在组织名称处切换其他组织，并分别启动总账和出纳系统，可参照上面的步骤进行处理，此处不再详细描述。

2.12.3 练习作业

此练习必须做，后续实验会用到该结果。

（1）参照实验要求，启用机械制造公司_学号的总账系统、出纳系统。

（2）参照实验要求，启用机械配件公司_学号的总账系统、出纳系统。

（3）参照实验要求，启用机械销售公司_学号的总账系统、出纳系统。

2.13 任务十一：各个组织总账初始化

2.13.1 任务描述

（1）任务1：集团本部_学号总账初始化数据。

集团本部_学号组织辅助账科目初始余额数据如表2-19所示，切换组织为集团本部_学号进行辅助账科目初始余额录入，然后结束辅助账科目初始化。

表2-19 辅助账科目初始余额 单位：元

科目	核算项目	期初余额（原币）	期初余额（本位币）
商业银行存款（1002.01）	资金母账户_学号	200 000 000（2亿）	200 000 000（2亿）
吸收存款（2011）	机械制造公司内部账户_学号	30 000 000（3 000万）	30 000 000（3 000万）
吸收存款（2011）	机械配件公司内部账户_学号	40 000 000（4 000万）	40 000 000（4 000万）
吸收存款（2011）	机械销售公司内部账户_学号	50 000 000（5 000万）	50 000 000（5 000万）

集团本部_学号组织科目初始余额录入数据如表2-20所示。

表2-20 科目余额初始化数据 单位：元

科目代码	科目名称	期初余额
1001	库存现金	50 000（5万）
1002	银行存款	200 000 000（2亿）
1002.01	商业银行存款	200 000 000（2亿）
2011	吸收存款	120 000 000（1.2亿）
4001	实收资本	80 050 000（8 005万）

（2）任务2：机械制造公司_学号总账初始化数据。

机械制造公司_学号组织辅助账科目初始余额数据如表2-21所示，切换为机械制造公司_学号进行辅助账科目初始余额录入并结束辅助账科目初始化。

表 2-21 辅助账科目初始余额 单位：元

科目	核算项目	期初余额（原币）	期初余额（本位币）
商业银行存款（1002.01）	制造公司收付账户_学号	50 000	50 000
结算中心存款（1002.02）	机械制造公司内部银行账户_学号	30 000 000（3 000 万）	30 000 000（3 000 万）
应付账款（2202）	恒星公司_学号	50 000	50 000

机械制造公司_学号组织科目初始余额录入数据如表 2-22 所示。

表 2-22 科目余额数据 单位：元

科目代码	科目名称	期初余额
1001	库存现金	50 000
1002	银行存款	30 050 000（3 005 万）
1002.01	商业银行存款	50 000
1002.02	结算中心存款	30 000 000（3 000 万）
2202	应付账款	50 000
4001	实收资本	30 050 000（3 005 万）

（3）任务 3：机械配件公司_学号总账初始化数据。

机械配件公司_学号组织辅助账科目初始余额数据如表 2-23 所示，切换为机械配件公司_学号进行辅助账科目初始余额录入并结束辅助账科目初始化。

表 2-23 辅助账科目初始余额 单位：元

科目	核算项目	期初余额（原币）	期初余额（本位币）
商业银行存款（1002.01）	配件公司收付账户_学号	50 000	50 000
结算中心存款（1002.02）	机械配件公司内部银行账户_学号	40 000 000（4 000 万）	40 000 000（4 000 万）

机械配件公司_学号组织科目初始余额录入数据如表 2-24 所示。

表 2-24 科目初始余额 单位：元

科目代码	科目名称	期初余额
1001	库存现金	50 000
1002	银行存款	40 050 000（4 005 万）
1002.01	商业银行存款	50 000
1002.02	结算中心存款	40 000 000（4 000 万）
4001	实收资本	40 100 000（4 010 万）

（4）任务 4：机械销售公司_学号总账初始化数据。

机械销售公司_学号组织辅助账科目初始余额数据如表 2-25 所示，切换为机械销售公司_学号进行辅助账科目初始余额录入并结束辅助账科目初始化。

表 2-25　辅助账科目初始余额　　单位：元

科目	核算项目	期初余额（原币）	期初余额（本位币）
商业银行存款（1002.01）	销售公司收付账户_学号	50 000	50 000
结算中心存款（1002.02）	机械销售公司内部银行账户_学号	50 000 000（5 000 万）	50 000 000（5 000 万）
备用金（1134）	吴峰_学号	20 000	20 000
应收账款（1122）	耀星公司_学号	17 000	17 000
应收账款（1122）	耀眼公司_学号	23 000	23 000

机械销售公司_学号组织科目初始余额录入数据如表 2-26 所示。

表 2-26　科目初始余额　　单位：元

科目代码	科目名称	期初余额
1001	库存现金	50 000
1002	银行存款	50 050 000（5 005 万）
1002.01	商业银行存款	50 000
1002.02	结算中心存款	50 000 000（5 000 万）
1134	备用金	20 000
1122	应收账款	40 000
4001	实收资本	50 160 000（5 016 万）

2.13.2　具体操作

以集团本部_学号总账初始化为例，切换组织为“集团本部_学号”。

先做辅助账科目初始余额录入再做科目初始余额录入，因为辅助账科目初始余额可以引入到科目初始余额，实现辅助账和总账期初数据一致。

辅助账科目初始余额录入的路径为【财务会计】-【总账】-【初始化】-【辅助账科目初始余额录入】。

点击选择科目，选择商业银行存款（1002.01），然后在工具栏的【表格】菜单下选择【新增行】。

点击选择银行账户为资金母账户_学号，在原币处输入“200 000 000”，然后点击【保存】，则此科目的辅助账初始余额就录入完成了，如图 2-43 所示。

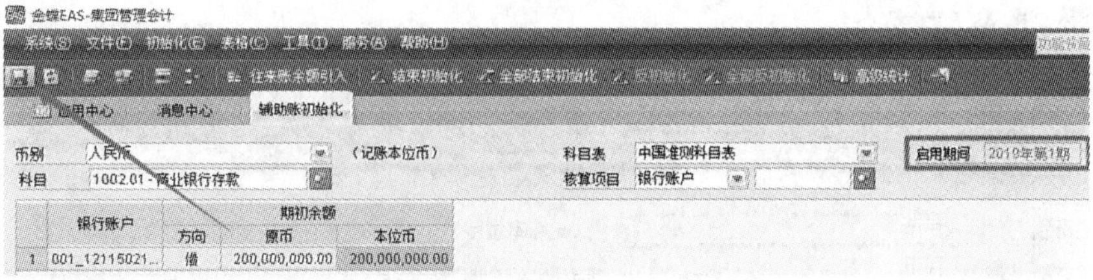

图 2-43　辅助账初始化

参照实验数据，按照同样的方式新增另外三个辅助账科目期初余额。录入完成后点击【全部结束初始化】，结束初始化。

接下来依旧在集团本部_学号做科目初始余额录入。

科目初始余额录入的路径为【财务会计】-【总账】-【初始化】-【科目初始余额录入】。

第一步：引入辅助账初始余额，点击工具栏的【业务】下的【引入辅助账余额】，如图 2-44 所示。

图 2-44　引入辅助账余额

这样辅助账科目初始余额录入的数据就会被引入科目余额初始化。

第二步：参照前面提供的集团本部_学号的科目初始余额，录入科目的期初余额数据。录入完成后，选择“币别”中的“综合本位币”，准备进行试算，如图 2-45 所示。

图 2-45　切换综合本位币

切换到综合本位币，点击【试算平衡】，系统自动试算，如图 2-46 所示。

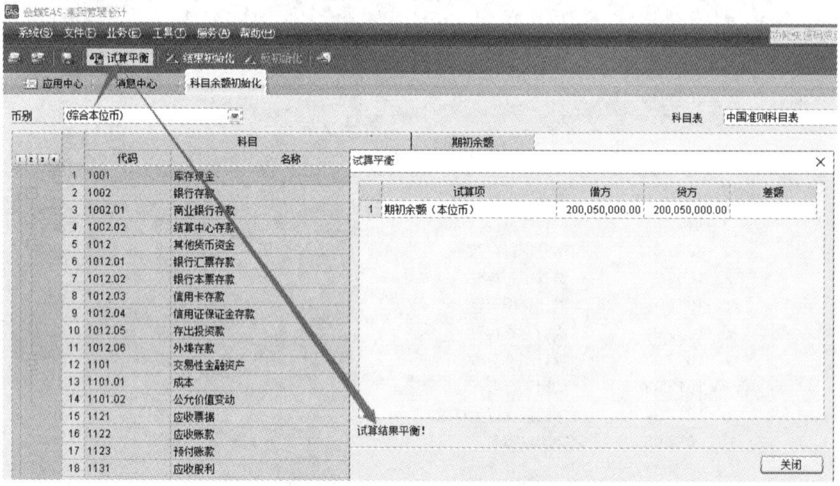

图 2-46　试算平衡

试算结果平衡，则可以点击【结束初始化】，结束科目初始化。如果不平衡，还需要根据初始化数据的表格进行检查，再重新切换到综合本位币进行试算平衡。

这样集团本部的总账初始化就完成了，其他三个组织按照相同的方法分别进行总账初始化，此处不再详细描述。

2.13.3　练习作业

此练习必须做，后续实验会用到该结果。

（1）参照实验数据，首先录入机械制造公司_学号的辅助账科目初始余额，全部结束初始化。然后，在科目初始余额录入中，先引入辅助账科目余额，再根据所提供的实验数据，录入科目余额，进行试算平衡。最后，结束初始化。

（2）参照实验数据，首先录入机械配件公司_学号的辅助账科目初始余额，全部结束初始化。然后，在科目初始余额录入中，先引入辅助账科目余额，再根据所提供的实验数据，录入科目余额，进行试算平衡。最后，结束初始化。

（3）参照实验数据，首先录入机械销售公司_学号的辅助账科目初始余额，全部结束初始化。然后，在科目初始余额录入中，先引入辅助账科目余额，再根据所提供的实验数据，录入科目余额，进行试算平衡。最后，结束初始化。

2.14 任务十二：内部账户初始化

2.14.1 任务描述

集团本部_学号作为结算中心需要进行内部账户初始化，内部账户初始化完成后结束初始化，代表结算中心已启用，可从总账导入吸收存款余额情况作为内部账户初始化数据。相关实验数据如表 2-27 所示。

表 2-27 内部账户初始化数据 单位：元

开户单位	内部账户	启用日期	期初余额
机械制造公司_学号	机械制造公司内部账户_学号	2019-01-01	30 000 000（3 000 万）
机械配件公司_学号	机械配件公司内部账户_学号	2019-01-01	40 000 000（4 000 万）
机械销售公司_学号	机械销售公司内部账户_学号	2019-01-01	50 000 000（5 000 万）

2.14.2 具体操作

切换组织到“集团本部_学号”。内部账户初始化的路径为【资金管理】-【资金结算】-【基础设置】-【内部账户初始化】。

在“内部账户初始化”界面，点击【导入总账】按钮，将总账的数据导入。导入成功后，将显示内部账户档案的科目对应的余额，如图 2-47 所示。

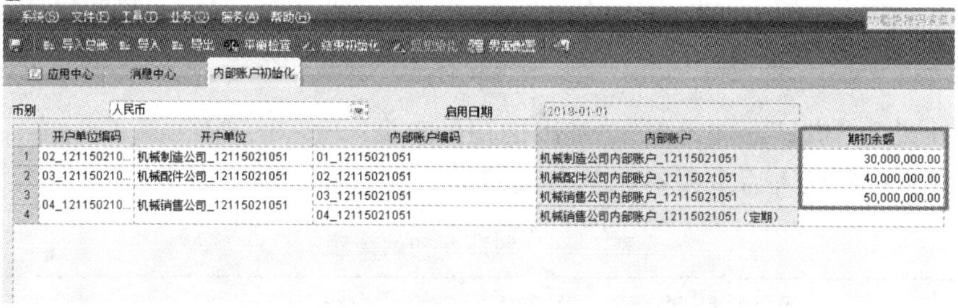

图 2-47 内部账户初始化

保存后再进行平衡检查，平衡检查就是检查内部账户初始化时对应的科目在总账科目初始余额录入处是否相等。如果导入成功，是没问题的，即可点击【结束初始化】，结束初始化。

注意：此处一定要先保存好数据然后再去做平衡检查，如果直接做平衡检查，会提示不平衡。

【知识扩展】

结束初始化后是不能修改数据的，需要修改时可以返回初始化界面修改。

2.15 任务十三：各个组织出纳管理初始化

2.15.1 任务描述

（1）任务1：集团本部_学号出纳初始数据。

用户可从总账导入后录入对账单余额，具体数据如表2-28所示。

表2-28 对账单初始余额

类型	现金科目/银行账户名称	初始余额/元	对账单余额/元
现金	库存现金	50 000	无
对账单	资金母账户_学号	200 000 000	200 000 000（2亿）
银行存款	资金母账户_学号	200 000 000	200 000 000（2亿）

（2）任务2：机械制造公司_学号出纳初始数据。

用户可从总账导入后录入对账单余额即可，具体数据如表2-29所示。

表2-29 对账单初始余额

类型	现金科目/银行账户名称	初始余额/元	对账单余额/元
现金	库存现金	50 000	无
对账单	机械制造公司内部银行账户_学号	30 000 000（3 000万）	30 000 000（3 000万）
对账单	制造公司收付账户_学号	50 000	50 000
银行存款	机械制造公司内部银行账户_学号	30 000 000（3 000万）	30 000 000（3 000万）
银行存款	制造公司收付账户_学号	50 000	50 000

（3）任务3：机械配件公司_学号出纳初始数据。

用户可从总账导入后录入对账单余额即可，具体数据如表2-30所示。

表2-30 对账单初始余额

类型	现金科目/银行账户名称	初始余额/元	对账单余额/元
现金	库存现金	50 000	无
对账单	机械配件公司内部银行账户_学号	40 000 000（4 000万）	40 000 000（4 000万）

表2-30(续)

类型	现金科目/银行账户名称	初始余额/元	对账单余额/元
对账单	配件公司收付账户_学号	50 000	50 000
银行存款	机械配件公司内部银行账户_学号	40 000 000（4 000 万）	40 000 000（4 000 万）
银行存款	配件公司收付账户_学号	50 000	50 000

（4）任务 4：机械销售公司_学号出纳初始数据

用户可从总账导入后录入对账单余额即可，具体数据如表 2-31 所示。

表 2-31　对账单初始余额

类型	现金科目/银行账户名称	初始余额/元	对账单余额/元
现金	库存现金	50 000	无
对账单	机械销售公司内部银行账户_学号	50 000 000（5 000 万）	50 000 000（5 000 万）
对账单	销售公司收付账户_学号	50 000	50 000
银行存款	机械销售公司内部银行账户_学号	50 000 000（5 000 万）	50 000 000（5 000 万）
银行存款	销售司收付账户_学号	50 000	50 000

2.15.2　具体操作

4 个组织都需要做出纳初始化并结束出纳初始化，以集团本部_学号为例。

切换组织到“集团本部_学号”，先导入现金，然后导入银行存款，再输入对账单金额。

出纳初始化的路径是【财务会计】-【出纳管理】-【基础设置】-【出纳初始化】。在“出纳初始化”页面，选择类型为“现金”，点击工具栏的【导入】，会计期间选择 2019 年 1 期，导入后点击【保存】，如图 2-48 所示。

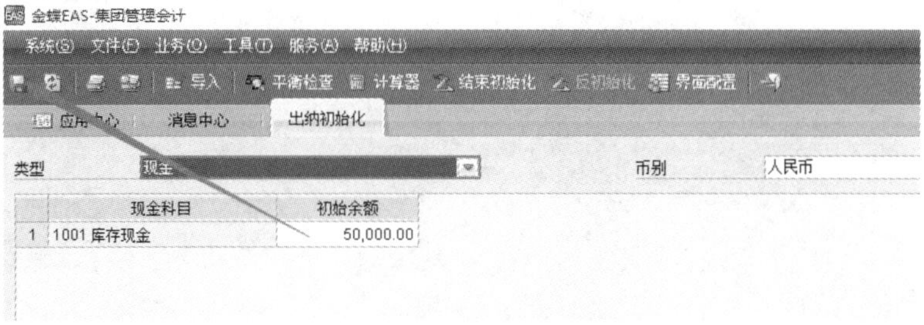

图 2-48　出纳初始化

接下来切换类型为“银行存款”，同样点击【导入】，选择 2019 年 1 期，导入成功后进行保存。

选择类型为“对账单”，对账单需要输入初始余额，其值为 200 000 000，点击保存。最后点击【结束初始化】，结束集团本部_学号出纳初始化工作，如图 2-49 所示。

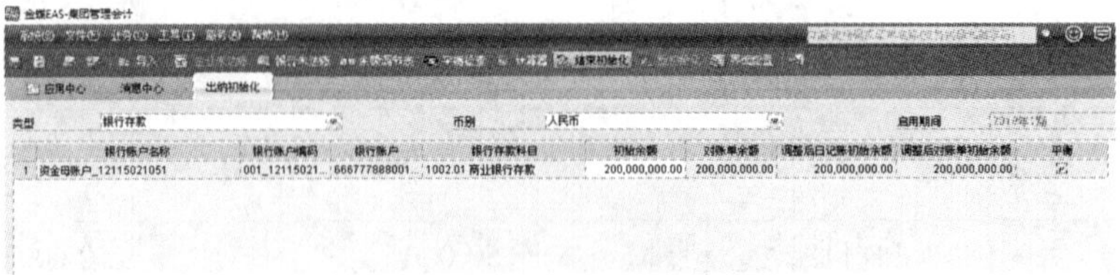

图 2-49　结束初始化

分别切换到其他 3 个组织，按照同样的方法做出纳管理初始化。

2.15.3　练习作业

此练习必须做，后续实验会用到该结果。

（1）参照实验数据，切换组织为“机械制造公司_学号”，先导入“现金”，然后导入“银行存款”，再输入对账单金额，最后结束初始化。

（2）参照实验数据，切换组织为“机械配件公司_学号”，先导入“现金”，然后导入“银行存款”，再输入对账单金额，最后结束初始化。

（3）参照实验数据，切换组织为“机械销售公司_学号”，先导入“现金”，然后导入“银行存款”，再输入对账单金额，最后结束初始化。

3 集团预算管理

3.1 集团预算管理概述

预算管理作为企业集团实现战略执行的管理工具越来越受到企业的重视。金蝶 EAS 集团预算管理模式帮助企业预算部门实现集团预算指标的分解、多上多下（多次沟通）的预算编制，实现事前预测、事中控制和事后分析，提供了科学严谨的全面预算管理体系，如图 3-1 所示。

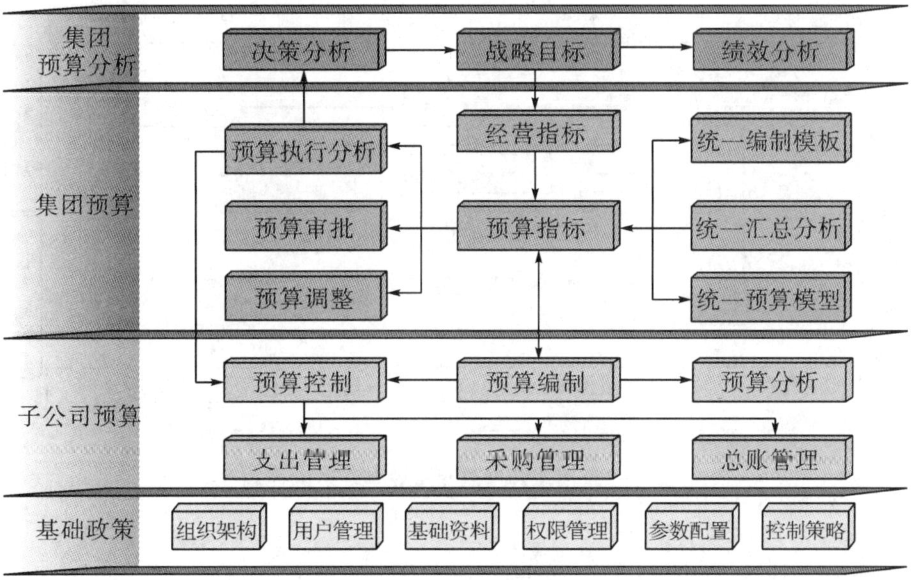

图 3-1　集团预算管理整体架构

（1）建立编制准确、应用灵活的预算体系。

金蝶 EAS 预算管理模式具有完善的预算模型，通过已发生的业务数据来预测未来预算数据，并依据经营计划来编制准确的预算数据；同时通过类似 Excel 的模板设定，满足所有集团预算模板的设置和预算编制的需求，如图 3-2 所示。

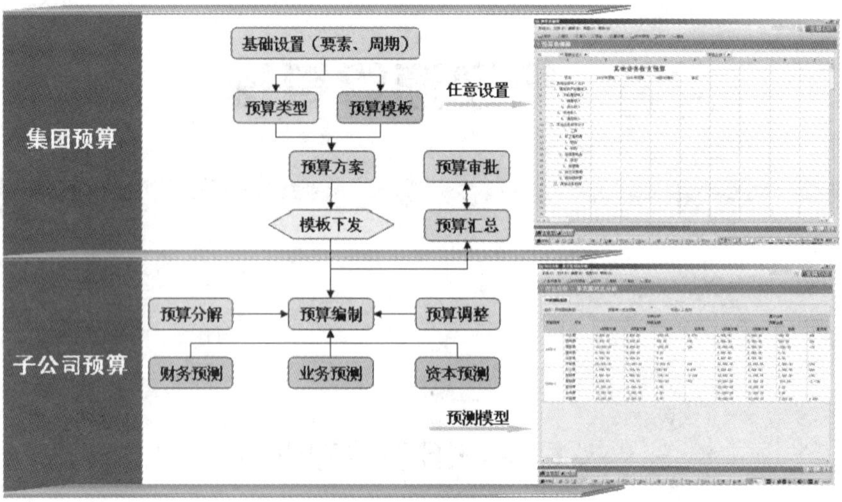

图 3-2　集团预算管理流程

（2）预算管理体系对众多业务环节进行控制。

紧密集成预算与业务等其他系统，根据业务特点及需要柔性配置业务控制点，及时传递预警信息，保证预算的有效控制与执行，如图 3-3 所示。

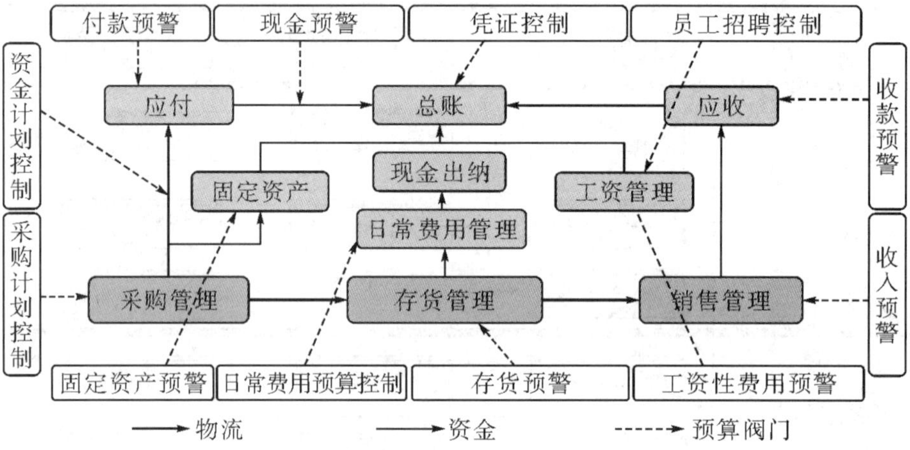

图 3-3　预算管理对众多业务环节的控制

（3）预算管理体系的特点。

借助金蝶 EAS 预算管理体系，其预算管理体系可体现出以下特点：

①提供完整的预算编制体系，预算模板可灵活设置、下发，并进行数据汇总。

②提供丰富严谨的预算编制方法和科学的预测公式，提高预算编制效率。

③实现预算在各个业务环节的执行与控制，提升执行力。

④进行全面的预算执行情况分析，为绩效考核提供依据。

3.2 预算管理案例背景

鑫弘机械集团信息化水平尚可，自 1998 年始鑫弘机械集团内部一直使用一套管理进销存和生产的 ERP 系统，对采购、销售、生产环节进行管理，并与财务互通，目前这套 ERP 系统运行较为顺畅。

鑫弘机械集团实行预算管理的背景：

(1) 各产业发展不均衡。配件采购产业严重亏损，出现了因过多采购而造成的库存积压现象，呆滞料占用了过多资金，采购计划与生产计划不匹配的现象经常发生，这些已成为影响集团公司经济效益的重大问题。集团公司需要更新观念，创新管理，尽快实现减亏扭亏，促进三大主营业务板块均衡发展、健康发展。

(2) 成本费用上升过快，挤占了大量的利润空间。材料、人工等价格持续上涨加上管理不到位，导致成本费用居高不下，集团公司需要加强成本费用控制，提高经济效益。

(3) 管理工作存在不足，企业管理水平需要提高。集团公司在高速发展的过程中掩盖了管理上的大量矛盾，需要及时解决。例如，企业法人治理结构不健全，内部监督制衡机制没有真正建立，企业决策、投资和管理行为不够规范。

这些原因使得鑫弘机械集团在 2009 年开始探索并实行预算管理来帮助集团解决以上问题。

鑫弘机械集团利用信息化系统进行预算管理：2009 年开始采用的只是手工预算编制的方式进行预算管理，通过 excel 进行预算的编制和下发，在实际业务过程中采用人为控制的方式进行预算控制。该集团当年实现利税 240 万元，比 2008 年增长了 60%。2010 年，企业开始全面推行利润预算管理模式，当年实现利税 550 万元，比 2009 年又翻了一番。经过近 10 年的不断探索，鑫弘机械集团归纳并总结出了一套适合以销售为起点的预算管理模式。

随着业务规模的扩大，鑫弘机械集团对预算的执行和控制开始心有余而力不足，手工做的预算在准确性、可控性、实效性和统一性方面都无法得到保障，不仅满足不了集团对成员单位的目标考核、成本费用的即时管理、利润指标的明确监控的需求，同时也满足不了规范分子公司行为和进行事前事中事后控制的需求。集团必须使用信息化系统来对预算进行管理，使集团从监管到执行以及进行数据对比分析时有更加可靠的保证，更有利于企业的发展。

在这样的背景下，鑫弘机械集团采购了一套可以辅助实现全面预算管理的信息管理系统，在进行全面的体系梳理和搭建后，利用信息系统推进全面预算管理。

3.3　预算管理的整体实验流程

预算管理的整体实验流程如图 3-4 所示。

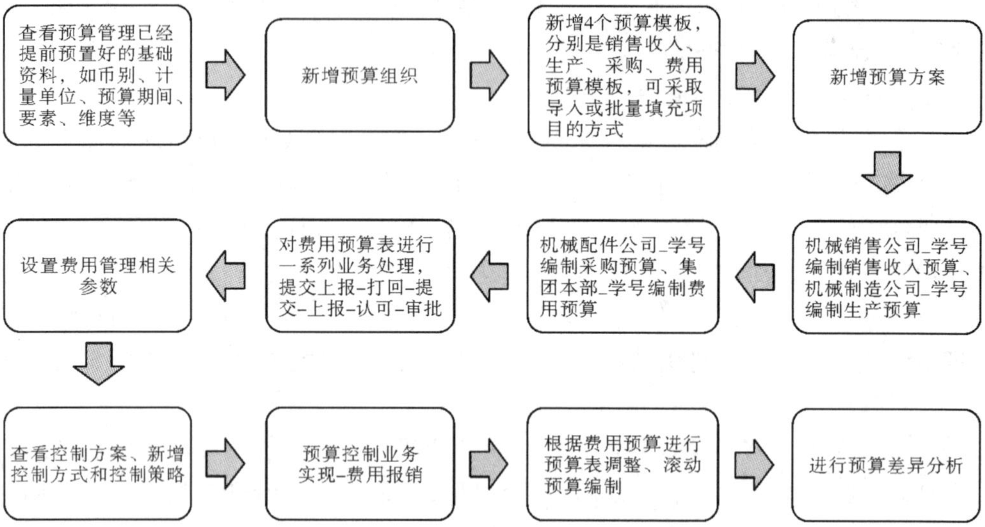
查看预算管理已经提前预置好的基础资料，如币别、计量单位、预算期间、要素、维度等
新增预算组织
新增4个预算模板，分别是销售收入、生产、采购、费用预算模板，可采取导入或批量填充项目的方式
新增预算方案
机械销售公司_学号编制销售收入预算、机械制造公司_学号编制生产预算
机械配件公司_学号编制采购预算、集团本部_学号编制费用预算
对费用预算表进行一系列业务处理，提交上报-打回-提交-上报-认可-审批
设置费用管理相关参数
查看控制方案、新增控制方式和控制策略
预算控制业务实现-费用报销
根据费用预算进行预算表调整、滚动预算编制
进行预算差异分析

图 3-4　预算管理整体实验流程

3.4　任务一：新建预算组织

3.4.1　任务描述

任务背景：鑫弘机械集团_学号梳理预算管理体系后，决定将集团本部、机械制造公司_学号、配件公司_学号、机械销售公司_学号纳入预算管理范畴，实行预算管理。预算组织的搭建需要在预算组织处新增，数据如表 3-1 所示。

表 3-1　预算组织

编码	名称	组织设置
学号	鑫弘机械集团预算体系	选择集团本部_学号、机械制造公司_学号、机械配件公司_学号、机械销售公司_学号

任务要求：鑫弘机械集团_学号预算专员在 EAS 系统中新增预算组织。

3.4.2　具体操作

切换到组织“鑫弘机械集团_学号”，点击【战略管理】-【预算编制平台】-【基础资料】-【预算组织】。

打开后，确认成本中心为“鑫弘机械集团_学号”，在左边的预算组织视图点击【新增】，如图 3-5 所示。

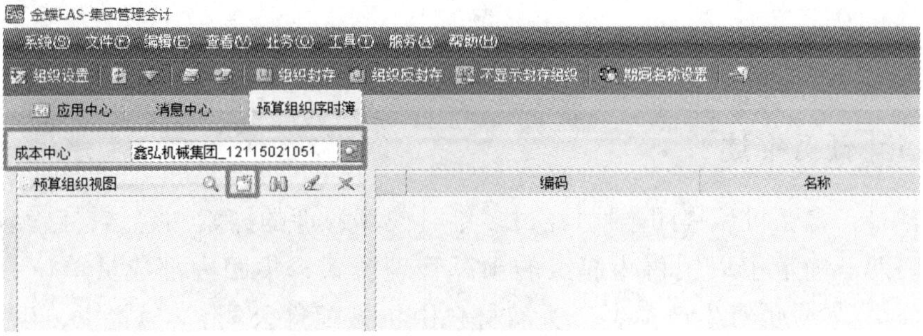

图 3-5　新增预算组织

在组织视图编辑页面，输入编码“学号”，名称“鑫弘机械集团预算体系”，创建组织“鑫弘机械集团_学号”，然后点击【保存】，如图 3-6 所示。

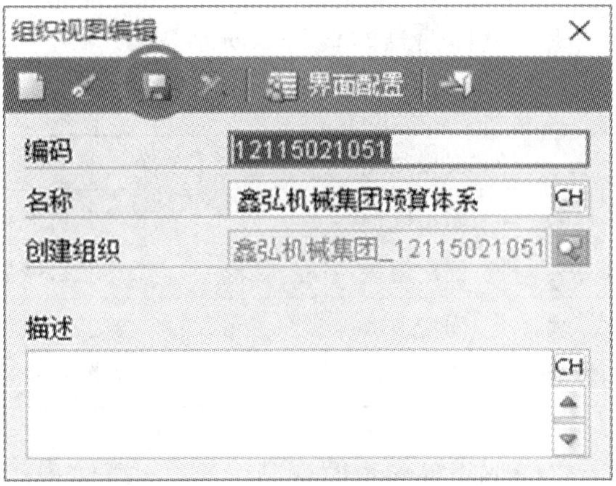

图 3-6　组织视图

设置好预算组织视图后，选中新增的鑫弘机械集团预算体系。在“预算组织序时簿”，点击【组织设置】。在预算组织窗口，选择全部组织，点击【>>】按钮，将组织从左选择到右边。全选过去后，可看到左边为灰色，右边为选中的集团下的四个下级组织，点击【确定】，如图 3-7 所示。

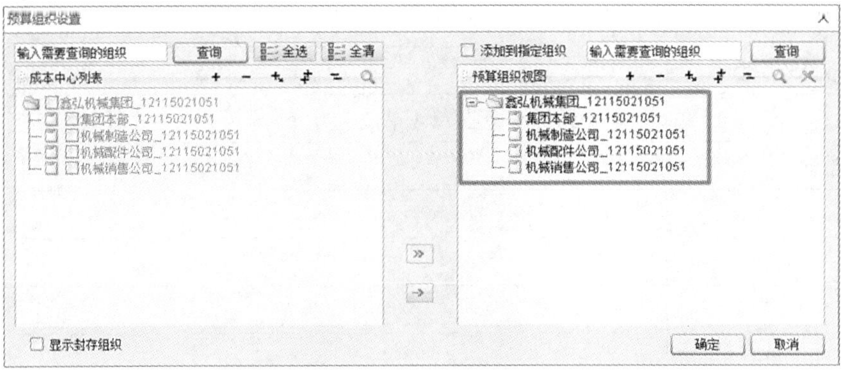

图 3-7　预算组织设置

返回“预算组织序时簿”，用户就可看到刚新建好的预算组织体系。

3.5　任务二：新增预算模板

3.5.1　任务描述

任务背景：鑫弘机械集团_学号经过多年对预算管理的探索和总结，已经进入了企业快速发展期，确定了以销售为起点的预算管理模式，集团内部成员单位分工明确，机械制造公司_学号负责生产，生产所需材料由机械配件公司_学号提供，生产后的产品由机械销售公司_学号对外销售，集团将手工预算编制阶段的预算模板进行讨论修改后由预算专员将各个预算模板新增到 EAS 系统。

任务要求：集团预算专员分别在 EAS 系统内新增销售收入预算模板、生产预算模板、采购预算和费用预算模板，具体模板信息如下。

任务 1：新增固定模板，具体信息如表 3-2 所示。

表 3-2　预算固定模板

编码	名称	模板类型	计量单位	预算模板分组
001	鑫弘统一收入预算表	固定模板	万元	鑫弘机械集团预算体系模板分组
002	鑫弘统一生产预算表	固定模板	台	鑫弘机械集团预算体系模板分组
003	鑫弘统一采购预算表	固定模板	元	鑫弘机械集团预算体系模板分组
004	鑫弘统一费用预算表	固定模板	元	鑫弘机械集团预算体系模板分组

任务 2：编辑预算表，完成预算模板的编制。

（1）销售收入预算模板示例。

销售收入预算模板如表 3-3 所示。

表 3-3　销售收入预算模板

<table>
<tr><td>季度</td><td>第 1 季度</td><td>第 2 季度</td><td>第 3 季度</td><td>第 4 季度</td><td>全年</td></tr>
<tr><td>预计销售量/台</td><td></td><td></td><td></td><td></td><td></td></tr>
<tr><td>预计单价/元</td><td></td><td></td><td></td><td></td><td></td></tr>
<tr><td>销售收入/万元</td><td></td><td></td><td></td><td></td><td></td></tr>
<tr><td colspan="6">预计现金收入（单位：万元）</td></tr>
<tr><td>期初应收账款</td><td colspan="5"></td></tr>
<tr><td>第 1 季度</td><td colspan="5"></td></tr>
<tr><td>第 2 季度</td><td colspan="5"></td></tr>
<tr><td>第 3 季度</td><td colspan="5"></td></tr>
<tr><td>第 4 季度</td><td colspan="5"></td></tr>
<tr><td>现金收入合计</td><td colspan="5"></td></tr>
</table>

表3-3（续）

季度	第 1 季度	第 2 季度	第 3 季度	第 4 季度	全年
预计年末应收账款（单位：万元）					
期初应收账款					
加：预计全年销售收入					
减：预计全年收回货款					
期末应收账款					

（2）生产预算模板示例。

生产预算模板如表 3-4 所示。

表 3-4　生产预算模板

季度	第 1 季度	第 2 季度	第 3 季度	第 4 季度	全年
预计销售量/台					
加：预计期末产品存货					
减：预计期初产品存货					
预计生产量					

（3）采购预算模板示例。

采购预算模板如表 3-5 所示。

表 3-5　采购预算模板

季度	第 1 季度	第 2 季度	第 3 季度	第 4 季度	全年
预计生产量/台					
单位产品材料用量/千克					
生产需用量					
加：预计期末材料存货					
减：预计期初材料存货					
预计材料采购量					
材料单价/元・千克					
预计采购金额					
预计现金支出（单位：元）					
期初应付账款					
第 1 季度					
第 2 季度					
第 3 季度					

表3-5(续)

季度	第 1 季度	第 2 季度	第 3 季度	第 4 季度	全年
第 4 季度					
合计					
预计年末应付账款（单位：元）					
期初应付账款					
加：预计全年采购金额					
减：预计全年支付货款					
期末应付账款					

（4）新增预算模板-费用预算模板。

任务背景：鑫弘机械集团_学号费用的支出受销售业务的影响，销售业务量大对应的期间费用可能较多，销售量小时对应的期间费用较少。公司费用划分为变动部分和固定部分，预算专员新增费用预算模板供后续使用。

费用预算模板编辑信息：在预算表内通过批量填充项目公式的形式完成预算模板的编制。

主要体现点：预算科目_费用类型 01 大类到 03 大类所有细项。预算情景：预算数+实际数。预算期间：2019 年 1 月~12 月。预算要素为金额。

3.5.2 具体操作

在组织“鑫弘机械集团_学号”进行预算模板的新增，共有 4 个预算模板要新增。其中，鑫弘统一收入/生产/采购预算表除了手工录入以外，也可采用导入的方式进行。鑫弘统一费用预算表采用批量项目填充的方式完成预算模板的制作。

（1）新增鑫弘统一收入预算表。

切换当前组织为“鑫弘机械集团_学号”，预算模板新增的路径为【战略管理】-【预算编制平台】-【预算建模】-【预算模板】。

进入预算模板界面后，选中“鑫弘机械集团_学号”点击左上角的【新增】按钮，开始填写预算模板相关信息。

输入编码为 001，名称为鑫弘统一收入预算表，缺省计量单位选择“万元”，预算模板分组选择系统内置的新弘机械集团预算体系模板，然后点击【保存】即可，如图 3-8 所示。保存后就可以开始编制预算模板格式了。

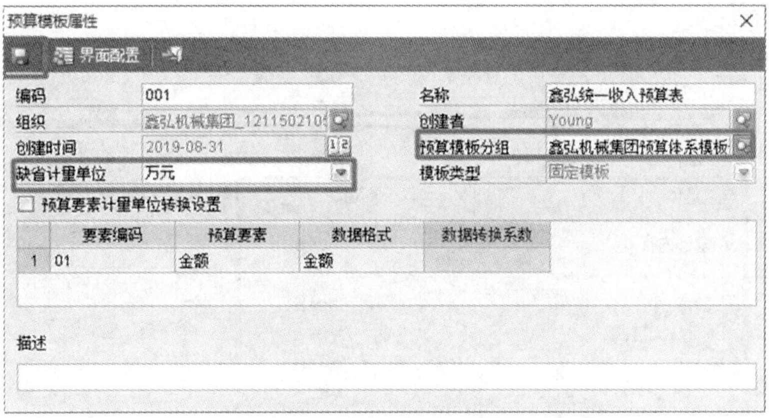

图 3-8　新增预算模板

【注意】

新增预算模板可采用手工维护预算模板的方法，也可采用导入模板的方式，此处采用导入模板的方式做鑫弘统一收入预算表，关于手工做预算模板的方法在【知识扩展】处进行补充学习即可。

下面开始采用导入预算模板的方式来做预算模板。

在保存预算模板信息后，会弹出类似 excel 的界面，点击【文件】菜单下的【导入】。在“导入文件”窗口，点击【浏览】，选择“鑫弘机械集团_鑫弘统一收入预算表_001”预算模板文件，格式为 xml 格式，如图 3-9 所示。

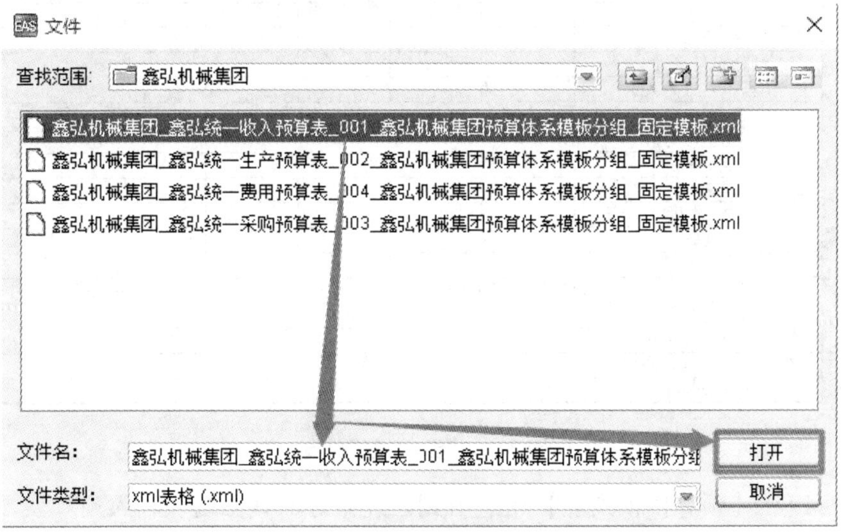

图 3-9　选择预算模板文件

在“导入文件”窗口中，“导入选项”为“全部内容”，勾选三个表页，如图 3-10 所示。

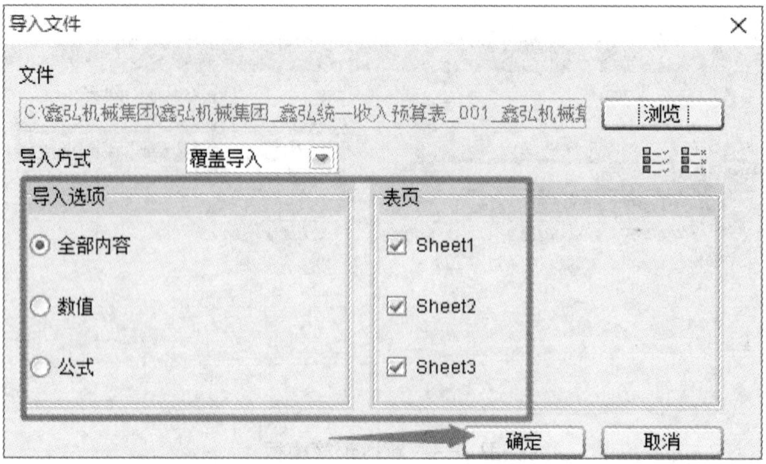

图 3-10　导入文件选项

导入后的格式就是任务描述内要求学生要设置好的格式。用户可以对表格的边框等按照 excel 的使用方法进行美化设置，设置后如图 3-11 所示，然后点击【保存】，鑫弘统一收入预算表的模板编制完成。

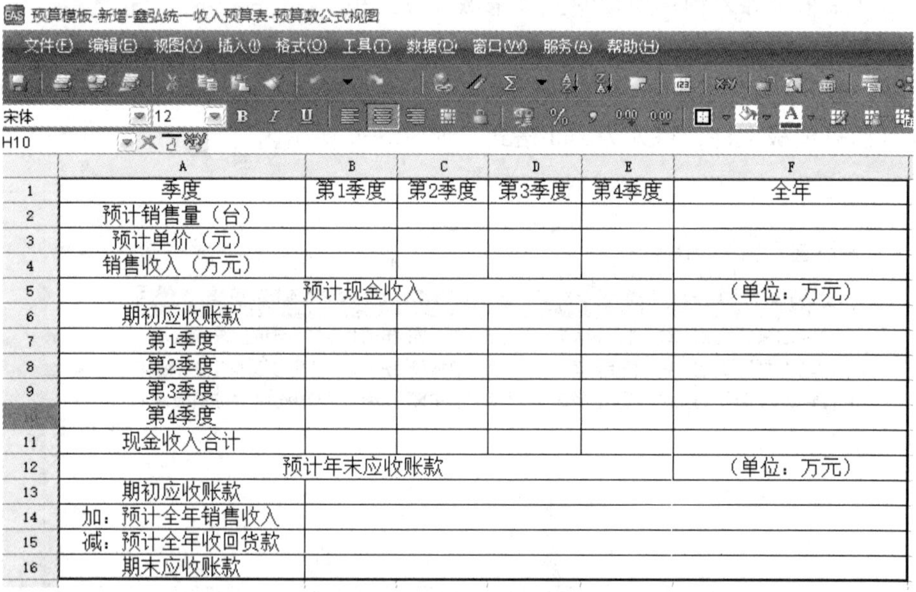

图 3-11　预算模板编制

用户可以在【预算模板列表】中查看到已经做好的鑫弘统一收入预算表。

以上是采用导入方式做预算模板，学生也需要学习在没有模板可供导入的时候，如何手工做预算模板。手工做预算模板仅做学习，不在系统内操作！

【知识扩展】

在保存预算模板信息后，界面跳出类似 excel 表格的界面，用户可以在此界面直接手工编制预算模板，如图 3-12 所示。

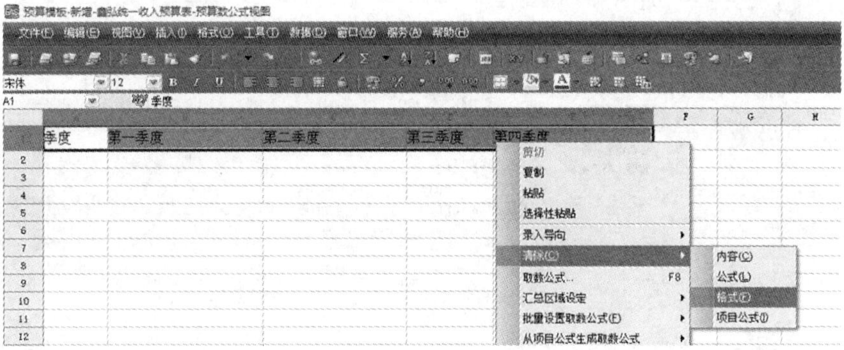

图 3-12　手工编制预算模板

鑫弘统一生产预算模板、鑫弘统一采购预算模板也可按照导入的方式新增，可参照后面的练习作业完成，此处不再详述。

费用预算表可采用批量填充项目公式的方式来做，以实现与系统其他业务模块关键字段相关联，达到预算控制和预算调整的目的。

（2）新增鑫弘统一费用预算表。

费用预算表是与费用类型挂钩，用户可采用批量填充的方式做预算模板，下面学习如何新增鑫弘统一费用预算表。

先新增预算模板，输入编码为 004，名称为鑫弘统一费用预算表，缺省计量单位为“元”，预算模板分组选择系统内置的“鑫弘机械集团预算体系模板”，然后点击【保存】即可，如图 3-13 所示，保存后就可以开始编制预算模板格式了。

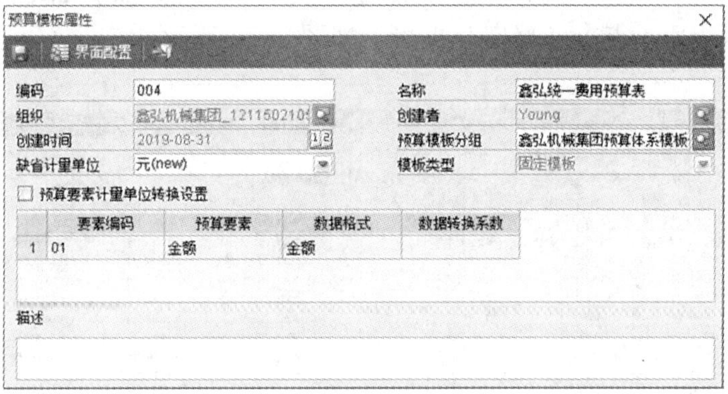

图 3-13　新增预算模板

在预算模板编辑界面，点击【工具】菜单下的【批量填充项目公式】，在弹出的窗口中，选择“维度”为“预算科目_费用类型”。用户可以看到选择出来的费用类型有多个大类，按 shift 选中大类编码为 01-03 的大类及其明细项，点击右箭头，将内容放到右边。选择后的结果如图 3-14 所示。

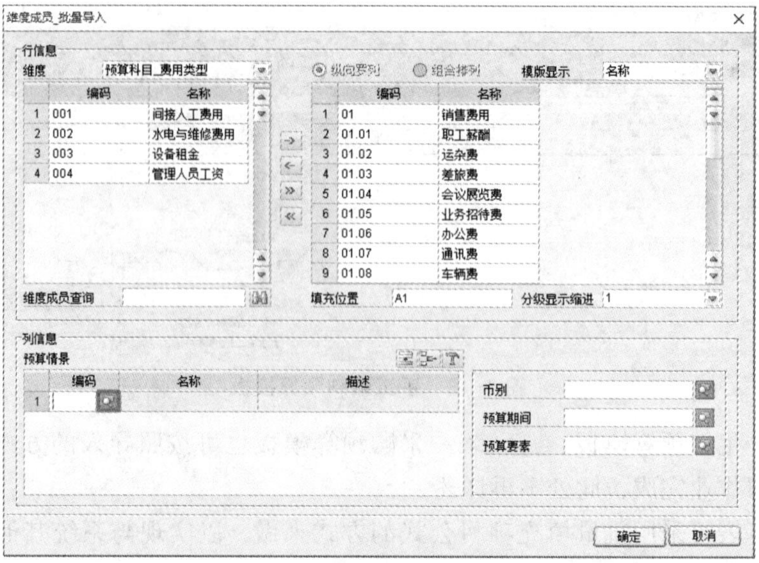

图 3-14 维度成员批量导入

此处只要求选中 01-03 销售、管理和财务费用及其子项，001-004 明细项暂时不选择，后期编制滚动预算会使用到。

用户选择好费用类型后，就可以选择预算情景了。点击“预算情景”下“编码”旁的搜索图标，在弹出的窗口中，可按 shift 选中“实际数”和“预算数”，再点击【确定】返回。然后用户再选择预算期间。点击“预算期间”旁的搜索图标，在弹出的“预算期间选择”窗口中，按 crtl 分别选中 1 月~12 月，然后点击右箭头，将左边的内容选择到右边后，点击【确定】即可，如图 3-15 所示。

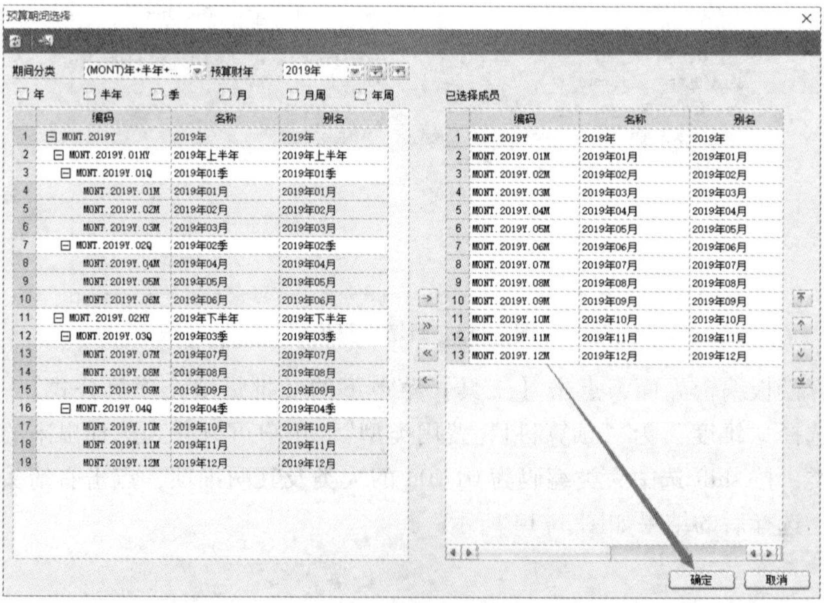

图 3-15 预算期间选择

用户选择完成预算期间后，返回“维度成员_批量导入”窗口。然后用户再选择预算要素。点击“预算要素”旁的搜索图标，在弹出的窗口中选中“金额”的预算要素，点击【确定】返回。

全部内容选择完成后分别检查费用类型、预算情景、预算期间和预算要素，无误后点击【确定】返回，如图 3-16 所示。

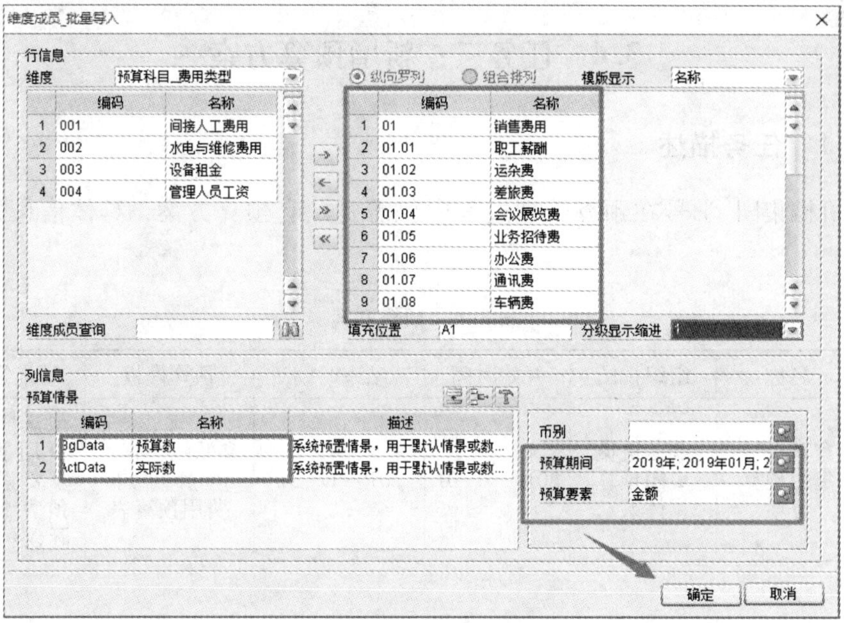

图 3-16　维度成员批量导入

注意：以上信息要维护正确，生成的费用预算表才会达到要求，请务必仔细检查。系统生成预算模板，检查无误后点击【保存】按钮，保存费用预算表，如图 3-17 所示。

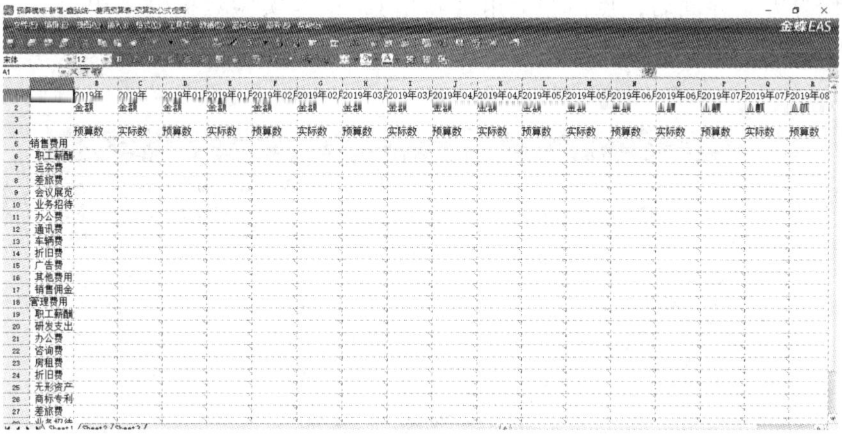

图 3-17　生成的预算模板

到此，4 个预算模板就新增完成。

3.5.3 练习作业

此练习必须做，后续实验会用到该结果。

（1）参照实验数据，按照导入方式编制鑫弘统一生产预算模板。

（2）参照实验数据，按照导入方式编制鑫弘统一采购预算模板。

3.6 任务三：新增预算方案

3.6.1 任务描述

鑫弘机械集团_学号在预算管理过程中仅需要一套预算方案，具体信息如表 3-6 所示。

表 3-6 预算方案

编码	名称	组织视图	开始时间	结束时间	预算模板	明细维度组合
01	鑫弘机械集团预算方案	鑫弘机械集团预算体系	2019-01-01	2019-12-31	鑫弘统一收入/生产/采购/费用预算表	预算科目维度：费用类型；预算要素：金额；预算情景：实际数+预算数；

3.6.2 具体操作

（1）新增预算方案。

切换组织为“鑫弘机械集团_学号”。新增预算方案的路径为【战略管理】-【预算编制平台】-【预算建模】-【预算方案】。

进入预算方案界面后，点击左上角【新增】，根据实验数据输入相关信息。“预算模板”“明细维度组合”两个页签均需输入相关信息，如图 3-18 所示。

图 3-18 预算方案编辑

新增预算方案时涉及的知识点，可参考【知识扩展】补充学习，不需要在系统内做操作。

【知识扩展】

进行模板维度的提取主要是针对有预算项目的。前三个表是没有跟预算项目关联的，是不能达到预算控制和预算调整的，而第四个预算模板费用预算模板是跟预算项目绑定在一起的，可以根据不同的费用项目在业务发生的时候进行实时控制和调整，因此此处的模板维度提取主要是为了能够与维度后期关联业务对应。

预算方案和预算模板是绑定在一起的，需要在新增预算方案时选择预算模板，以便进行模板后续分配。

（2）分配预算模板。

新增完成预算方案后，接下来进行模板的分配，选中需要分配的模板的预算方案，点击工具栏的【模板分配】。

在“预算模板分配”界面，点击左边【全选】，选中 4 个预算模板，分配给右边的预算组织。然后，同样点击右边【全选】后点击【确定】，即可将 4 个预算模板均分配给这 4 个下级组织，如图 3-19 所示。

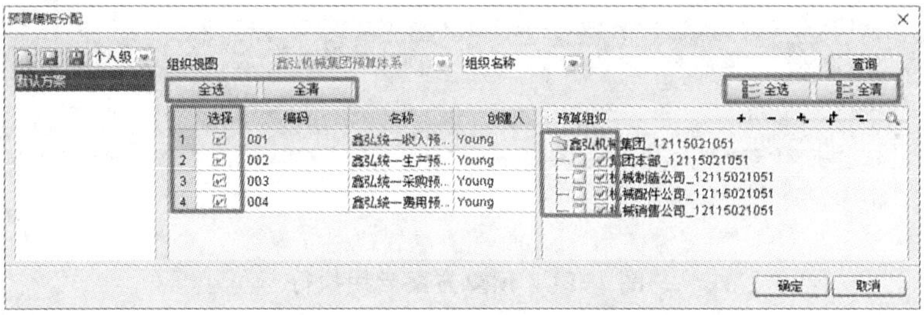

图 3-19　预算模板分配

系统会生成 16 条预算模板分配记录，如图 3-20 所示。

预算模板分配报告

预算方案：鑫弘机械集团预算方案

分配时间：2019-08-31

分配人：Young

模板	组织	分配结果	失败原因
鑫弘统一收入预算表	集团本部_12115021051	成功	
鑫弘统一收入预算表	机械制造公司_12115021051	成功	
鑫弘统一收入预算表	机械配件公司_12115021051	成功	
鑫弘统一收入预算表	机械销售公司_12115021051	成功	
鑫弘统一生产预算表	集团本部_12115021051	成功	
鑫弘统一生产预算表	机械制造公司_12115021051	成功	
鑫弘统一生产预算表	机械配件公司_12115021051	成功	
鑫弘统一生产预算表	机械销售公司_12115021051	成功	
鑫弘统一采购预算表	集团本部_12115021051	成功	
鑫弘统一采购预算表	机械制造公司_12115021051	成功	
鑫弘统一采购预算表	机械配件公司_12115021051	成功	
鑫弘统一采购预算表	机械销售公司_12115021051	成功	
鑫弘统一费用预算表	集团本部_12115021051	成功	
鑫弘统一费用预算表	机械制造公司_12115021051	成功	
鑫弘统一费用预算表	机械配件公司_12115021051	成功	
鑫弘统一费用预算表	机械销售公司_12115021051	成功	

确定

图 3-20　预算模板分配记录

显示分配成功则没有问题，若失败则需要查看失败原因再去做对应处理。

这样，预算模板就分配完成了，针对预算模板分配过程的知识点参考【知识扩展】，仅作补充学习，不在系统内操作。

【知识扩展】

预算模板分配主要是分配到下级组织，如果用户没有做分配这个动作则下级组织没有办法接收到这四个模板。

用户除了通过分配把模板下发给下级组织，下级组织也可以自己新增预算模板，但是下级组织新增的预算模板不支持上报到集团进行认可和审批。在企业管理过程中，企业要求统一预算表格的格式，以方便后期预算表的上报和汇总业务的处理，因此用户必须在集团建立模板后分配给下级组织。

（3）执行预算方案。

分配完预算模板后，即可执行预算方案，执行预算方案才能使后期的预算控制生效，没有执行则无法进行预算控制。选中对应的预算方案，点击工具栏的【执行】按钮。执行成功后，预算方案对应的执行框会被勾选上。至此，预算方案设置完毕，如图 3-21 所示。

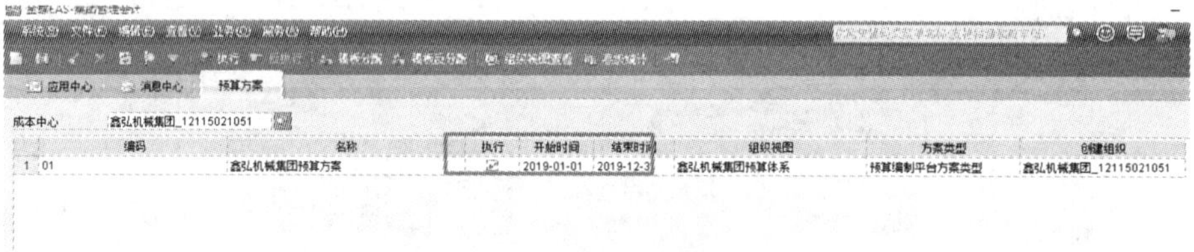

图 3-21　预算方案启用执行

3.7　任务四：编制销售预算

3.7.1　任务描述

任务背景 1：机械销售公司_学号是鑫弘机械集团_学号旗下一家主要销售机械的公司，产品由机械制造公司_学号提供，2018 年年底机械销售公司_学号管理层为应对市场竞争、分解集团下达的利润考核目标、协调各部门工作、提高管理效率决定开展 2019 年全面预算管理工作。

任务背景 2：2018 年年底，机械销售公司_学号接到了一单大生意，2019 年全年为公司的一位老客户—为某大型机械批发商生产 4 600 台 0.5 吨级微型挖掘机，机械销售公司_学号的经理估计，如果接下这份订单，机械制造公司_学号将再无剩余生产能力生产其他产品。

任务背景 3：根据合同规定，挖掘机的价格是每台 29 800 元，机械销售公司需按季度向客户交货，四个季度的供货量分别为 800 件、1 100 件、1 500 件和 1 200 件，合同规定的付款方式为：各季度的货款应在当季支付 50%，其余 50%在下季付讫。目前，该客户尚欠宏祥公司 150 万元货款，预计将在 2019 年第一季度付清。

任务要求：根据以上信息，机械销售公司_学号预算专员在 EAS 系统的编制销售收入预算，具体内容如下。

新增固定表具体信息如表 3-7 所示。

表 3-7 固定表信息

报表编码	预算模板	币别	预算版本	创建期间	报表名称
001	鑫弘统一收入预算表	人民币	执行版本	2019 年	按系统自动生成的报表名称

预算表初始信息如表 3-8 所示。

表 3-8 预算表初始信息

季度	第 1 季度	第 2 季度	第 3 季度	第 4 季度	全年
预计销售量/台	800	1 100	1 500	1 200	4 600
预计单价/元					
销售收入/万元					
预计现金收入（单位：万元）					
期初应收账款	150				150
第 1 季度					
第 2 季度					
第 3 季度					
第 4 季度					
现金收入合计					
预计年末应收账款（单位：万元）					
期初应收账款					
加：预计全年销售收入					
减：预计全年收回货款					
期末应收账款					

3.7.2 具体操作

切换到组织“机械销售公司_学号”进行销售预算的编制工作，将计算出来的结果填写到预算表上即可。预算编制的路径为【战略管理】-【预算编制平台】-【预算编制】-【预算编制】。

在弹出的“预算编制序时簿-条件查询”界面，选择“成本中心”为机械销售公司_学号，“预算方案”为“鑫弘机械集团预算方案”。点击【确定】，进入“预算编制序时簿”界面。

选择“鑫弘机械销售公司_学号”，新增一张预算表。点击【动态表新增】按钮，选择下拉的“固定表新增”。在弹出的“固定表-新增”窗口中，输入报表编码“001”，选择预算模板“鑫弘统一收入预算表”，选择创建期间“2019 年”，预算版本选择“执行版本”，报表名称是系统自动生成的，最后点击【保存】，如图 3-22 所示。

图 3-22　新增固定表

保存后系统会根据预算模板的格式弹出预算表，用户只需要填写自己计算出来的预算表的数据，依次点击【保存】、【提交】按钮，提交预算表，即可如图 3-23 所示。

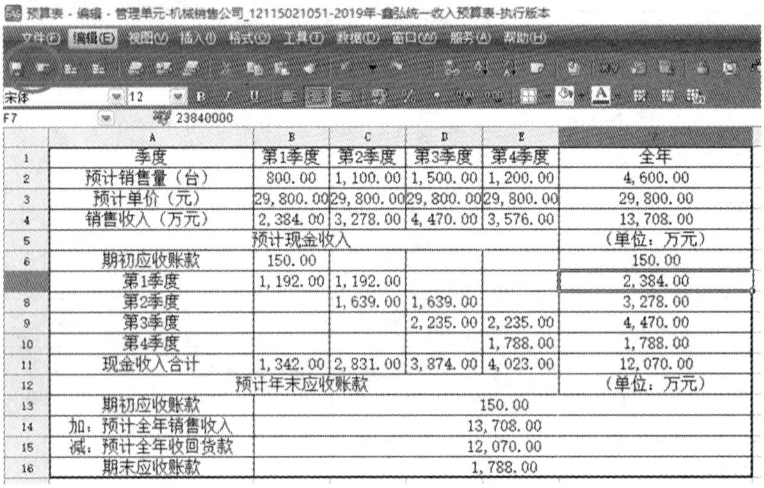

	A	B	C	D	E	F
1	季度	第1季度	第2季度	第3季度	第4季度	全年
2	预计销售量（台）	800.00	1,100.00	1,500.00	1,200.00	4,600.00
3	预计单价（元）	29,800.00	29,800.00	29,800.00	29,800.00	29,800.00
4	销售收入（万元）	2,384.00	3,278.00	4,470.00	3,576.00	13,708.00
5	预计现金收入					（单位：万元）
6	期初应收账款	150.00				150.00
7	第1季度	1,192.00	1,192.00			2,384.00
8	第2季度		1,639.00	1,639.00		3,278.00
9	第3季度			2,235.00	2,235.00	4,470.00
10	第4季度				1,788.00	1,788.00
11	现金收入合计	1,342.00	2,831.00	3,874.00	4,023.00	12,070.00
12	预计年末应收账款					（单位：万元）
13	期初应收账款	150.00				
14	加：预计全年销售收入	13,708.00				
15	减：预计全年收回货款	12,070.00				
16	期末应收账款	1,788.00				

图 3-23　填写预算表数据

提交后，返回“预算编制序时簿”界面，显示预算表的状态为“编制中”，机械销售公司_学号的收入预算表就算编制好了。

3.8　任务五：根据销售预算编制生产预算

3.8.1　任务描述

任务背景：机械制造公司预计，为保证供货的连续性，预算期内各季度的期末产品库存量应达到下期销售量的 20%，根据与客户的长期合作关系，公司预算年末的产品库存量应维持和年初相一致的水平，大约为 200 台，能够保证及时为客户供货。据此，机械销售公司编制 2019 年度生产预算。

任务要求：根据以上信息，机械制造公司预算专员在 EAS 系统进行编制生产预算。

新增固定表具体信息如表 3-9 所示。

表 3-9　固定表信息

报表编码	预算模板	币别	预算版本	创建期间	报表名称
002	鑫弘统一生产预算表	人民币	执行版本	2019 年	按系统自动生成的报表名称

预算表初始信息如表 3-10 所示。

表 3-10　预算表初始信息

季度	第 1 季度	第 2 季度	第 3 季度	第 4 季度	全年
预计销售量/台	800	1 100	1 500	1 200	4 600
加：预计期末产品存货					
减：预计期初产品存货					
预计生产量					

3.8.2　具体操作

切换到组织“机械制造公司_学号”编制生产预算，方法和步骤跟销售公司编制收入预算类似，此处不再详细描述。编制完成后，依次点击【保存】、【提交】按钮，提交预算表，如图 3-24 所示。

图 3-24　收入预算表

3.8.3　练习作业

此练习必须做，后续实验会用到该结果。

参照实验数据，编制机械制造公司_学号的生产预算。

3.9 任务六：根据生产预算编制采购预算

3.9.1 任务描述

任务背景：为了方便计算，我们假定机械制造公司_学号生产挖掘机主要使用一种合金材料，根据以往的生产经验，平均每台挖掘机需用料 5 千克，这种合金材料一直由配件公司以每千克 200 元的价格跟一位长期合作的供应商定购，并且双方约定，购货款在购货当季和下季各付一半，目前，机械配件公司_学号尚欠该供应商货款400 000元，预计将在 2019 年第一季度付清，公司为保证生产的连续性，规定预算期内各期末的材料库存量应达到下期生产需要量的 10%，同时规定各年年末的预计库存材料应维持在 600 千克左右。据此，机械配件公司_学号编制 2019 年度直接材料预算。

任务要求：根据以上信息，机械配件公司_学号预算专员在 EAS 系统进行编制采购预算。

新增固定表具体信息如表 3-11 所示。

表 3-11 固定表具体信息

报表编码	预算模板	币别	预算版本	创建期间	报表名称
003	鑫弘统一采购预算表	人民币	执行版本	2019 年	按系统自动生成的报表名称

预算表初始信息如表 3-12 所示。

表 3-12 预算表初始信息

季度	第 1 季度	第 2 季度	第 3 季度	第 4 季度	全年
预计生产量/台	820	1 180	1 440	1 160	4 600
单位产品材料用量/千克					
生产需用量					
加：预计期末材料存货					
减：预计期初材料存货					
预计材料采购量					
材料单价（元/千克）					
预计采购金额					
预计现金支出（单位：元）					
期初应付账款	400 000				400 000
第 1 季度					
第 2 季度					
第 3 季度					

表3-12(续)

季度	第 1 季度	第 2 季度	第 3 季度	第 4 季度	全年
第 4 季度					
合计					
预计年末应付账款（单位：元）					
期初应付账款					
加：预计全年采购金额					
减：预计全年支付货款					
期末应付账款					

3.9.2 具体操作

切换到组织“机械配件公司_学号”编制采购预算。方法和步骤跟销售公司编制收入预算类似。编制完成后，依次点击【保存】、【提交】按钮，提交预算表，如图 3-25 所示。

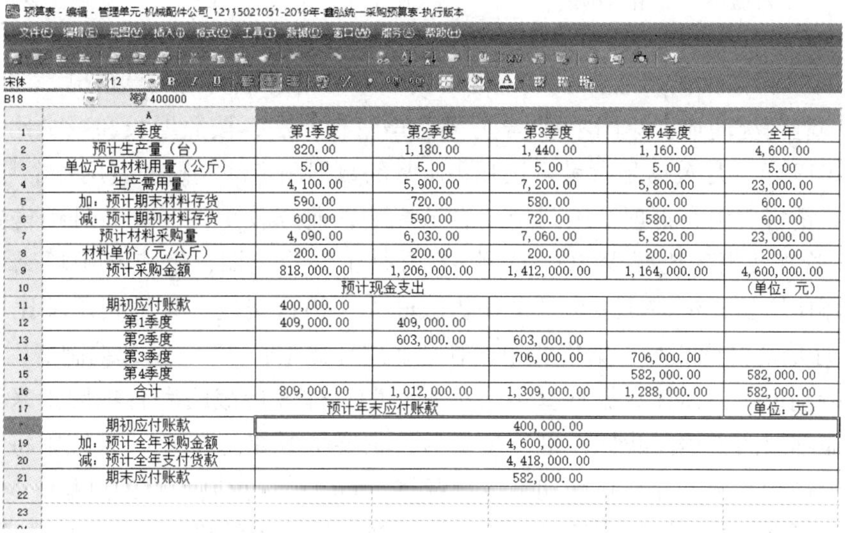
预算表 - 编辑 - 管理单元-机械配件公司_12115021051-2019年-鑫弘统一采购预算表-执行版本

季度	第1季度	第2季度	第3季度	第4季度	全年
预计生产量（台）	820.00	1, 180.00	1, 440.00	1, 160.00	4, 600.00
单位产品材料用量（公斤）	5.00	5.00	5.00	5.00	5.00
生产需用量	4, 100.00	5, 900.00	7, 200.00	5, 800.00	23, 000.00
加：预计期末材料存货	590.00	720.00	580.00	600.00	600.00
减：预计期初材料存货	600.00	590.00	720.00	580.00	600.00
预计材料采购量	4, 090.00	6, 030.00	7, 060.00	5, 820.00	23, 000.00
材料单价（元/公斤）	200.00	200.00	200.00	200.00	200.00
预计采购金额	818, 000.00	1, 206, 000.00	1, 412, 000.00	1, 164, 000.00	4, 600, 000.00
预计现金支出					（单位：元）
期初应付账款	400, 000.00				
第1季度	409, 000.00	409, 000.00			
第2季度		603, 000.00	603, 000.00		
第3季度			706, 000.00	706, 000.00	
第4季度				582, 000.00	582, 000.00
合计	809, 000.00	1, 012, 000.00	1, 309, 000.00	1, 288, 000.00	582, 000.00
预计年末应付账款					（单位：元）
期初应付账款	400, 000.00				
加：预计全年采购金额	4, 600, 000.00				
减：预计全年支付货款	4, 418, 000.00				
期末应付账款	582, 000.00				

图 3-25 采购预算表

编制完成机械配件公司_学号的采购预算，用户可在集团的文件夹下勾选包含所有下级，这样便可看到集团下级组织所有编制中的预算表。

3.9.3 练习作业

此练习必须做，后续实验会用到该结果。

参照实验数据，编制机械配件公司的采购预算。

3.10 任务七：集团本部编制费用预算

3.10.1 任务描述

任务背景：集团本部_学号采用的是自下而上的预算编制方法，在每年的10月份开始预算编制工作，集团本部_学号预计2019年度的销售费用项目包括12项，管理费用项目包括13项，财务费用项目仅包括3项，均属于变动成本，受销售情况影响很大，销售费用预算以销售预算为基础编制，使用量本利分析法，实现销售费用、管理费用和财务费用的最有效使用，根据预算期的可预见变化来进行调整，提高费用的使用效率，据此编制2019年1月~12月的费用预算。

任务1：集团本部_学号新增固定表，编制2019年1月~12月的费用预算，固定表的具体信息如表3-13所示。

表3-13 固定表的具体信息

报表编码	预算模板	币别	预算版本	创建期间
004	鑫弘统一费用预算表	人民币	VE	2019年

任务2：编制集团本部_学号2019年1月~12月的各项费用预算情况。

预算编制情况简述：集团本部_学号参考增量预算法，按照增长和减少比例进行预算编制，2019年1月数据是参考以往几年1月的数据制定的，财务费用每个月按1%的比例增长。销售费用、管理费用因受到春节影响，业务较少，因此2月销售费用环比减少1%，管理费用环比减少3%。3月~6月是销售稳定期，销售费用环比增长1%，管理费用环比增长2%，7月~9月是销售较旺季，销售费用、管理费用环比增长3%，10月~12月是销售特旺季，销售费用、管理费用环比增长4%，据此编制费用预算。

编制特别说明：预算数据计算需要根据集团整体发展战略和各项因素来计算，是一个庞大而细致的工程。我们在进行了解后，主要学习如何在EAS系统中将预算平衡后的结果编制到系统，并且在后期可进行调整，同时体现控制预算的过程。

要求：可在1月预算编制后进行单元格取数，按照单元格“*（1+%）”的形式取数，采用下拉填充的方法，提高编制效率。

3.10.2 具体操作

切换到“集团本部_学号”进行费用预算编制，按照1月的基础数据，根据任务描述的增长比率进行预算的编制，最后提交。

预算编制的路径为【战略管理】-【预算编制平台】-【预算编制】-【预算编制】。在弹出的“预算编制序时簿-条件查询”界面，选择“成本中心”为集团本部_学号，预算方案为“鑫弘机械集团预算方案”。

在“预算编制序时簿”页签，选“集团本部_学号”，点击【动态表新增】按钮旁的下拉菜单，选择“固定表新增”。在弹出的“固定表-新增”窗口中，参照图 3-26 完成相关内容。

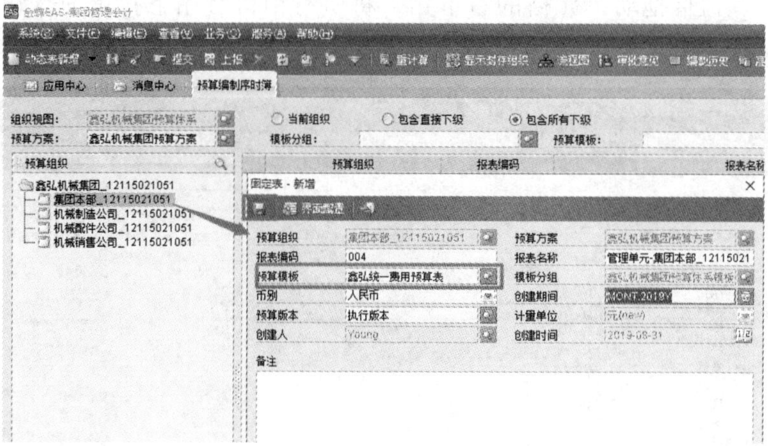

图 3-26　新增动态表

在“费用预算表-执行版本”窗口填写预算内容。锁定的单元格不可填写，表示要么是汇总单元格，要么是上级类型，要么是实际数，其他的均可填写预算数据。用户可以在工具栏上点击设置显示锁定的单元格，这样就清楚哪些能够填写，哪些是系统不允许手工填写的了。

在单元格的右下角显示了锁头的，表示该单元格被锁定，不可输入，一般是非明细项。比如销售费用作为一级费用类型，就属于非明细项，它的数据是由它的下级：差旅费、运杂费、会议展览费等加总后自动显示的。

导入本节实验提供的 1 月预算数。选择【文件】菜单下的“导入”，选择“1 月费用预算数. xls”。导入后，预算数中会有相应的数据。保存后，下级数据会汇总到上级，如图 3-27 所示。

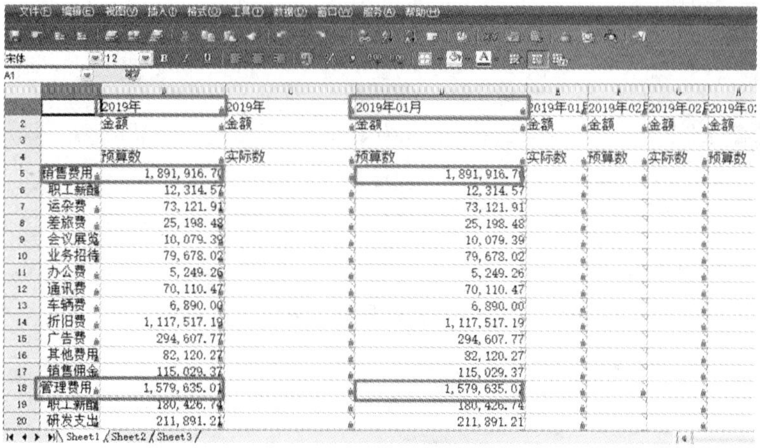

图 3-27　导入预算表数据

按照题目的增减比例数据设置公式。如 2 月的销售费用数据环比减少 1%，管理费用环比减少 3%，财务费用按每个月环比增长 1%。下面讲解如何设置 2 月的公式。参照图 3-28，编辑“职工薪酬”的公式（2 月比 1 月减少 1%）。设置完成后，参照 Excel 的操作模式，用鼠标拖动单元格的右下角，将所有销售费用下拉填充，快速设置为同样的公式，均比 1 月减少 1%，如图 3-28 所示。

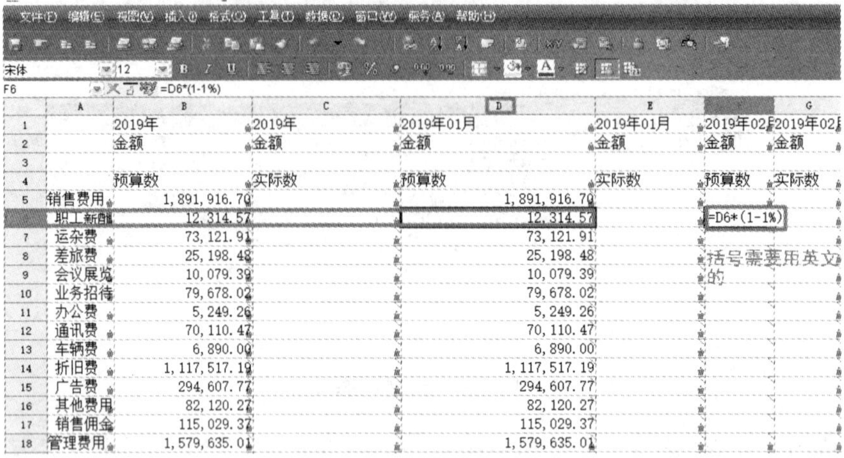

F6 =D6*(1-1%)

	A	B	C	D	E	F	G
1		2019年	2019年	2019年01月	2019年01月	2019年02月	2019年02月
2		金额	金额	金额	金额	金额	金额
3							
4		预算数	实际数	预算数	实际数	预算数	实际数
5	销售费用	1, 891, 916. 70		1, 891, 916. 70			
6	职工薪酬	12, 314. 57		12, 314. 57		=D6*(1-1%)	
7	运杂费	73, 121. 91		73, 121. 91			
8	差旅费	25, 198. 48		25, 198. 48		括号需要用英文的	
9	会议展览	10, 079. 39		10, 079. 39			
10	业务招待	79, 678. 02		79, 678. 02			
11	办公费	5, 249. 26		5, 249. 26			
12	通讯费	70, 110. 47		70, 110. 47			
13	车辆费	6, 890. 00		6, 890. 00			
14	折旧费	1, 117, 517. 19		1, 117, 517. 19			
15	广告费	294, 607. 77		294, 607. 77			
16	其他费用	82, 120. 27		82, 120. 27			
17	销售佣金	115, 029. 37		115, 029. 37			
18	管理费用	1, 579, 635. 01		1, 579, 635. 01			

图 3-28　设置销售预算公式

用同样的方式设置管理费用、财务费用公式并下拉填充，不再详细描述。

3~12 月按照预算编制情况简述进行编制预算（预算编制情况简介见本书第 70 页）。

依次将 1~12 月的预算数据对应的增长系数公式设置好后，最后进行保存，由于存在某个单元格的结果作为另一个单元格的计算基数的情况，因此建议用户多次保存以便计算准确。

编制完成后的预算数据参考如图 3-29、图 3-30 所示。

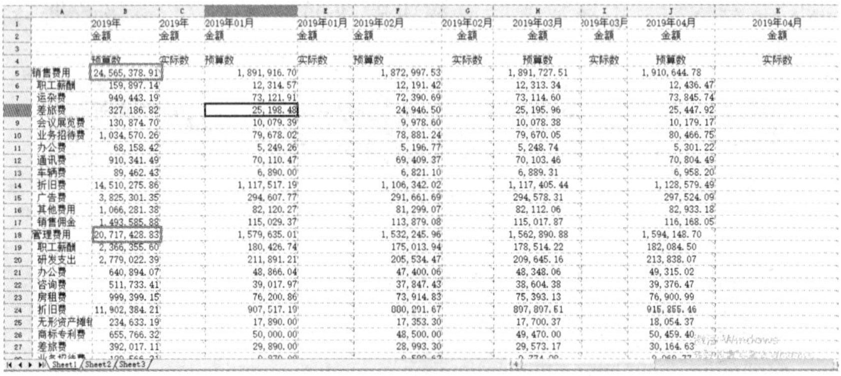

	A	B	C	D	E	F	G	H	I	J	K
1		2019年	2019年	2019年01月	2019年01月	2019年02月	2019年02月	2019年03月	2019年03月	2019年04月	2019年04月
2		金额	金额	金额	金额	金额	金额	金额	金额	金额	金额
3											
4		预算数	实际数	预算数	实际数	预算数	实际数	预算数	实际数	预算数	实际数
5	销售费用	24, 565, 378. 91		1, 891, 916. 70		1, 872, 997. 53		1, 891, 727. 51		1, 910, 644. 78	
6	职工薪酬	159, 897. 14		12, 314. 57		12, 191. 42		12, 313. 34		12, 436. 47	
7	运杂费	949, 443. 19		73, 121. 91		72, 390. 69		73, 114. 60		73, 845. 74	
8	差旅费	327, 186. 82		25, 198. 48		24, 946. 50		25, 195. 96		25, 447. 92	
9	会议展览费	130, 874. 70		10, 079. 39		9, 978. 60		10, 078. 38		10, 179. 17	
10	业务招待费	1, 034, 570. 26		79, 678. 02		78, 881. 24		79, 670. 05		80, 466. 75	
11	办公费	68, 158. 42		5, 249. 26		5, 196. 77		5, 248. 74		5, 301. 22	
12	通讯费	910, 341. 49		70, 110. 47		69, 409. 37		70, 103. 46		70, 804. 49	
13	车辆费	89, 462. 43		6, 890. 00		6, 821. 10		6, 889. 31		6, 958. 20	
14	折旧费	14, 510, 275. 86		1, 117, 517. 19		1, 106, 342. 02		1, 117, 405. 44		1, 128, 579. 49	
15	广告费	3, 825, 301. 35		294, 607. 77		291, 661. 69		294, 578. 31		297, 524. 09	
16	其他费用	1, 066, 281. 38		82, 120. 27		81, 299. 07		82, 112. 06		82, 933. 18	
17	销售佣金	1, 493, 585. 88		115, 029. 37		113, 879. 08		115, 017. 87		116, 168. 05	
18	管理费用	20, 717, 428. 83		1, 579, 635. 01		1, 532, 245. 96		1, 562, 890. 88		1, 594, 148. 70	
19	职工薪酬	2, 366, 355. 60		180, 426. 74		175, 013. 94		178, 514. 22		182, 084. 50	
20	研发支出	2, 779, 022. 39		211, 891. 21		205, 534. 47		209, 645. 16		213, 838. 07	
21	办公费	640, 894. 07		48, 866. 04		47, 400. 06		48, 348. 06		49, 315. 02	
22	咨询费	511, 733. 41		39, 017. 97		37, 847. 43		38, 604. 38		39, 376. 47	
23	房租费	999, 399. 15		76, 200. 86		73, 914. 83		75, 393. 13		76, 900. 99	
24	折旧费	11, 902, 384. 21		907, 517. 19		880, 291. 67		897, 897. 61		915, 855. 46	
25	无形资产摊销	234, 633. 19		17, 890. 00		17, 353. 30		17, 700. 37		18, 054. 37	
26	商标专利费	655, 766. 32		50, 000. 00		48, 500. 00		49, 470. 00		50, 459. 40	
27	差旅费	392, 017. 11		29, 890. 00		28, 993. 30		29, 573. 17		30, 164. 63	

Sheet1 Sheet2 Sheet3

图 3-29　编制完成后的预算数据（1）

	A	B	C	D	E	F	G	H	I	J	K
10	业务招待费	1,034,570.26		79,678.02		78,881.24		79,670.05		80,466.75	
11	办公费	68,158.42		5,249.26		5,196.77		5,248.74		5,301.22	
12	通讯费	910,341.49		70,110.47		69,409.37		70,103.46		70,804.49	
13	车辆费	89,462.43		6,890.00		6,821.10		6,889.31		6,958.20	
14	折旧费	14,510,275.86		1,117,517.19		1,106,342.02		1,117,405.44		1,128,579.49	
15	广告费	3,825,301.35		294,607.77		291,661.69		294,578.31		297,524.09	
16	其他费用	1,066,281.38		82,120.27		81,299.07		82,112.06		82,933.18	
17	销售佣金	1,493,585.88		115,029.37		113,879.08		115,017.87		116,168.05	
18	管理费用	20,717,428.83		1,579,635.01		1,532,245.96		1,562,890.88		1,594,148.70	
19	职工薪酬	2,366,355.60		180,426.74		175,013.94		178,514.22		182,084.50	
20	研发支出	2,779,022.39		211,891.21		205,534.47		209,645.16		213,838.07	
21	办公费	640,894.07		48,866.04		47,400.06		48,348.06		49,315.02	
22	咨询费	511,733.41		39,017.97		37,847.43		38,604.38		39,376.47	
23	房租费	999,399.15		76,200.86		73,914.83		75,393.13		76,900.99	
24	折旧费	11,902,384.21		907,517.19		880,291.67		897,897.51		915,855.46	
25	无形资产摊销	234,633.19		17,890.00		17,353.30		17,700.37		18,054.37	
26	商标专利费	655,766.32		50,000.00		48,500.00		49,470.00		50,459.40	
27	差旅费	392,017.11		29,890.00		28,993.30		29,573.17		30,164.63	
28	业务招待费	129,566.31		9,879.00		9,582.63		9,774.28		9,969.77	
29	其他费用	24,761.74		1,888.00		1,831.36		1,867.99		1,905.35	
30	中介费用	64,133.95		4,890.00		4,743.30		4,838.17		4,934.93	
31	信息披露费	16,761.39		1,278.00		1,239.66		1,264.45		1,289.74	
	财务费用	401,109.52		31,627.00		31,943.27		32,262.70		32,585.33	
33	利息收入	240,954.87		18,999.00		19,188.99		19,380.88		19,574.69	
34	利息支出	99,747.89		7,865.00		7,943.65		8,023.09		8,103.32	
35	手续费	60,406.76		4,763.00		4,810.63		4,858.74		4,907.32	
36											

Sheet1 / Sheet2 / Sheet3

图 3-30 编制完成后的预算数据（2）

重点校对 2019 年销售费用、管理费用、财务费用的总数与系统提供的参考是否一致。若不一致，则可能是设置公式错误，或者是数据输入错误，导致计算出来的总结果有问题，需要一一比对。

3.10.3 练习作业

此练习必须做，后续实验会用到该结果。

（1）参照实验数据，完成 2 月份管理费用的预算公式设置。

（2）参照实验数据，完成 2 月份财务费用的预算公式设置。

（3）参照实验数据，完成 3～6 月的销售费用、管理费用、财务费用的预算公式设置。

（4）参照实验数据，完成 7～9 月的销售费用、管理费用、财务费用的预算公式设置。

（5）参照实验数据，完成 10～12 月的销售费用、管理费用、财务费用的预算公式设置。

3.11 任务八：进行费用预算提交和上报

3.11.1 任务描述

任务背景：集团本部_学号预算专员编制完成费用预算后，对预算进行提交，并将预算情况上报给鑫弘机械集团_学号，由集团预算主管进行预算的审核（认可或打回）。预算数据若合理，集团预算主管进行认可后审批；若不符合集团管理规范，集团预算主管可进行打回。

任务要求：集团本部预算专员在 EAS 系统中直接将预算表提交后，上报给鑫弘机械集团。

3.11.2 具体操作

确保当前组织是“集团本部_学号”，预算上报的路径为【战略管理】-【预算编制平台】-【预算编制】-【预算编制】。

进入预算编制的界面后，选中费用预算表，点击【提交】，之后再点击【上报】，将费用预算表上报到集团。

预算上报完成后，预算表的状态从“编制中”改为“已上报”，表明报表已经到了集团层面，由集团层面相关岗位进行审批，如图 3-31 所示。

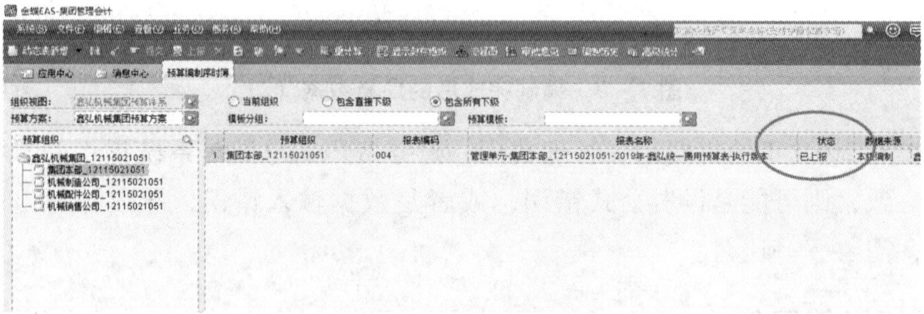

图 3-31 预算表上报

【知识扩展】

特别注意，组织只有使用从集团分配过来的预算模板才能进行上报，如果是组织自己新建的预算模板则无法上报到集团层面，只能在本组织进行审批，不存在上报下达的业务场景。

3.12 任务九：进行预算表的打回

3.12.1 任务描述

任务背景：鑫弘机械集团_学号预算主管对上报上来的费用预算表进行核对，按照集团内部管理要求，费用预算与销售预算保持强联关系，并参考往年销售情况进行费用预算，他发现集团本部_学号预算专员上报的费用预算表在 1 月销售费用-差旅费的预算上比往年多出了 20%的预算额，由于机械行业的特性，销售费用-差旅费向来较为稳定，参考往年差旅费数据比较可行，预算主管认为集团本部_学号虚报高差旅费预算，打回费用预算表，由预算专员调整 1 月销售费用-差旅费的预算数后，重新提交和上报。

要求：鑫弘机械集团_学号预算主管在 EAS 系统中打回集团本部_学号预算专员上报的预算表，并填写打回原因：销售费用-差旅费编制不合理，比往年数据多了 20%。

3.12.2 具体操作

集团本部_学号将费用预算表上报到集团层面后，需要切换到鑫弘机械集团_学号组织进行预算表的打回。

预算报表的打回路径为【战略管理】-【预算编制平台】-【预算编制】-【预算编制管理】。在弹出的“预算表编制管理-条件查询”窗口，过滤条件的创建期间需要与预算表的创建期间一致，本实验为“2019”，否则无法查询到对应的预算表。

用户进入“预算编制管理序时簿”页签，可以看到很多的预算表，勾选集团本部_学号的费用预算表，点击工具栏的【打回】，如图 3-32 所示。

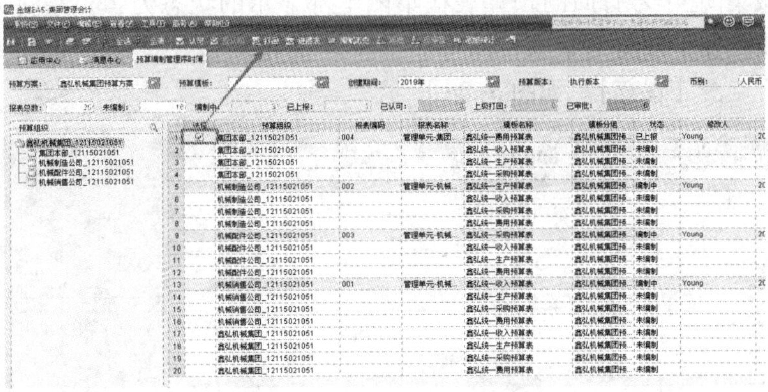

图 3-32　预算表打回

系统提示“是否打回你所选择的预算表”，点击【确定】。系统再提示“是否输入打回意见?”点击【确定】。点击【确定】，完成打回操作，如图 3-33 所示。

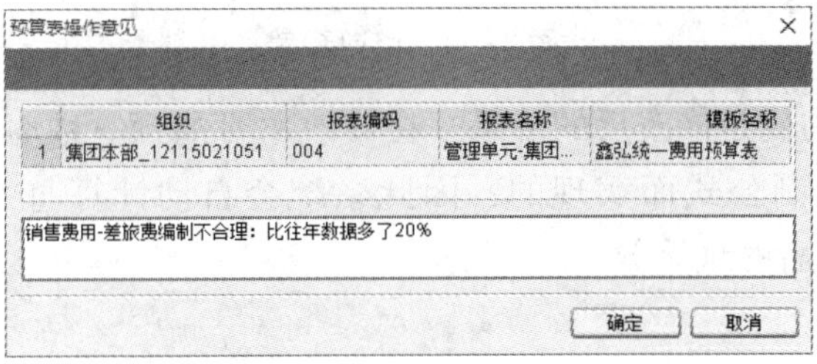

图 3-33　输入反馈意见

3.13　任务十：调整预算后重新提交上报

3.13.1　任务描述

任务背景：集团本部_学号预算专员接收到打回的费用预算表，并查看了打回的原因，重新调整了销售费用-差旅费的预算，在销售费用-差旅费 1 月原有的预算数据基础上减少了 20%，重新填写 1 月预算数据后，重新提交并上报给鑫弘机械集团_学号审查。

要求：集团本部_学号预算专员在 EAS 系统中针对打回的费用预算表在填报人员调整数据后，提交并上报。

3.13.2 具体操作

集团本部_学号根据要求在 1 月原有的预算数据基础上减少 20%，修改预算表后，重新提交和上报。

切换集团本部_学号组织。点击【战略管理】-【预算编制平台】-【预算编制】-【预算编制】。

鑫弘机械集团_学号打回的预算表在集团本部显示的状态为“上级打回”，用户可直接双击修改。在 1 月份的差旅费预算数中减少预算 20%，即将 25 198.48 修改为 20 158.78，然后点击【保存】。如图 3-34 所示。

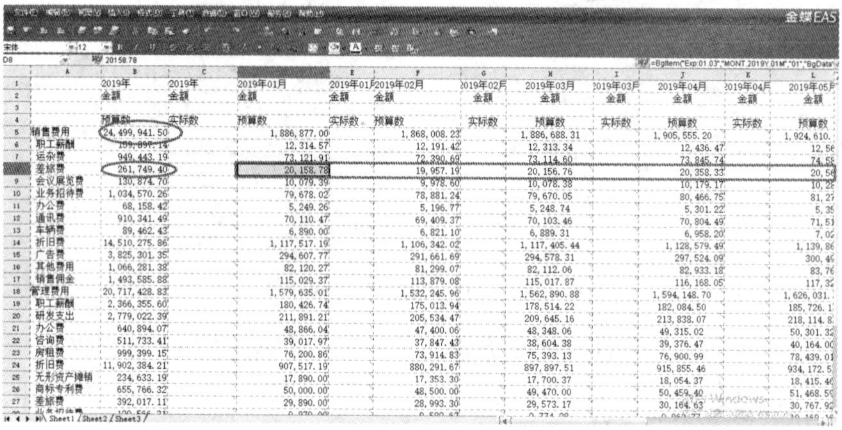

图 3-34　修改预算

图 3-34 圈出来的就是修改后的结果。在修改 1 月的预算数时，因 2~12 月的数据是在 1 月的基础上编制公式而实现的，因此系统会自动计算每个月的预算数。点击【保存】，以保存修改后的预算数。

【特别注意】

由于预算表是被打回的，有可能出现 2~12 月的表格被锁定，不会随着 1 月的数据变化而自动重新计算的情况。此时用户应解除 2~12 月被锁定的表格，重新输入 1 月预算金额，再进行保存，这时 2~12 月的预算数据就会产生变化。

操作过程描述如下：在预算编制界面，点击工具栏上类似表格的“突出显示锁定单元格”的图标按钮，显示出被锁定的单元格。如果 2~12 月份的表格被锁定，选择菜单【格式】-【解除锁定】，将所有被锁定的单元格解锁。然后，重新录入 1 月份的差旅费预算数“20158.78”，2~12 月份的数据将自动重算，点击【保存】。

调整好预算后，需重新走提交上报的流程。在预算表编制界面进行依次点击【保存】、【提交】，返回【预算编制序时簿】，点击工具栏的【上报】按钮，重新进行上报。

3.14 任务十一：进行预算表的认可和审批

3.14.1 任务描述

任务背景：鑫弘机械集团_学号预算主管对集团本部_学号修改后重新上报的费用预算表进行重新核对，参考往年相关数据后，认为集团本部_学号预算专员费用预算填制合理，予以认可并审批。

要求：鑫弘机械集团_学号预算主管在 EAS 系统中认可和审批上报的预算表。

3.14.2 具体操作

切换到"鑫弘机械集团_学号"进行认可后审批。

路径为【战略管理】-【预算编制平台】-【预算编制】-【预算编制管理】。进入预算编制管理的界面后，选中"集团本部_学号"的费用预算表，点击【认可】。认可后勾选"集团本部_学号"的预算表，点击【审批】。

审批完成后，预算表状态为"已审批"，说明此任务已经完成。认可和审批的其他知识学习请在【知识扩展】内补充学习，不需要在系统内做任何操作。

【知识扩展】

认可后，如果需要修改，那么需要进行反认可。审批后，可进行反审批，再进行反认可。

具体操作是选中对应的预算表，在工具栏点击【反审批】。反审批成功后，在勾选对应的预算表，点击【反认可】，根据是否需要修改来决定是否打回，以便集团本部_学号修改预算表数据。

3.15 任务十二：设置预算控制相关系统参数

3.15.1 任务描述

查看费用管理是否参与预算控制：若不为是，则修改为是（集团本部_学号组织），设置费用管理 CP001 参数。

查看单据提交后是否立即扣减预算：若不为是，则修改为是（集团本部_学号组织），设置费用管理 CP009 参数。

集团本部_学号费用会计设置集团本部_学号费用管理系统参数-备用金辅助账类型为职员。

3.15.2 具体操作

切换组织到"集团本部_学号"。设置系统参数的路径为【系统平台】-【系统工具】-【系统配置】-【参数设置】。

在左边的参数文件夹选择【财务会计】下的【费用管理】来设置费用管理模块的相关参数。首先设置参数编码为 CP001，选中“CP001”，然后点击工具栏的类似毛笔的图标进行修改。

在弹出的“设置参数值”的窗口中，点击【控制范围】，在“参数控制范围”窗口中，先勾选控制后，再将参数值由“否”改为“是”，点击【确定】，如图 3-35 所示。这样费用管理 CP001 参数就设置完成了。

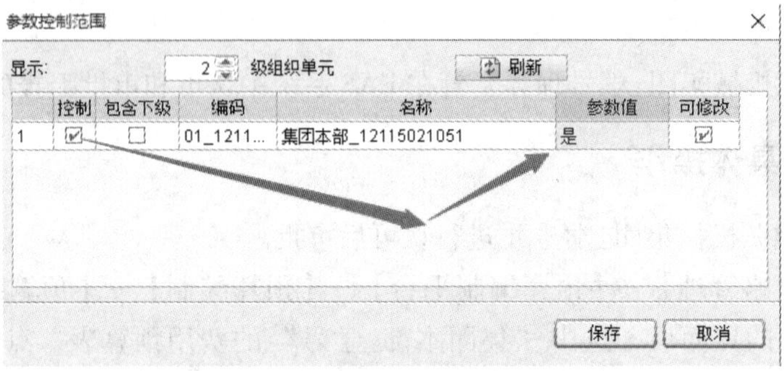

图 3-35　修改参数控制范围

返回“参数设置”主页面。参照同样的方式，继续设置系统参数 CP009，此部分在练习作业中完成，此处不再详细描述。

最后设置费用管理中的“备用金辅助账类型”参数。在“参数设置”页面，选择【财务会计】-【费用管理】，对“备用金辅助账类型”取消勾选“行政组织”，只选择辅助账类型为“职员”，然后点击【保存】，如图 3-36 所示。

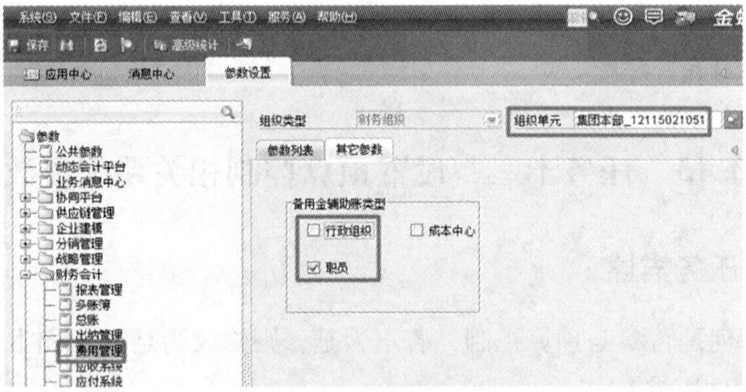

图 3-36　费用管理参数设置

设置完成这三个相关的参数后，该任务就完成了。

接下来查看控制方案，了解控制方案的作用即可，不用操作。

控制方案是系统内置好的，在进行预算控制的时候会使用到。路径为【战略管理】-【预算控制平台】-【控制方式】-【控制方案】。用户可看到“鑫弘预算控制方案”，双击打开可以看到控制方案的有效年度、开始日期和结束日期。

3.15.3 练习作业

此练习必须做，后续实验会用到该结果。

根据实验数据将集团本部_学号组织的费用管理 CP009 参数修改为“是”。

3.16 任务十三：新增控制方式

3.16.1 任务描述

任务背景：鑫弘机械集团本部_学号需要对费用进行控制，对集团本部_学号的差旅费的控制方式为当期控制，不允许超预算，如表 3-14 所示。预算专员需要在系统内维护好控制方式，以便预算控制能够按照集团本部要求的方式进行。

表 3-14 控制方式

成本中心	预算科目成员	控制方式	控制期间范围	允许超预算	控制算法
集团本部	01.03 差旅费	当期控制	按季控制	不允许	明细

3.16.2 具体操作

新增预算控制方式在“集团本部_学号”组织下设置，路径为【战略管理】-【预算控制平台】-【控制方式】。

在“控制方式设置”页面，选中“集团本部_学号”，点击【新增行】。点击，选择“预算科目成员”，在弹出的“维度成员选择”窗口中选择“维度”为“预算科目_费用类型”，选择“01.03-差旅费”，点击【确定】，如图 3-37 所示。

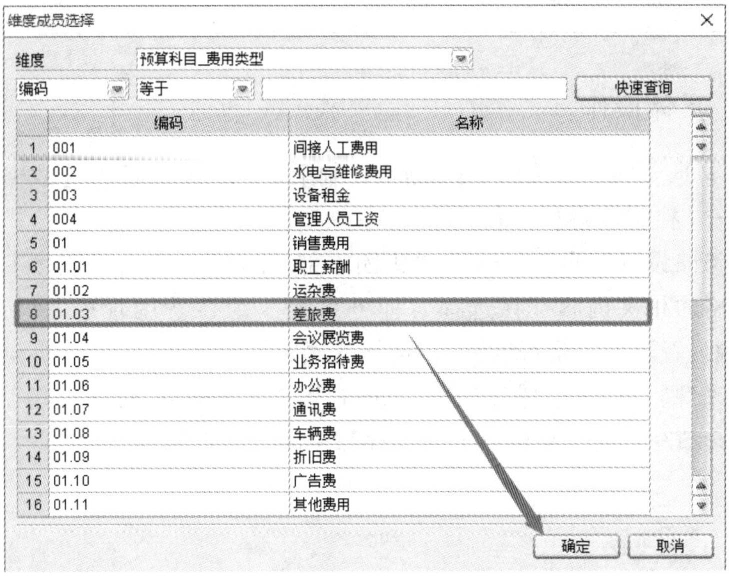

图 3-37 维度成员选择

返回“控制方式设置”页面，选择控制方式为“当期控制”，取消勾选“允许超预算”，点击【保存】，如图 3-38 所示。至此，预算控制方式的实验完成。

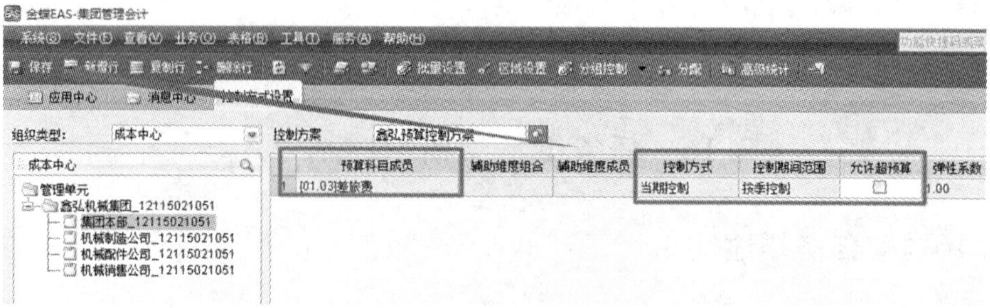

图 3-38　预算控制方案

3.17　任务十四：新增预算控制策略

3.17.1　任务描述

任务背景：鑫弘机械集团本部_学号要设置控制策略，对费用报销过程进行预算控制，控制年度为 2019 年整年，并且按月进行预算控制。预算专员需要在 EAS 系统新增控制策略，以便系统能够自动控制预算，最后启用预算控制策略，具体数据如表 3-15 所示。

表 3-15　控制策略

策略编码	策略名称	业务系统	业务单据	开始日期	结束日期	维度组合	业务日期	预算扣减项	期间分类
001	费用报销单控制策略	费用管理	费用报销单	2019-01-01	2019-12-31	分录.费用类型.编码 | 预算科目_费用类型	申请日期	分录.预算扣减值	年+半年+季+月

3.17.2　具体操作

在“集团本部_学号”组织下操作新增控制策略，具体路径为【战略管理】-【预算控制平台】-【控制策略】-【控制策略】。

在“控制策略设置”页面，选中“集团本部_学号”，点击【新增】，按照实验数据输入控制策略的相关内容。在选择“业务系统”为“费用管理”时，系统会提示“将清空维度源设置资料，是否继续”，选择【确定】。

在“维度来源”页签，“维度组合”选择为“预算科目_费用类型”。其他项目按照实验数据继续填写完成，然后点击【保存】，如图 3-39 所示。

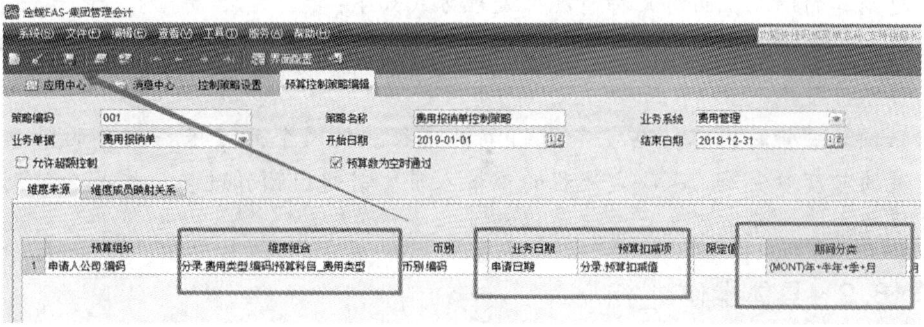

图 3-39　预算控制策略

保存后，在控制策略设置的页面上，点击【启用】按钮，以启用控制策略，后续才能进行预算控制。返回“控制策略设置”页面，用户可看到该控制策略的“启用”已经勾选上。至此，预算控制策略设置完毕。

3.18　任务十五：预算控制业务实现

3.18.1　任务描述

（1）新增收款信息。

集团本部_学号费用会计新增收款信息，主要记录费用报销人银行卡情况（此处“学生姓名”用学生自己姓名作为收款人录入系统），数据如表 3-16 所示。

表 3-16　收款信息

收款人	收款银行	收款账号
学生姓名	中国银行深圳罗湖支行	666555888009

（2）新增费用报销单。

模拟集团本部_学号员工为“学生姓名”在 2019 年 1 月 23 日报销一笔销售费用-差旅费 22 000 元，发生时间在 2019 年 1 月 20 日，新增　张费用报销单，填写相关信息。

表头信息：申请日期 2019-01-23，申请人部门：集团本部_学号，费用支付部门（公司）：集团本部_学号，支付方式：网银支付。

表体-费用清单页签：费用类型：销售费用-差旅费；发生时间 2019-01-20；不含税金额：22 000 元。

表体-收款信息页签：收款人：学生姓名，原币金额：22 000 元。

要求：费用报销单提交不了，修改后提交（提示：组织集团本部_学号下 差旅费预算余额不足）。

【知识扩展】

预算控制业务若为不允许超预算，则不可保存单据。在企业实际业务过程当中确实存在超预算的情况，面对此种情况，处理方式如下：

如果属于不可预测的外部环境变化导致需要做预算调整，集团企业将预算调整完成后，可保存单据。

根据预算调整的内容，制定不同的审批流程。集团企业可根据业务的紧急程度、预算超过的额度多少等，来决定流程的审批人员。若超出预算过多，但是又特别紧急，可走特批流程。这也是企业日常应用场景之一。

3.18.2 具体操作

（1）新增收款信息。

在“集团本部_学号”设置收款信息，供预算控制业务使用。新增收款信息的路径为【财务会计】-【费用管理】-【基础设置】-【收款信息】。进入“收款信息”界面后，点击【新增】。根据实验数据，填写收款信息，然后点击【保存】，如图 3-40 所示。

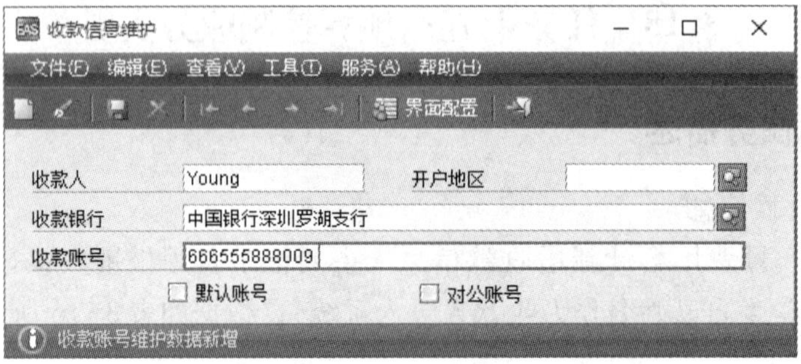

图 3-40 收款信息

（2）新增费用报销单。

切换到“集团本部_学号”组织下，点击【财务会计】-【费用管理】-【费用报销】-【费用报销单】。

在“费用报销单-条件查询”页面，设置“申请人公司”为集团本部_学号，日期为“2019-08-01 至 2019-08-31”，“状态”中的所有类型均勾选。对于本次设置的查询条件，用户可以点击【保存方案】，把查询方案保存下来，以便下次快速调用。

进入“费用报销单”界面后，点击【新增】。根据实验数据，填写表头信息和表体信息，如图 3-41 所示。

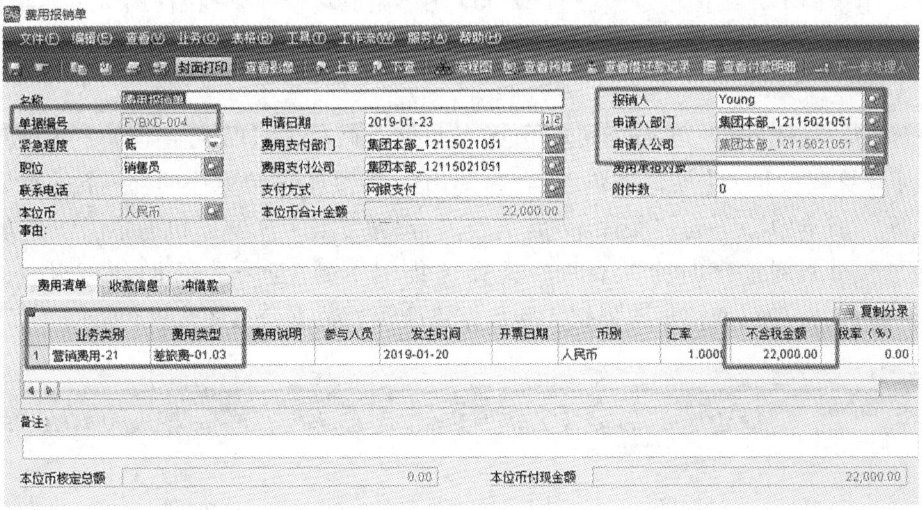

图 3-41　费用报销单

切换到表体【收款信息】页签，点击【新增分录】，填写以学生姓名为收款人的收款信息，在“原币金额”中输入“22 000”。此时，用户可点击【查看预算】，在单据界面上实时查询预算的情况。

查询预算后，依次点击【保存】、【提交】。提交时，系统会提示预算不足。因此，需要调整预算。此处仅保存即可，后续等调整了预算再返回来对费用报销单进行提交和审批。至此，预算控制业务实现的任务就算完成了。

注意：

若没有提示预算不足，则需要检查前期设置的控制策略以及控制方式是否正确，路径在【战略管理】-【预算控制平台】下的控制策略和控制方式。

3.19　任务十六：进行预算调整

3.19.1　任务描述

任务背景：原定集团本部_学号销售部在 2019 年 1 月预计需要完成 400 万元的业绩，按照与业务大致配比 0.5%并结合上月差旅费情况产生差旅费预算额，但 2019 年 1 月市场整体比较活跃，销售部统计截至 1 月 20 日，销售业绩已有 488 万元，因为业绩拉动导致的销售人员出差频次和频率发生变化，直接导致了 2019 年 1 月 23 日，员工为“学生姓名”报销的差旅费超过原有预算，不能提交费用报销单，无法报销。预算专员了解情况后，按照真实业绩大致配比 0.5%调整销售费用-差旅费的预算，并审批调整后的预算表。

要求 1：集团本部_学号预算专员将 2019 年 1 月销售费用-差旅费预算由 20 158.78 元调整为 24 400 元，要求使用预算表调整来完成预算数据的调整。

要求 2：调整完成后，打开原来的费用报销单，可查看预算额度为 24 400 元，提交并审批费用报销单，维护核定金额为 22 000 元，完成整个预算控制-调整闭环业务。

3.19.2 具体操作

在组织“集团本部_学号”进行预算表调整。路径为【战略管理】-【预算控制台】-【预算调整】-【预算表调整】。在弹出的“预算表调整序时簿-条件查询”界面，选择“成本中心”为“集团本部_学号”，预算方案为“鑫弘机械集团预算方案”。

在“预算表调整序时簿”页面，选择“集团本部_学号”下的预算报表，点击【预算调整】，在预算调整页面根据实验数据修改预算数据，如图 3-42 所示。

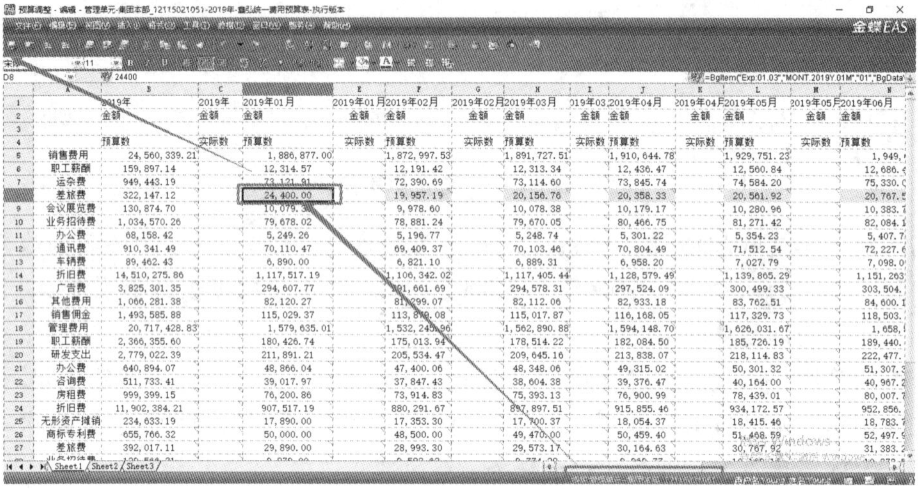

图 3-42　预算表调整

调整过的单元格都会变成黄色，由于 1 月预算调整了，则根据百分比，2 月~12 月的预算也会做相对应的调整。然后点击【保存】、【提交】按钮。

返回“预算表调整序时簿”，用户可看到提交后的预算表调整状态为“调整中”，未生效，必须进行审批才能生效。选中预算表，点击【审批】按钮，进入“费用预算表-执行版本”界面，点击工具栏的【审批】按钮。在后续弹出的“预算调整审批”界面，选择“审批结果”为“审批通过”。

审批后，返回“预算表调整序时簿”，用户可看到单据状态由“调整中”变更为“已审批”。调整后，预算金额多了，任务十五的费用报销单审批就可以通过了。以上业务流程就是在预算控制不通过时，再进行预算调整，即可通过审批。

下面处理任务十五费用报销单的审批流程。进入【财务会计】-【费用管理】-【费用报销】-【费用报销单】。在弹出的“费用报销单-条件查询”窗口，选择之前的查询方案，进入“费用报销单”主界面，选择之前保存的费用报销单记录。双击展开后，在费用预算单详细页面点击工具栏的【查看预算】按钮，可以看到预算的数据跟之前任务十五的预算数不同了，此处显示的预算数是调整后的预算数据。预算数符合要求，则可点击【提交】按钮，提交费用报销单。

提交后的费用报销单会进入审批流程，用户可切换到消息中心页签进行处理。在审批处理时，除了审批费用报销单，还需要填写核定金额。操作过程如下：

在消息中心页签，选择“任务”下的“未处理”，可看到需要审批的任务，如图 3-43所示。

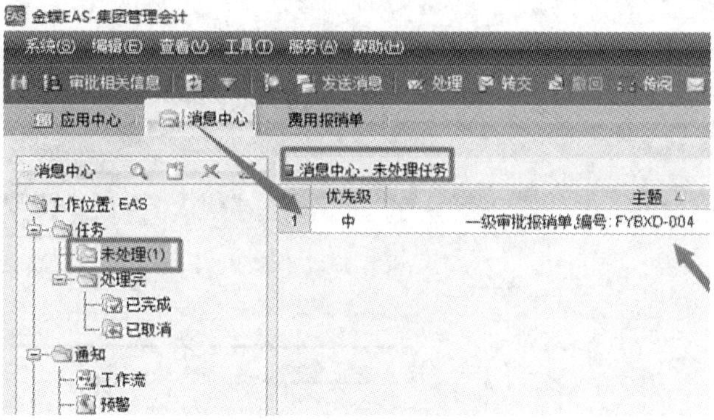

图 3-43 消息中心的任务

选择该任务，点击【处理】按钮，弹出任务的详细内容界面。查看相关信息后，选择“当前审批处理”的意见为“同意”，然后点击工具栏的【审批】按钮，如图 3-44所示。

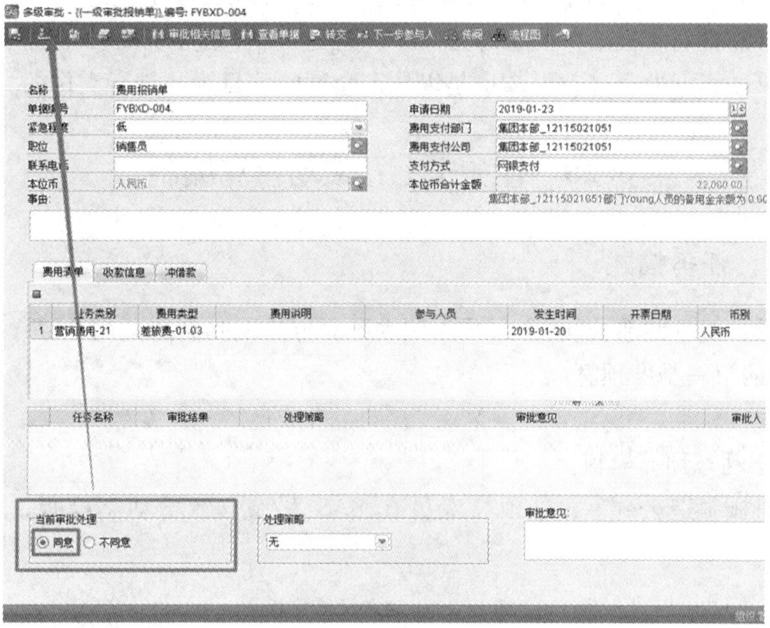

图 3-44 任务审批

审批通过后，需要下一个角色填写该审批任务的核定金额。因本实验采用同一个人来处理任务，因此不用重新登录系统，直接在“消息中心”页面点击【刷新】按钮，消息中心的“未处理”任务中会出现该任务。仍旧点击【处理】图标，进入详细信息页面。将滚动条拉到最右边，可看到“核定金额”字段，输入核定金额，点击【提交】按钮，如图 3-45 所示。

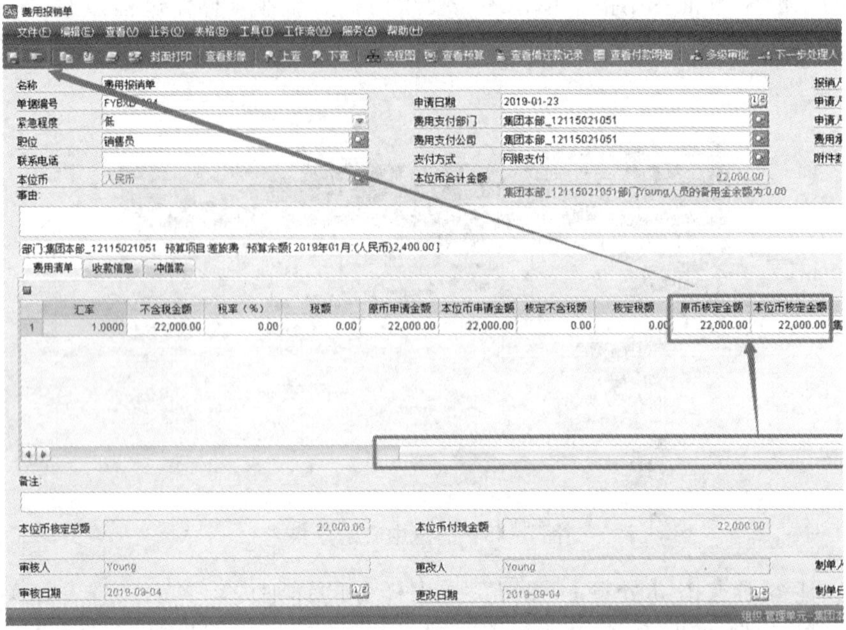

图 3-45　核定金额

返回“消息中心”页面，用户可以看到没有未处理任务了。进入“费用报销单”页面，用户可查看到该报销单的状态为“审核通过”。在财务审批时，填写了核定金额的费用报销单才算审批通过，付款也是以核定金额的数目为准进行支付的。

3.20　任务十七：滚动预算编制

3.20.1　任务描述

任务背景：机械制造公司_学号采用滚动预算方法编制制造费用预算，2018 年年底编制 2019 年的第一季度预算。

任务要求：

（1）新增动态预算模板。

要求：机械制造公司_学号预算专员在 EAS 系统中新增动态模板，具体信息如表 3-17所示。

表 3-17　动态预算模板

模板编码	模板名称	预算情景	预算版本	预算科目	预算期间	预算要素	编制期间
005	制造费用滚动预算模板	预算数	执行版本	预算科目费用类型：001-004	选择维度成员：2019 年 1 月~3 月	金额	手工输入 2018 年 12 月

（2）新增机械制造公司_学号滚动预算方案。

新增机械制造公司_学号滚动预算方案，机械制造公司_学号在预算管理过程中需要进行滚动预算，为此特别新增一套滚动预算方案供滚动预算使用，具体信息如表 3-18所示。

表 3-18　滚动预算方案

编码	名称	组织视图	开始时间	结束时间	预算模板	明细维度组合
02	机械制造公司滚动预算方案	鑫弘机械集团预算体系	2019-01-01	2019-12-31	制造费用滚动预算模板	预算科目维度：费用类型；预算要素：金额；预算情景：实际数+预算数

要求：机械制造公司预算专员在 EAS 系统中新增机械制造公司预算方案。

（3）编制动态预算表。

要求 1：滚动预算编制的基础是已经审批过的动态预算表，只有经过编制并审批的动态预算表方可参与滚动预算，故需要机械制造公司_学号预算专员在 EAS 系统中编制制造费用滚动预算表，预算模板参照表 3-19，具体数据参见任务背景（注意选择不同的预算方案）。

要求 2：在 EAS 系统中编制完成动态预算表，提交后直接审批完成以便供滚动编制预算使用，预算数据如表 3-20 所示。

表 3-19　预算模板

报表编码	预算模板	币别	预算版本	创建期间	报表名称
005	制造费用滚动预算模板	人民币	执行版本	2019 年	系统会自动生成

表 3-20　预算数据　　单位：元

编制单位：机械制造公司_学号				
编制期间：2018 年 12 月				
项目	1 月份	2 月份	3 月份	合计
间接人工费用	50 160	53 064	54 384	157 608
水电与维修费用	41 040	43 416	44 496	128 952
设备租金	38 600	38 600	38 600	115 800
管理人员工资	17 400	17 400	17 400	52 200

（4）设置滚动调整模板。

除了编制并审批动态预算表以外，滚动预算还需要设置滚动调整模板，设置好后就可以开始滚动预算编制。

要求：机械制造公司_学号预算专员在 EAS 系统中设置滚动调整模板，如表 3-21所示。

表 3-21　滚动调整模板

模板编码	实际数情景
005	实际数

（5）滚动预算编制。

开始滚动预算编制，2019 年 1 月 1 日机械制造公司_学号预算专员在编制 2019 年 1 月滚动预算时，有之前编制预算时没有意想到的情况：原设备租赁合同到期，公司新签订的租赁合同中设备年租金将降低 20%，因此需要调整滚动预算，根据 1 月预算情况，同步调整 2 月、3 月预算。到 2 月 1 日，因新招工人 1 名，故间接人工费用增加 3 000元，需调整 2 月、3 月的预算。

要求：机械制造公司_学号预算专员在 EAS 系统中进行滚动预算编制并审批预算编制结果（需选择滚动预算方案）。

3. 20. 2　具体操作

（1）新增动态预算模板。

切换组织为机械制造公司_学号。操作路径为【战略管理】-【预算编制平台】-【预算建模】-【预算模板】。在“预算模板列表”界面，选择机械制造公司_学号，点击【动态模板新增】按钮，新增动态模板。在“动态模板”窗口，按照引导步骤，逐一填写相关数据。注意“预算期间”选择“2019 年 1 月~3 月”，如图 3-46 所示。

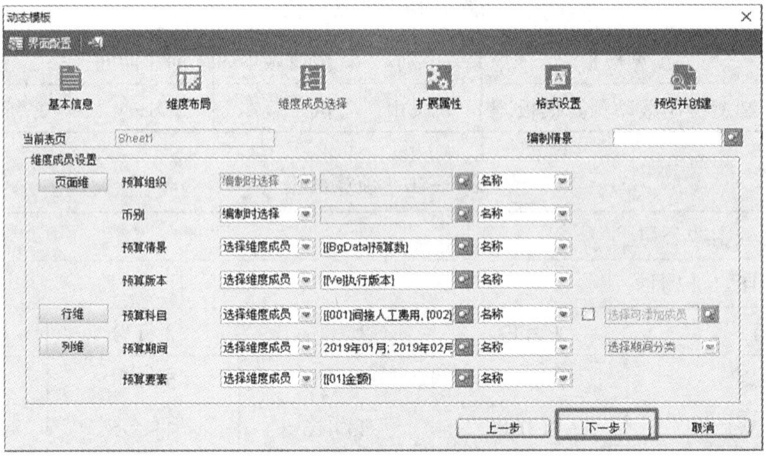

图 3-46　新增动态预算模板

根据引导，最后产生的动态模板如图 3-47 所示。保存模板，返回后可在预算模板列表中查看到刚生成的模板。

图 3-47　生成的动态模板样式

（2）新增机械制造公司_学号滚动预算方案。

预算滚动方案的编制路径为【战略管理】-【预算编制平台】-【预算建模】-【预算方案】。在“预算方案”页面，点击【新增】按钮，根据实验数据新增预算方案。注意“预算模板”“明细维度组合”两个页签都需要设置相关内容。设置完成后，点击【保存】按钮，如图 3-48 所示。

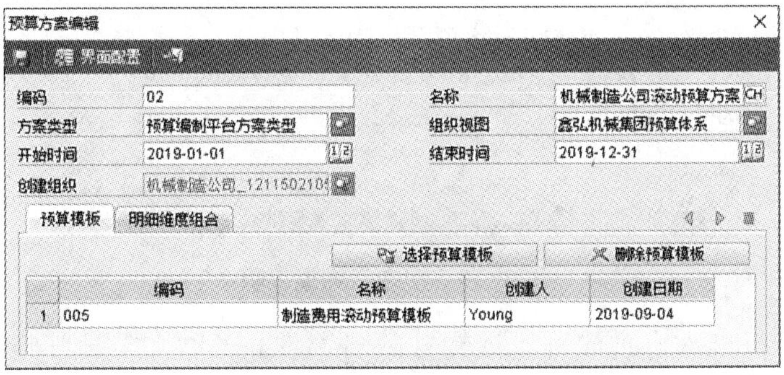

图 3-48　滚动预算方案

保存后，返回“预算方案”页面，可看到新增的预算方案。

（3）编制动态预算表。

动态预算表的路径为【战略管理】-【预算编制平台】-【预算编制】。在弹出的“预算编制序时簿-条件查询”窗口，“预算方案”选择“机械制造公司滚动预算方案”。进入“预算编制序时簿”页签，在“预算组织”中选择“机械制造公司_学号”，点击工具栏的【动态表新增】，按照实验数据，新增动态表，结果参考图 3-49。

图 3-49 新增动态表

根据实验数据，编制预算动态表。编制完成后，依次点击【保存】、【提交】，如图 3-50 所示。

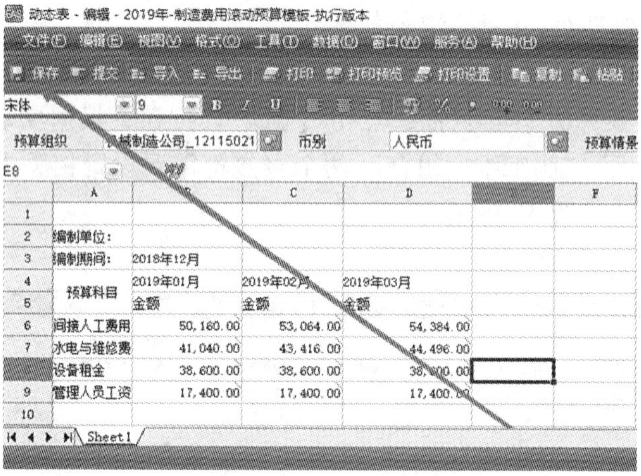

图 3-50 动态表数据编辑

提交之后，将进入审批流程。选择【战略管理】-【预算编制平台】-【预算编制】-【预算审批】，在弹出的“预算审批序时簿-条件查询”窗口，选择“预算方案”为“机械制造公司滚动预算方案”，进入“预算审批序时簿”，可以看到刚编制的预算表，如图 3-51 所示。

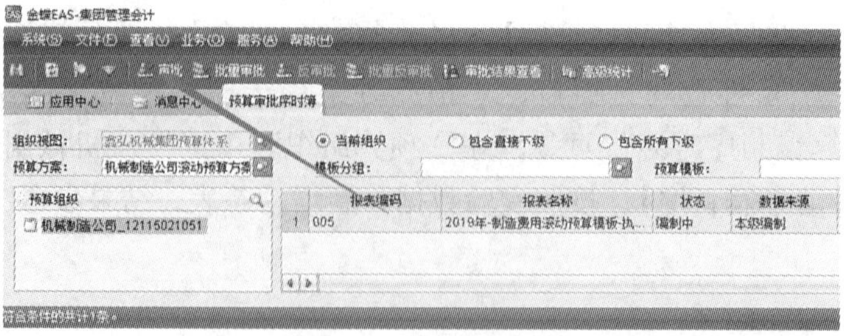

图 3-51 审批动态表

用户可点击【审批】，弹出滚动预算表的详细信息。仔细核查确认无误后，点击【审批】按钮。系统要求输入审批结果，选择“审批通过”。审批通过后，返回“预算审批序时簿”页签，可看到预算表的状态为“已完成”。

（4）设置滚动调整模板。

滚动调整模板的路径为【战略管理】-【预算编制平台】-【预算调整】-【滚动调整模板设置】，进入“滚动调整模板设置”页签，选择成本中心为“机械制造公司_学号”，点击【新增】按钮，按照实验数据填写滚动调整模板。填写完成并保存，如图 3-52 所示。

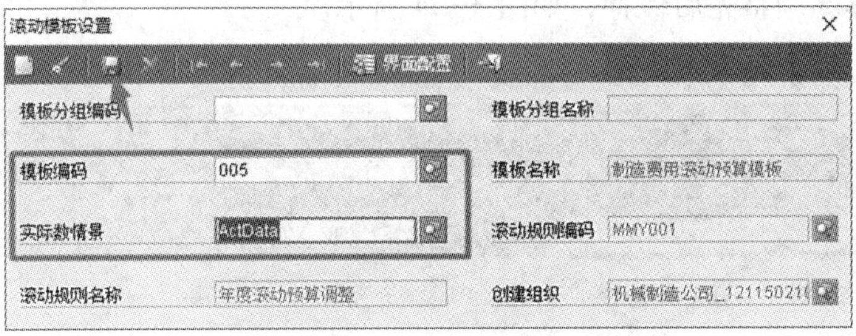

图 3-52　滚动调整模板设置

（5）滚动预算编制。

滚动预算编制的路径为【战略管理】-【预算编制平台】-【预算调整】-【滚动调整】。在“滚动调整序时簿-条件查询”窗口，“预算方案”选择“机械制造公司滚动预算方案”。进入“滚动调整序时簿”页签，可以看到前面编制并审批通过的制造费用滚动预算模板，选择该模板，点击工具栏的【滚动编制】按钮，编制 1 月的滚动预算。在制造费用滚动预算模板中按照实验数据调整 1 月的设备租金预算，同时调整 2 月和 3 月的预算。调整完成后，点击【保存】按钮，如图 3-53 所示。

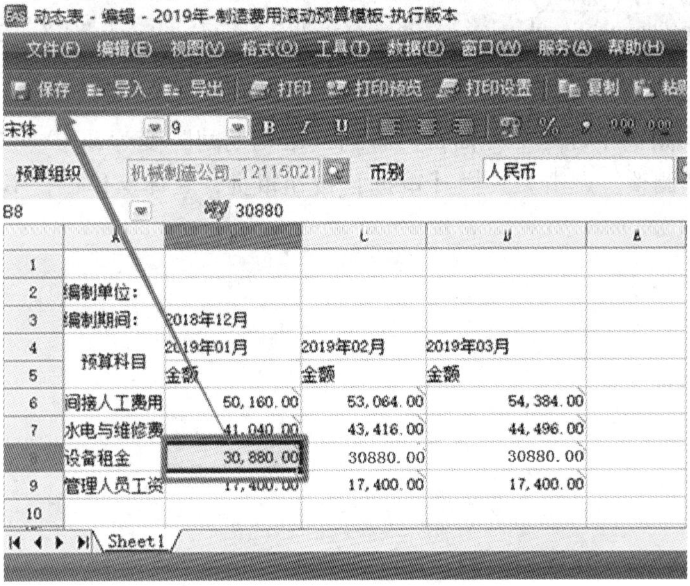

图 3-53　调整滚动预算

返回“滚动调整序时簿”界面，可看到预算表已经记录了调整期间，点击工具栏的【审批】按钮，进入“制造费用滚动预算模板-执行版本”的审批窗口。查看数据准确无误后，点击工具栏的【审批】，在审批界面选择“审批通过”。

返回“滚动调整序时簿”界面。假设此时已经进入 2 月 1 日，将进行 2 月份的滚动预算编制。点击工具栏的【滚动编制】按钮，进入“制造费用滚动预算模板-执行版本”界面，此时 1 月数据不再显示，可滚动编制 2 月、3 月的预算。根据实验数据，因新招工人 1 名，故间接人工费用增加 3 000 元，调整为 560 640 元，同时也调整 3 月的间接人工预算。调整完后保存，如图 3-54 所示。

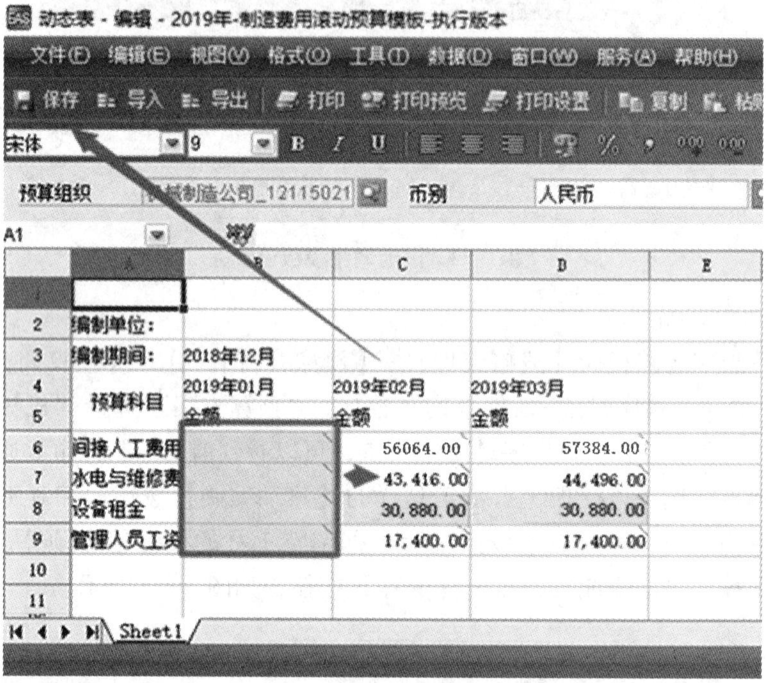

图 3-54 调整滚动预算

返回“滚动调整序时簿”界面，可看到“滚动期间”变为 2019 年 2 月，表示已进行 2 月滚动预算调整。点击工具栏【审批】按钮审批，具体操作过程不再描述。

4 集团费用管理

4.1 费用管理概述

随着经济的全球化，信息与科技的飞速发展，市场形势变得越来越复杂，企业的生存和发展面临着严峻的考验。财务信息管理不仅成为提升企业竞争力，还成为了加深企业财务信息管理的一种重要手段。但是在实际的工作中，财务的报销工作还是存在着许多的不足之处，例如报销费用与实际消费情况不吻合等，这些现象都可能给企业造成经济损失，因此规范费用报销的管控、完善报销制度、改进报销流程以达到降低成本、创新发展的目的就变得非常重要。为了加强企业经济内容透明度，提高企业数据的可靠性以及准确性，规范费用报销作为财力集约化的重要组成部分，是财务工作能顺利并且无纰漏地完成的重要基石。对于推进财务集约化发展以及提升企业水平来讲，规范费用报销管控，极为关键。

费用管理模块属于金碟 EAS 财务会计系统，主要解决日常办公中的借款、报销和费用申请等问题。模块包含 8 个标准表单：借款单、费用报销单、出差借款单、差旅费报销单、费用申请单、出差申请单、物品采购费用报销单、还款单。这些表单可以相互关联生成。一般在使用时，表单会先跑一个工作流，工作流审批通过以后，再由表单生成凭证或付款单，从而实现业务审批与财务处理的无缝集成。

4.2 任务一：员工个人借款

4.2.1 任务描述

2019 年 1 月 2 日，机械销售公司销售部吴峰因身体原因需要住院，但高额的住院费使吴峰无法承担。情急之下，吴峰向公司进行个人借款 10 000 元。

（1）任务 1：新增借款单。

新增借款单之前，点击【参数设置】，在费用管理-其他参数设置中，修改“备用金辅助账类型”为“职员”；2019 年 1 月 2 日，申请人“吴峰”，申请借款单，支付方式为“网银支付”；费用类型为行政管理-其他费用，输入借款用途为“员工个人借款”，原币申请金额与原币核定金额均为 10 000 元；在收款信息页签下，新增收款信息为吴峰的收款账户（根据教材图片上的数据，维护收款信息），收款金额 10 000 元。

（2）任务 2：借款单审批。

当天部门经理和总经理经核实，同意吴峰的借款申请及 10 000 元的核定金额。

（3）任务 3：付款业务处理。

2019 年 1 月 2 日，机械销售公司出纳按照审核通过的核定金额，付款给吴峰，选择对方科目核算项目为职员吴峰，当天审核通过并付款，财务会计生成凭证，当天财务主管审核通过。

（4）任务 4：员工还款。

2019 年 1 月 20 日，吴峰痊愈出院，并将借款 10 000 元全部归还给公司，收款账号为“销售公司收付账户_学号”，对方科目核算项目页签下，勾选选择框，编码及名称为“02_学号 吴峰”，财务会计生成凭证，当天财务主管审核通过。

4.2.2 具体操作

以用户名：学生姓名，密码：学号进入系统。

（1）新增借款单。

第一步：修改参数设置。

切换当前组织为“机械销售公司_学号”，执行【系统平台】-【系统工具】-【系统配置】-【参数设置】命令，打开参数设置界面，在左侧依次双击“财务会计”“费用管理”，然后在右侧的“其他参数”页签下，只勾选备用金辅助账类型为“职员”，最后点击【保存】即可，如图 4-1 所示。

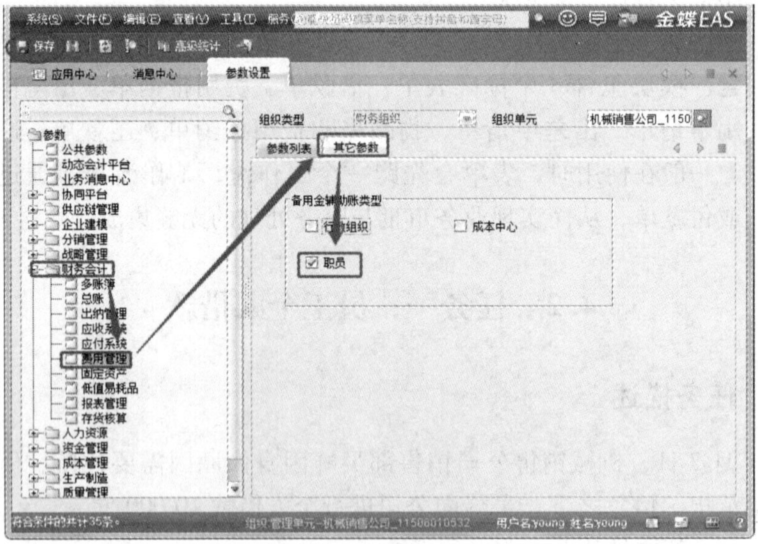

图 4-1　参数设置

第二步：新增借款单。

执行【财务会计】-【费用管理】-【费用报销】-【借款单】命令，在借款单-条件查询界面，选择开始日期为“2019 年 1 月 1 日”，点击【确定】，进入借款单序时簿界面，在借款单序时簿界面，点击新增按钮【 】，进入借款单新增界面，按任务 1 的描述要求填写借款单，如图 4-2 所示。

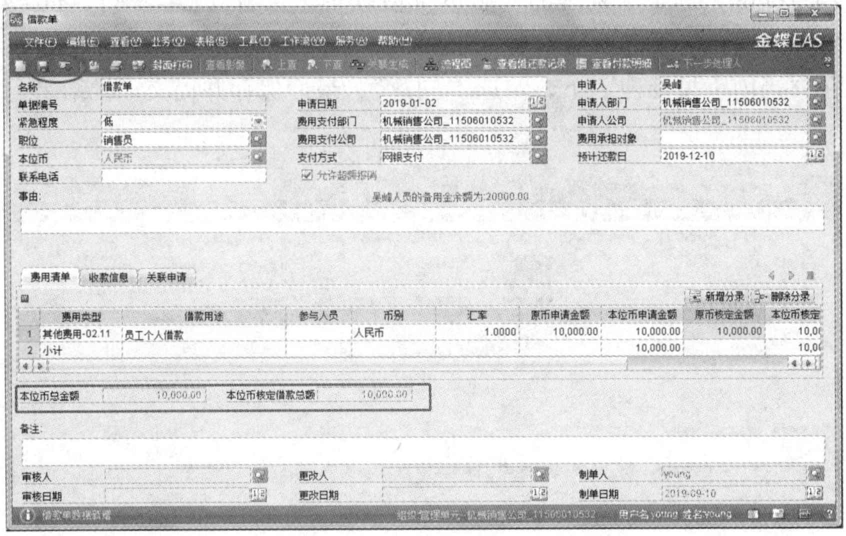

图 4-2　借款单

（2）借款单审批。

第一步：一级审批。

登录后切换组织到“机械销售公司_学号”，点击“消息中心”，打开消息中心页签，点击刷新按钮【 】，可以在未处理业务中看到主题为“一级审批借款单”的消息提醒。

选中未处理的一级审批借款单，点击【 处理】，进入一级审批借款单处理界面，查看申请用途和金额与任务 1 是否相符，然后在“当前审批处理”下，勾选“同意”，最后保存并提交审批结果，如图 4-3 所示。

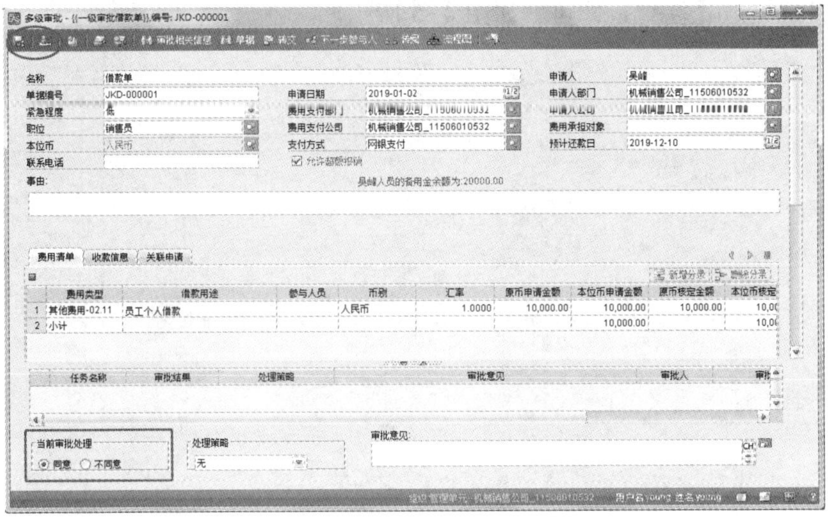

图 4-3　多级审批——一级审批

第二步：二级审批。

提交审批结果后，返回消息中心，可以在未处理业务中看到主题为“二级审批借款单”的消息提醒，选中未处理的二级审批借款单，点击【处理】，进入二级审批借款单处理界面，在二级审批借款单处理界面，查看申请用途和金额与任务 1 是否相符，然后在“当前审批处理”下，勾选“同意”，最后保存并提交审批结果，如图 4-4 所示。

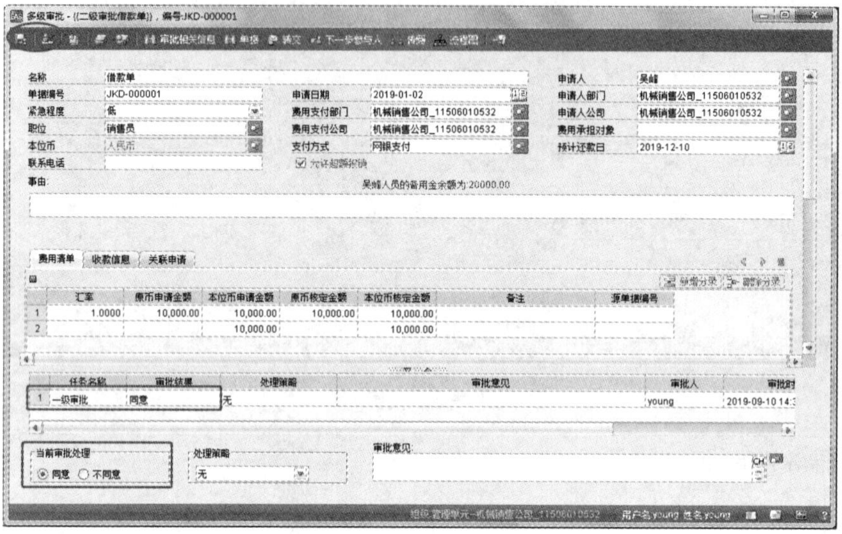

图 4-4　多级审批-二级审批意见

第三步：借款单报销金额核定。

提交审批结果后，返回消息中心，可以在未处理业务中看到主题为“请填写借款单的报销核定金额”的消息提醒，选中未处理消息提醒，点击【处理】，进入报销金额核定界面，在报销金额核定界面，查看原币金额和核定金额是否超过该员工的备用金余额，最后点击【提交】即可，如图 4-5 所示。

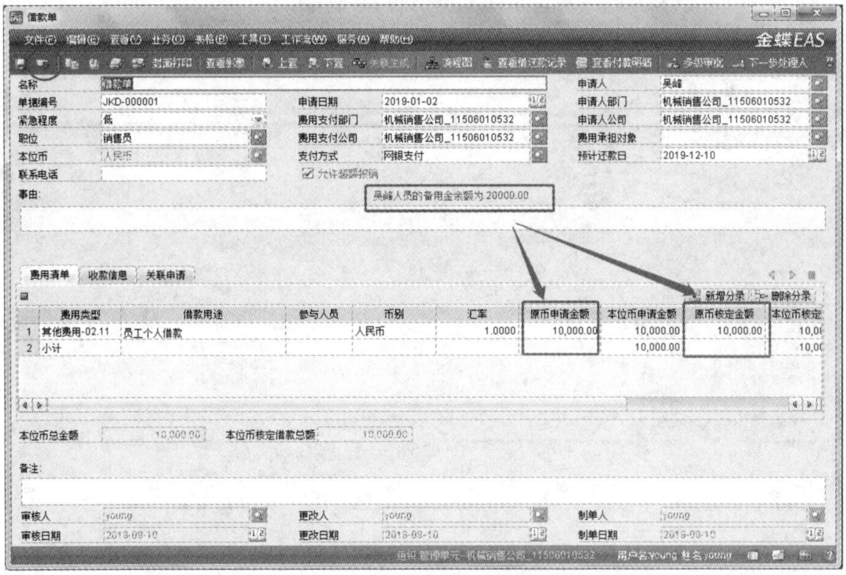

图 4-5　借款单-金额核定

（3）付款业务处理。

第一步：新增、提交、保存并审核付款单。

当前组织为“机械销售公司_学号”，执行【财务会计】-【费用管理】-【费用核算】-【借款单】命令，进入借款单条件查询界面，选择业务开始日期为“2019 年 1 月 1 日”，点击【确定】，进入费用核算的借款单序时簿界面，选中任务 2 审批通过的借款单，点击【关联生成】，目标单据类型为“付款单”，转换规则为“借款单到付款单（付款用）”，点击【确定】，进入付款单编辑界面，如图 4-6 所示。

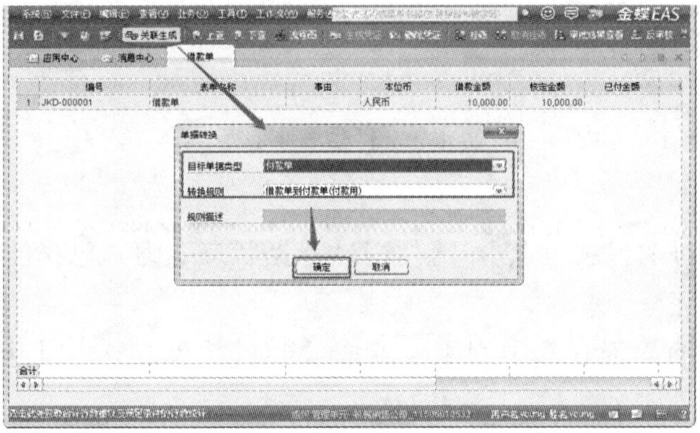

图 4-6　借款单-关联生成

在付款单编辑界面，根据任务 3 的描述内容填写付款单信息，点击【保存】、【提交】即可，如图 4-7 所示。

图 4-7 付款单-新增

付款单提交后，执行【财务会计】-【出纳管理】-【收付款处理】-【付款单查询】命令，在付款单条件查询界面，选择业务开始日期为“2019 年 1 月 1 日”，点击【确定】，进入付款单序时簿界面，在付款单序时簿界面，选中刚刚提交的付款单，点击【审批】，如图 4-8 所示，单据状态变更为“已审批”。

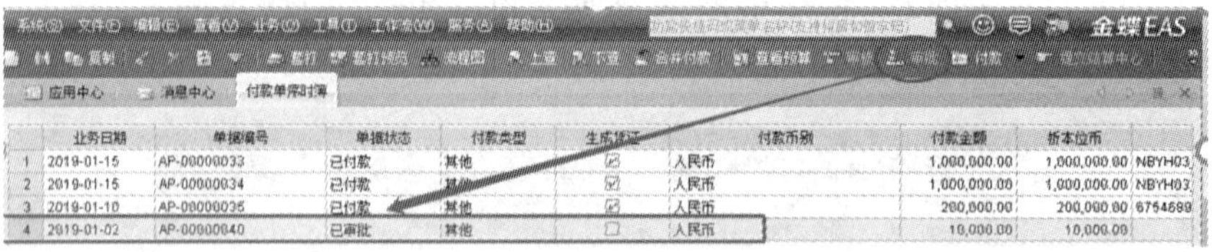

图 4-8 付款单序时簿

第二步：付款。

选中刚审批通过的付款单点击【付款】，单据状态变为“已付款”。

第三步：生成凭证

在付款单序时簿界面，选中刚刚付款成功的付款单，点击【生成凭证】，生成凭证，如图 4-9 所示。

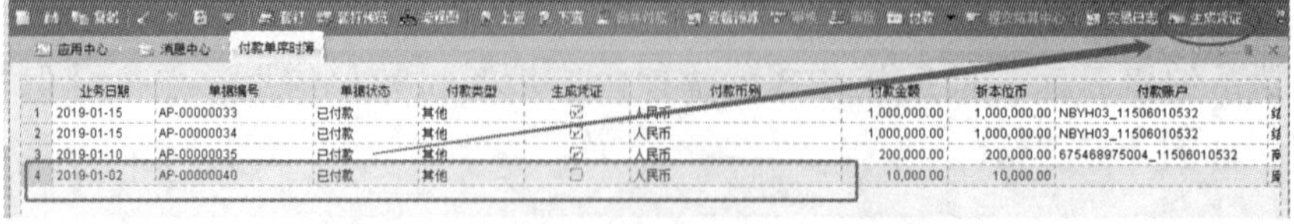

图 4-9 付款单序时簿

执行【财务会计】-【总账】-【凭证处理】-【凭证查询】命令，在凭证序时簿界面，选中刚刚生成的凭证，依次点击【提交】、【审核】，单据状态变更为“已审核”，如图 4-10 所示。

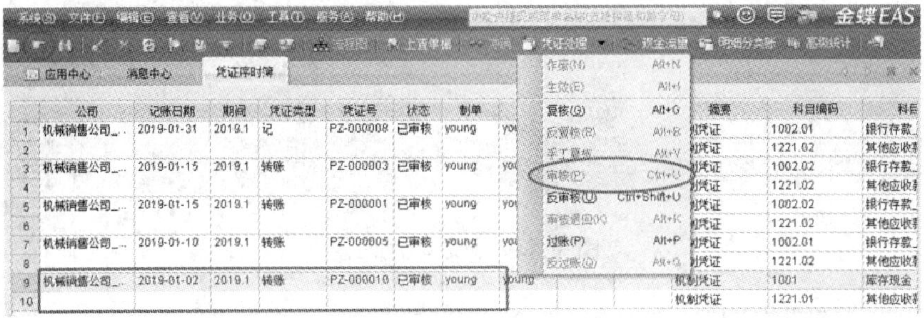

图 4-10　凭证序时簿

（4）员工还款。

第一步：还款业务处理。

切换当前组织为“机械销售公司_学号”，执行【财务会计】-【费用管理】-【费用核算】-【借款单】命令，进入借款单-条件查询界面，选择开始日期为“2019 年 1 月 1 日”，点击【确定】，进入借款单序时簿界面，选中任务 2 审批通过的借款单，点击【还款】，选择目标单据类型为“付款单”，转换规则为“借款单到付款单（还款用）”，点击【确定】，进入付款单编辑界面，根据任务 4 的描述内容填写还款信息，【保存】、【提交】即可，如图 4-11 所示。

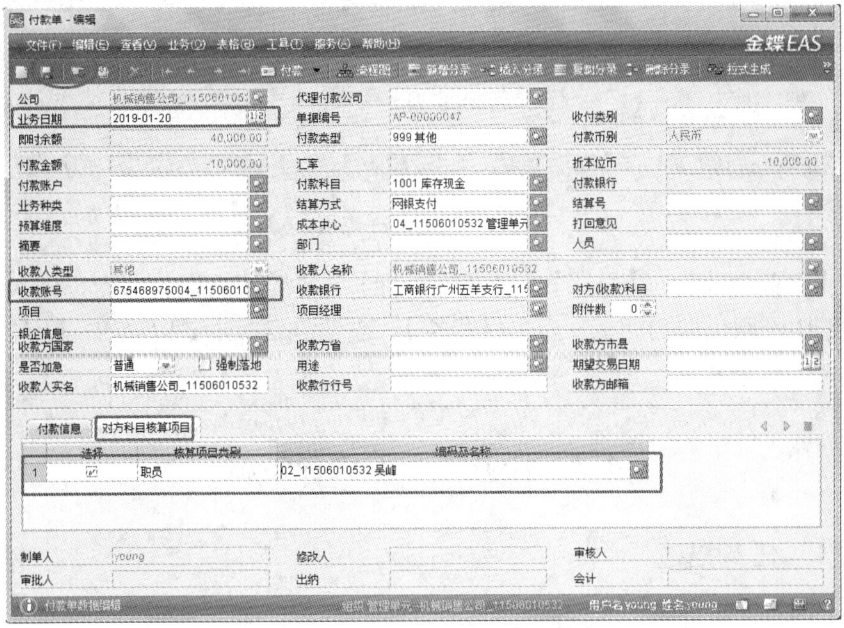

图 4-11　付款单-编辑

提交后，执行【财务会计】-【出纳管理】-【收付款处理】-【付款单查询】命令，选中刚刚提交的付款单，点击【审批】，单据状态变更为“已审批”，如图 4-12 所示。

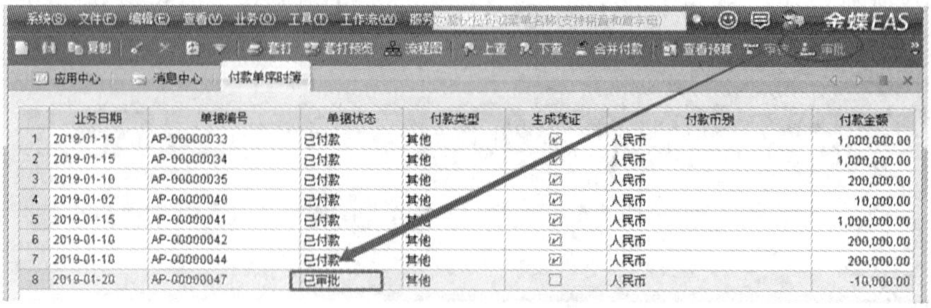

图 4-12　付款单序时簿

第二步：付款给公司。

选中刚审批的付款单，点击【付款】，单据状态变更为“已付款”。

第三步：生成凭证。

选中刚付款的付款单，点击【生成凭证】，生成凭证，如图 4-13 所示。

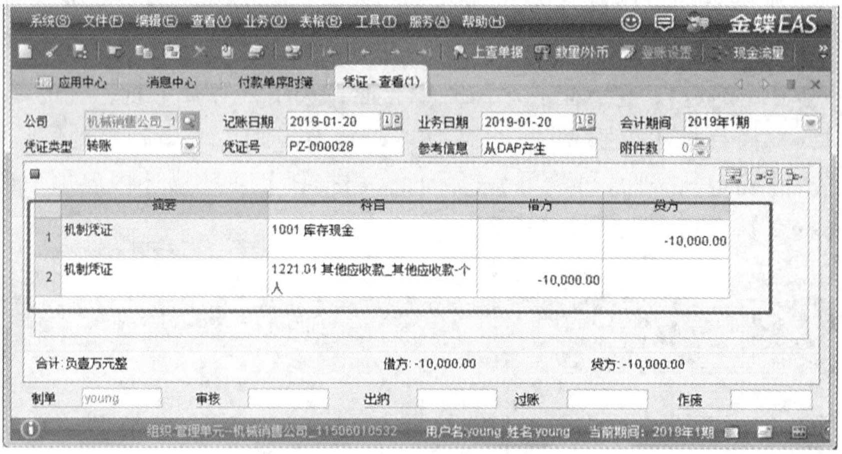

图 4-13　凭证-查看

执行【财务会计】-【总账】-【凭证处理】-【凭证查询】命令，进入凭证序时簿界面，选中刚刚生成的凭证，点击【提交】，然后在凭证处理下点击【审核】，单据状态变更为“已审核”。

4.3　任务二：差旅费借款

4.3.1　任务描述

（1）任务 1：出差借款单新增。

2019 年 1 月 10 日，机械销售公司_学号 销售部吴峰将从深圳出发前往北京出差一周，已购来回机票共 2 050 元，预计市内公交费 250 元，住宿费 1 350 元，核定金额 3 650元，由于金额较大，特向公司申请出差借款，1 月 8 日，销售部吴峰进行出差借款单新增，支付方式为网银支付。

（2）任务 2：出差借款审批。

2019 年 1 月 8 日，部门经理同意借款给吴峰，但是总经理根据本季度的差旅费预算计划以及员工个人报销标准，判定吴峰的报销金额不合理，比正常规定的差旅费报销额度高出 5%，将吴峰的出差借款申请打回。

（3）任务 3：出差借款打回修改。

2019 年 1 月 8 日，销售部吴峰修改住宿费为 1 167.5 元，核定金额为 3 467.5 元，重新提交审批，当天部门经理和总经理审核通过。

（4）任务 4：出差借款付款。

2019 年 1 月 9 日，出纳根据审批通过的借款单核定金额，付款给吴峰，在费用核算-出差借款单中，关联生成付款单，选择对方科目核算项目为职员吴峰，当天审批通过并付款。

4.3.2 具体操作

以用户名：学生姓名，密码：学号进入系统。

（1）出差借款单新增。

切换当前组织为“机械销售公司_学号”，执行【财务会计】-【费用管理】-【费用报销】-【出差借款单】命令，在出差借款单条件查询界面，修改开始日期为“2019 年 1 月 1 日”，点击【确定】，进入出差借款单序时簿界面，点击新增按钮【■】，进入出差借款单新增界面，根据任务 1 的内容填写出差借款单，确认无误后点击保存，提交即可，如图 4-14 所示。

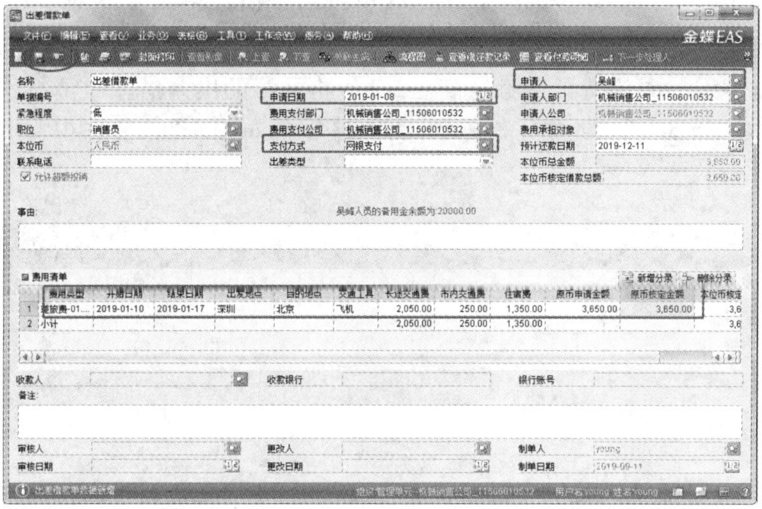

图 4-14 出差借款单

（2）出差借款审批。

第一步：一级审批通过。

确认当前组织为“机械销售公司_学号”，在 EAS 系统界面，点击“消息中心”，打开消息中心页签，点击刷新按钮【■】，就可以在未处理业务中看到主题为“一级审批出差借款单”的消息提醒，选中未处理的一级审批出差借款单，点击【处理】，进入一级审批出差借款单处理界面，在一级审批出差借款单处理界面，确认申请金额等与任务 1 相符，然后在“当前审批处理”下，勾选“同意”，最后保存并提交审批结果，如图 4-15 所示。

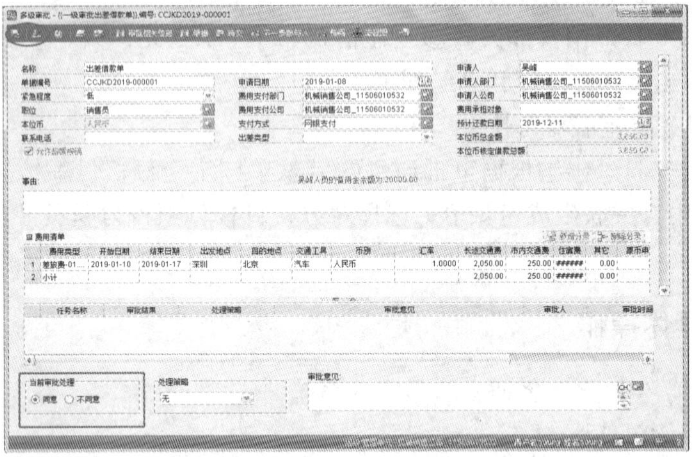

图 4-15　一级审批

第二步：二级审批不通过（打回修改）。

提交审批结果后，返回消息中心，可以在未处理业务中看到主题为“二级审批出差借款单”的消息提醒，选中未处理的二级审批出差借款单，点击处理【处理】，进入二级审批出差借款单处理界面，在二级审批出差借款单处理界面，查看申请金额，总经理根据本季度的差旅费预算计划以及员工个人报销标准，判定吴峰的报销金额不合理，比正常规定的差旅费报销额度高出 5%，将吴峰的出差借款申请打回，在“当前审批处理”下，勾选“不同意”，处理策略选择“打回修改”，最后保存并提交审批结果，如图 4-16 所示。

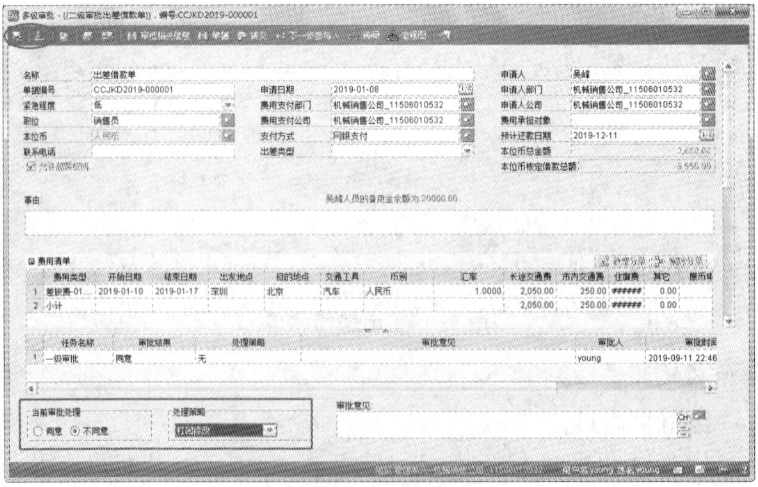

图 4-16　多级审批-二级审批

（3）出差借款打回修改。

第一步：修改出差借款单。

执行【财务会计】-【费用管理】-【费用报销】-【出差借款单】命令，在条件查询界面，修改开始日期为“2019 年 1 月 1 日”，点击【确定】，进入出差借款单序时簿界面，选中任务 1 提交的出差借款单，点击修改按钮【 】，进入出差借款单编辑界面，根据任务 3 的描述修改出差借款单，完成后点击【保存】和【提交】，如图 4-17 所示。

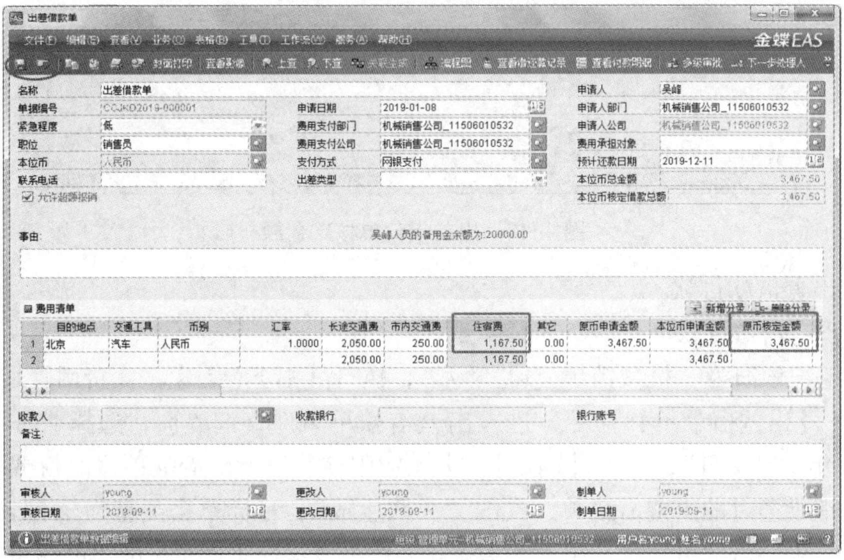

图 4-17　出差借款单

第二步：重新审批。

按照出差借款审批的方法，对重新提交的出差借款单进行两次审批，审批意见均为同意。

第三步：出差借款单报销金额核定。

提交审批结果后，返回消息中心，可以在未处理业务中看到主题为“请填写出差借款单的报销核定金额”的消息提醒，选中未处理消息提醒，点击【处理】，进入报销金额核定界面，在报销金额核定界面，确定原币金额和核定金额不超过该员工的备用金余额，最后点击【提交】，如图 4-18 所示。

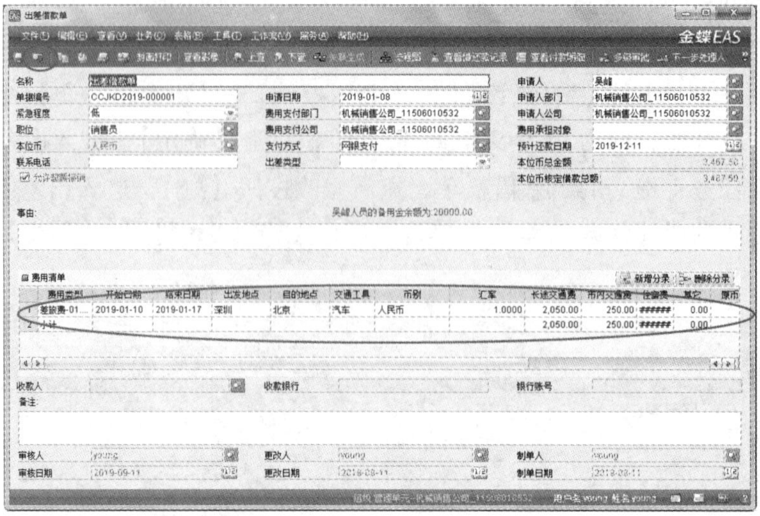

图 4-18　出差借款单核定金额

（4）出差借款付款。

第一步：新增付款单、提交、保存并审核。

当前组织依旧为“机械销售公司_学号”，执行【财务会计】-【费用管理】-【费用核算】-【出差借款单】命令，进入出差借款单条件查询界面，选择业务开始日期为“2019 年 1 月 1 日”，点击【确定】，进入费用核算的出差借款单序时簿界面，选中任务 2-3 审批通过的出差借款单，点击“关联生成”，目标单据类型为“付款单”，转换规则为“出差借款单到付款单（付款）”，点击【确定】，进入付款单编辑界面，在付款单新增界面，根据任务 2-4 的要求修改付款单，完成后点击【保存】和【提交】，如图 4-19 所示。

图 4-19　付款单编辑

付款单提交后，执行【财务会计】-【出纳管理】-【收付款处理】-【付款单查询】命令，在付款单条件查询界面，选择业务开始日期为“2019 年 1 月 1 日”，点击【确定】，进入付款单序时簿界面，在付款单序时簿界面，选中刚提交的付款单，点击【审批】，单据状态变更为“已审批”，如图 4-20 所示。

图 4-20　付款单序时簿-审批

第二步：付款。

选中刚刚审批通过的付款单，点击【付款】，单据状态变更为“已付款”。

第三步：生成凭证。

在付款单序时簿界面，选中刚刚付款成功的付款单，点击【生成凭证】，可以查看生成的凭证，凭证生成后，执行【财务会计】-【总账】-【凭证处理】-【凭证查询】命令，在凭证序时簿界面，选中刚刚生成的凭证，依次点击【提交】、【审核】，凭证状态变更为“已审核”。

4.4　任务三：业务招待费报销

4.4.1　任务描述

（1）任务 1：费用报销单新增。

2019 年 1 月 3 日，机械销售公司销售部吴峰接待客户，发生不含税金额 800 元餐费，当天生成费用报销单，支付方式为网银支付，费用支付部门为机械销售公司，业务类别为营销费用，费用类型为业务招待费，发生时间为“2019 年 1 月 3 日”，税率为 13%，核定不含税额 800 元，新增收款信息为吴峰的收款账户，原币金额 904 元。

（2）任务 2：报销审批。

2019 年 1 月 3 日，部门经理和总经理同意吴峰的报销申请，但总经理根据公司预算及餐费标准，核对金额时，将报销单核定不含税金额修改为 600 元，收款信息的原币金额修改为 678 元。

（3）任务 3：报销付款。

2019 年 1 月 4 日，出纳根据审核通过的报销单，按核定金额 678 元付款给吴峰，在费用核算-费用报销单关联生成付款单，付款信息页签下的对方科目为“其他应收款_个人”，选择对方科目核算项目为职员吴峰，当天审批通过并付款，财务会计当天生成凭证，财务主管审核通过。

4.4.2 具体操作

以用户名：学生姓名，密码：学号进入系统。

（1）费用报销单新增。

切换当前组织为“机械销售公司_学号”，执行【财务会计】-【费用管理】-【费用报销】-【费用报销单】命令，在费用报销单条件查询界面，修改开始日期为“2019 年 1 月 1 日”，点击“确定”，进入费用报销单序时簿界面，点击新增按钮【 】，进入费用报销单新增界面，根据任务 1 的描述填写费用报销单，完成后点击【保存】、【提交】即可，如图 4-21 所示。

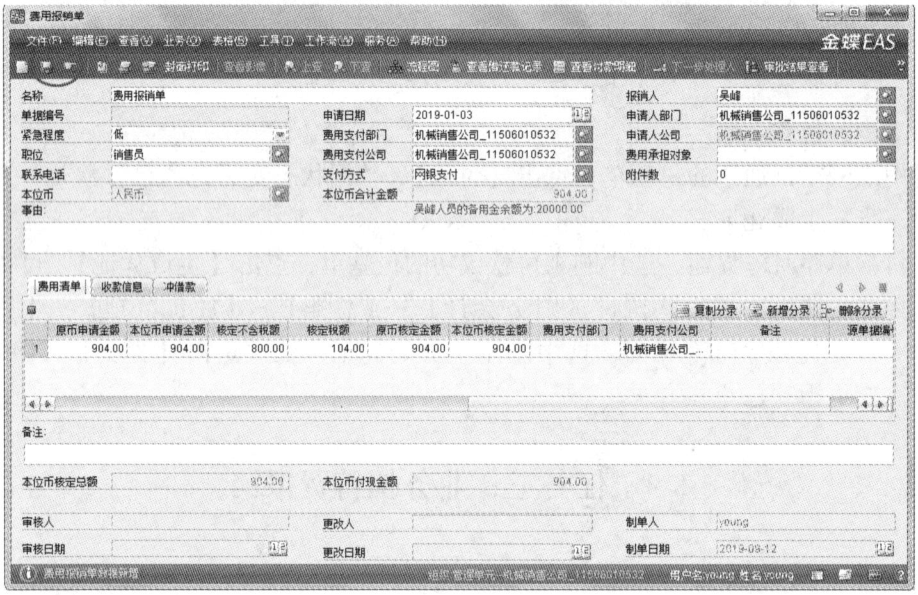

图 4-21 费用报销单

（2）报销审批。

第一步：一级审批通过。

当前组织依旧为“机械销售公司_学号”，在 EAS 系统界面，点击“消息中心”，打开消息中心页签，点击刷新按钮【 】，可以在未处理业务中看到主题为“一级审批报销单”的消息提醒，选中未处理的一级审批报销单，点击【 处理】，进入一级审批报销单处理界面，如图 4-22 所示。

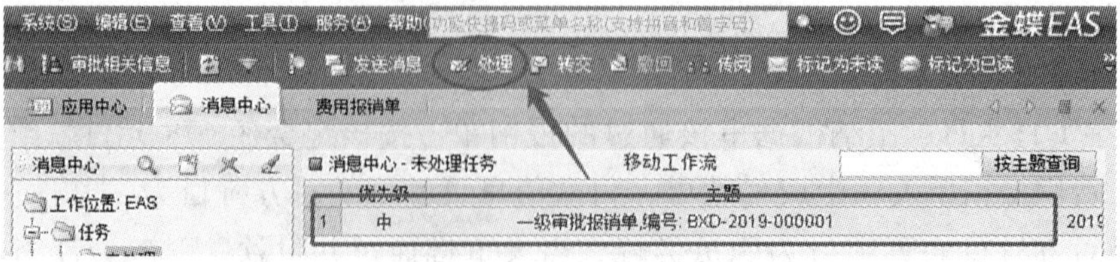

图 4-22 一级审核

在一级审批报销单处理界面，查看申请金额等与任务 1 是否相符，然后在“当前审批处理”下勾选“同意”，最后点击【保存】、【提交】即可审批结果，如图 4-23 所示。

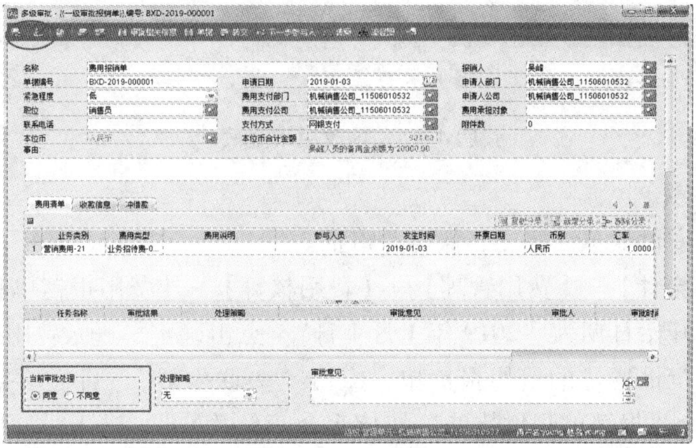

图 4-23　一级审批

第二步：二级审批通过。

提交审批结果后，返回消息中心，可以在未处理业务中看到主题为“二级审批报销单”的消息提醒，选中未处理的二级审批报销单，点击【处理】，进入二级审批报销单处理界面，在二级审批报销单处理界面，查看报销金额是否超标，在“当前审批处理”下，勾选“同意”，最后点击【保存】、【提交】即可。

第三步：核定金额（审批人直接修改金额）。

提交审批结果后，返回消息中心，可以在未处理业务中看到主题为“请填写报销单的报销核定金额”的消息提醒，选中未处理消息提醒，点击【处理】，进入报销金额核定界面，在报销金额核定界面，查看原币金额和核定金额，是否超过该员工的备用金余额及预算，修改核定不含税金额为 600 元，收款信息的原币金额修改为 678 元，最后点击【提交】即可，如图 4-24、图 4-25 所示。

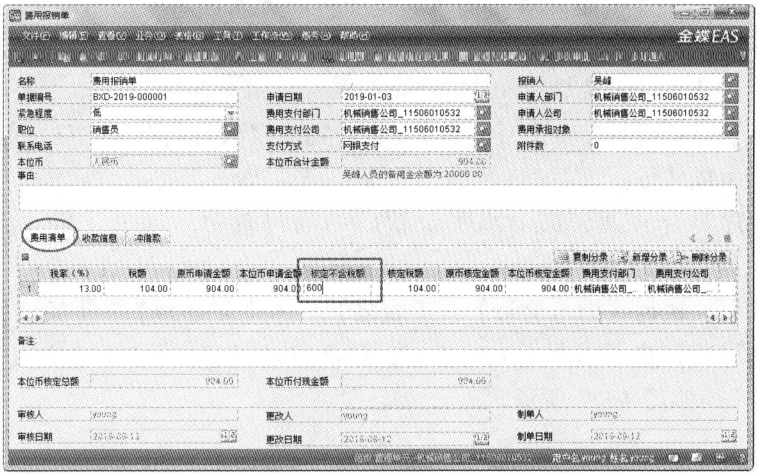

图 4-24　修改核定金额

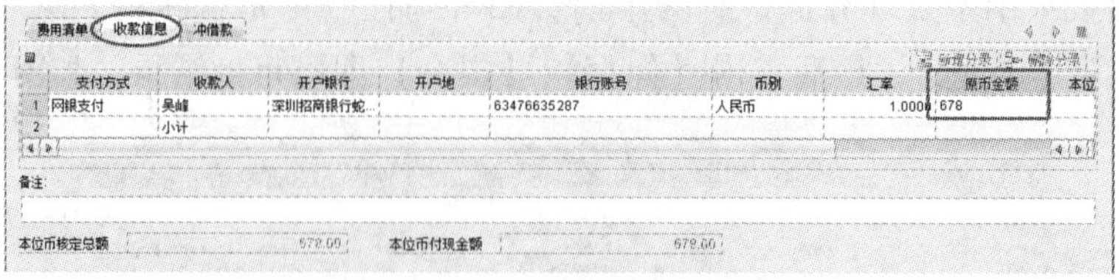

图 4-25　修改原币金额

（3）报销付款。

第一步：新增付款单，提交、保存并审批。

执行【财务会计】-【费用管理】-【费用核算】-【费用报销单】命令，在条件查询界面，修改开始日期为“2019 年 1 月 1 日”，点击确定，进入费用报销单序时簿界面，选中任务 2 审批通过的费用报销单，点击“关联生成”，目标单据类型为“付款单”，转换规则为“报销单到付款单（按核定金额付款）”，进入付款单编辑界面，根据任务 3 的描述填写信息，完成后对付款单进行保存、提交处理即可，如图 4-26 所示。

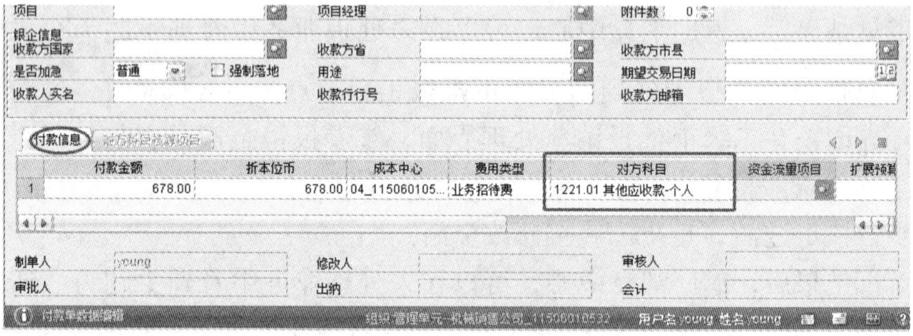

图 4-26　付款单新增

付款单审核后，执行【财务会计】-【出纳管理】-【收付款处理】-【付款单查询】命令，在付款单条件查询界面，选择业务开始日期为“2019 年 1 月 1 日”，点击确【确定】，进入付款单序时簿界面，在付款单序时簿界面，选中刚刚提交的付款单，点击【审批】，可以看到单据状态变更为“已审批”。

第二步：付款。

选中审批通过的付款单点击【付款】，可看到单据状态变更为“已付款”。

第三步：生成凭证。

在付款单序时簿界面，选中刚刚付款成功的付款单，点击【生成凭证】，生成凭证。

凭证生成后，执行【财务会计】-【总账】-【凭证处理】-【凭证查询】命令，在凭证序时簿界面，选中刚刚生成的凭证，依次点击【提交】、【审核】，凭证状态变更为“已审核”，如图 4-27 所示。

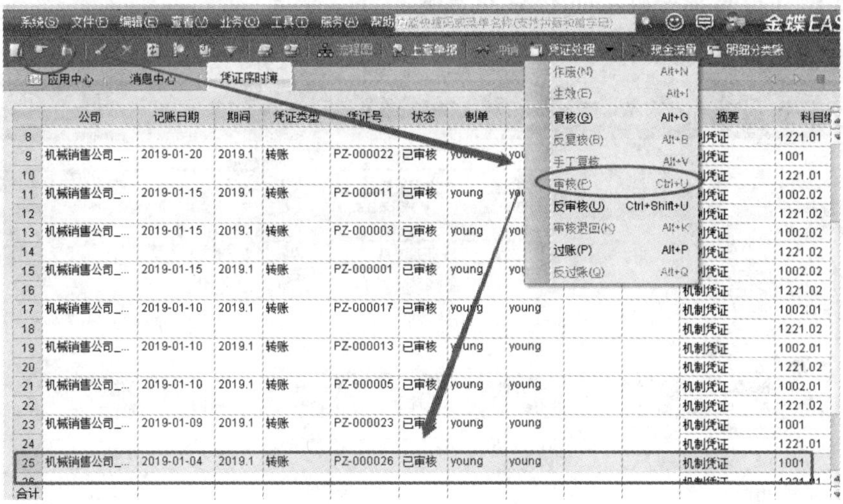

图 4-27　凭证序时簿

4.5　任务四：广告费申请

4.5.1　任务描述

经过多年的研发积累，鑫弘装载机技术应用取得巨大突破，成功研发并投入生产FL9-N 装载机，新款装载机技术全面升级，更高效、更强悍的功能可以满足更复杂繁重的工作需求。机械销售公司针对 FL9-N 装载机“可靠、高效、节能、智能”的特征制订营销计划，预计在前期要进行大量的广告投入，获得知名度。

（1）任务 1：费用申请单新增。

2019 年 1 月 15 日，机械销售公司销售部的吴峰申请广告费用 100 000 元，支付方式为网银支付，不允许超额报销，费用类型为广告费，申请原因为拍摄宣传广告，原币金额和核定金额均为 100 000 元。

（2）任务 2：费用申请审核。

由于申请金额较高，需经过部门经理和总经理两次审核，1 月 15 日，部门经理审核通过后，总经理审核通过 9 000 元用作广告支出。

4.5.2　具体操作

以用户名：学生姓名，密码：学号进入系统。

（1）费用申请单新增。

切换当前组织为“机械销售公司_学号”，执行【财务会计】-【费用管理】-【费用报销】-【费用申请单】命令，在费用申请单条件查询界面，修改开始日期为“2019 年 1 月 1 日”，点击【确定】，进入费用申请单序时簿界面，点击新增按钮【▣】，进入费用申请单新增界面，根据任务 1 的描述内容填写费用申请单，完成后点击【保存】、【提交】即可，如图 4-28 所示。

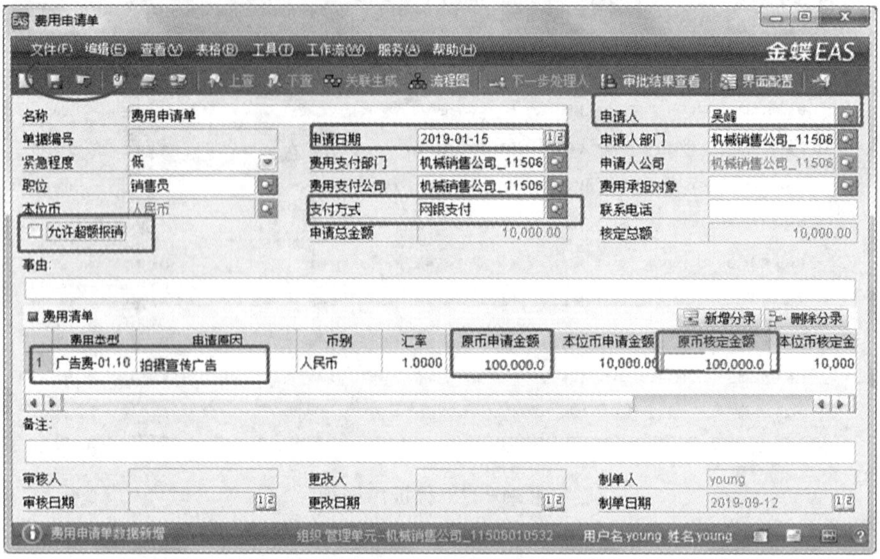

图 4-28　费用申请单

（2）费用申请审核。

第一步：一级审批通过。

当前组织为“机械销售公司_学号”，在 EAS 系统界面，点击“消息中心”，打开消息中心页签，点击刷新按钮【】，可以在未处理业务中看到主题为“一级审批费用申请单”的消息提醒，选中未处理的一级审批费用申请单，点击“✉ 处理”，进入一级审批费用申请单处理界面，在一级审批费用申请单处理界面，确认申请金额等与任务 1 是否相符，然后在“当前审批处理”下，勾选“同意”，最后点击【保存】、【提交】按钮提交审批结果，如图 4-29 所示。

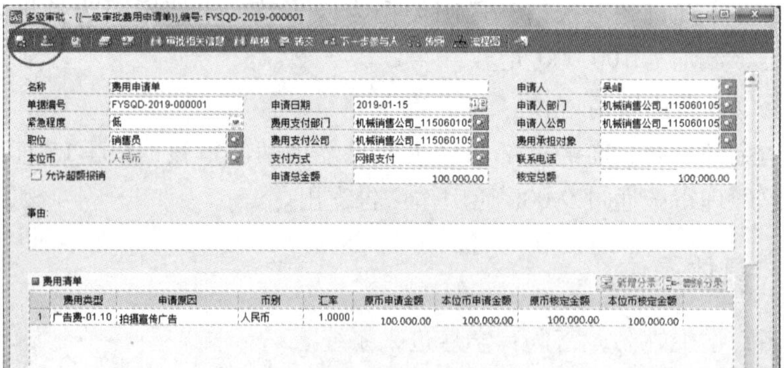

图 4-29　多级审批--一级审批

第二步：二级审批通过。

提交审批结果后，返回消息中心，可以在未处理业务中看到主题为“二级审批费用申请单”的消息提醒，选中未处理的二级审批费用申请单，点击【处理】，进入二级审批费用申请单处理界面，在二级审批费用申请单处理界面，查看申请金额，在“当前审批处理”下，勾选“同意”，最后点击【保存】、【提交】按钮提交审批结果，如图 4-30 所示。

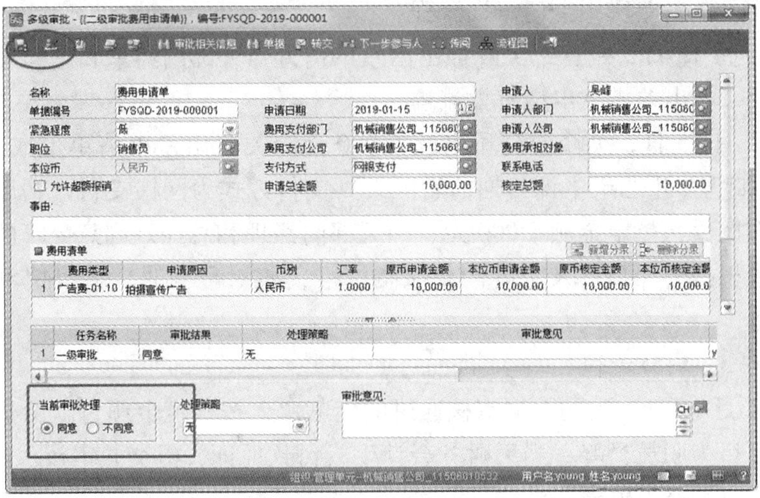

图 4-30　二级审批

第三步：核定金额（审批人直接修改金额）。

提交审批结果后，返回消息中心，可以在未处理业务中看到主题为“请填写费用申请单的报销核定金额”的消息提醒，选中未处理消息提醒，点击【处理】，进入报销金额核定界面，查看原币金额和核定金额，审核是否超过该员工的备用金余额及预算，修改原币核定金额为 9 000 元，最后点击【提交】即可，如图 4-31 所示。

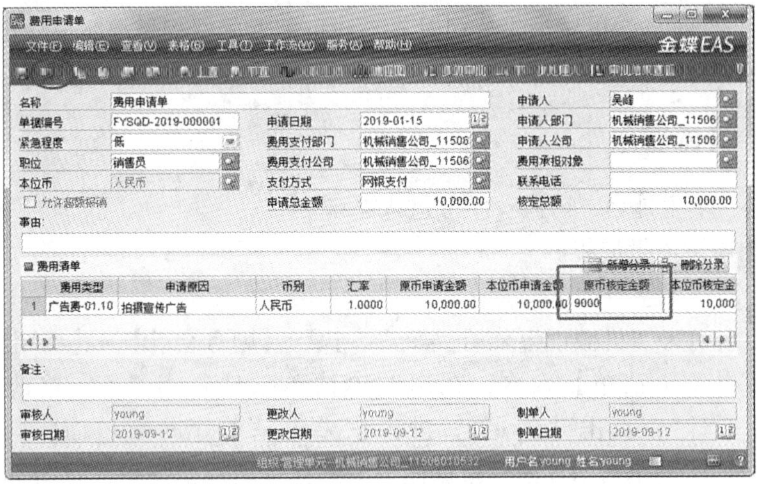

图 4-31　费用申请-修改核定金额

4.6 任务五：出差费用报销全流程

4.6.1 任务描述

机械销售公司销售部吴峰，准备 20 号乘坐飞机从深圳前往西安出差，23 号返回深圳，预计发生长途交通费 3 600 元，市内交通费 200 元，住宿费 1 200 元。

（1）任务 1：出差费用申请审批流程。

2019 年 1 月 15 日，销售部吴峰提出出差申请，当天部门经理和总经理审核通过。

（2）任务 2：出差借款申请审批流程。

2019 年 1 月 15 日，吴峰向公司借款 5 000 元，关联出差申请单生成出差借款单，（预计还款日期为学生当天上课日期的后一天）支付方式为网银支付，费用类型为差旅费，币别为人民币，核定金额 5 000 元；当天部门经理和总经理同意吴峰的出差借款申请，但总经理根据公司预算及吴峰的差旅费标准，核对金额时，将报销单核定金额修改为 4 800 元。

（3）任务 3：付款流程。

2019 年 1 月 16 日，出纳根据审核通过的借款单，按核定金额付款给吴峰，选择对方科目核算项目为职员吴峰，当天财务会计生成付款凭证，提交并审核。

（4）任务 4：报销单核销借款。

2019 年 1 月 23 日，销售部吴峰出差 4 天后返回公司，根据实际支出，上交发票并提出差旅费报销申请 4 800 元，与借款金额相等，新增差旅费报销单核销借款，根据出差借款单关联生成差旅费报销单，选择收款信息为职员吴峰，在冲借款页签选择对应的借款单。

（5）任务 5：报销审批。

2019 年 1 月 23 日，部门经理和总经理同意吴峰的报销申请。

（6）任务 6：会计处理。

2019 年 1 月 23 日，机械销售公司财务会计根据差旅费报销单生成凭证（报销额小于等于借款额的报销单），提交并审核。

4.6.2 具体操作

以用户名：学生姓名，密码：学号进入系统。

（1）出差申请审批流程。

第一步：新增出差申请单。

切换当前组织为“机械销售公司_学号”，执行【财务会计】-【费用管理】-【费用报销】-【出差申请单】命令，在出差申请单条件查询界面，修改开始日期为“2019 年 1 月 1 日”，点击【确定】，进入出差申请单序时簿界面，点击新增按钮【■】，进入费用申请单新增界面，根据任务 1 的描述填写信息后，点击【保存】、【提交】即可，如图 4-32 所示。

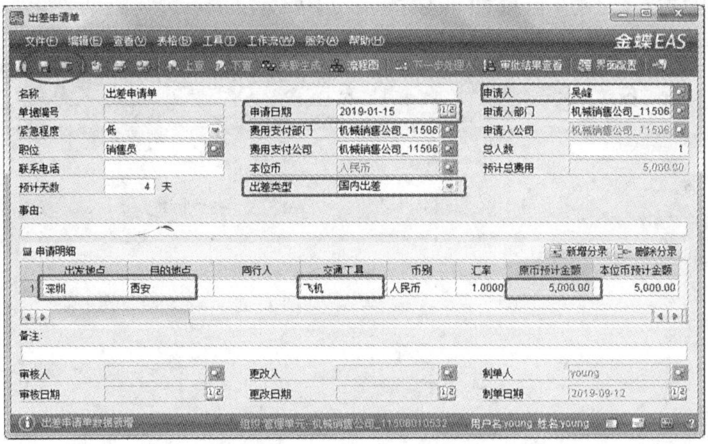

图 4-32　出差申请单

第二步：出差申请单审批。

进入消息中心，部门经理对出差申请单进行审核，总经理对出差申请单做二级审批。

（2）出差借款申请审批流程。

第一步：新增出差借款单。

当前组织依旧为“机械销售公司_学号”，执行【财务会计】-【费用管理】-【费用报销】-【出差申请单】命令，在出差申请单条件查询界面，选择开始日期为“2019 年 1 月 1 日”，点击【确定】，选中任务 1 审批通过的出差申请单，点击“关联生成”，选择目标单据类型为“出差借款单”，转换规则为“出差申请单生成出差借款单”，点击【确定】，进入出差借款单新增界面，根据任务 2 的要求填写信息，最后点击【保存】、【提交】即可，如图 4-33 所示。

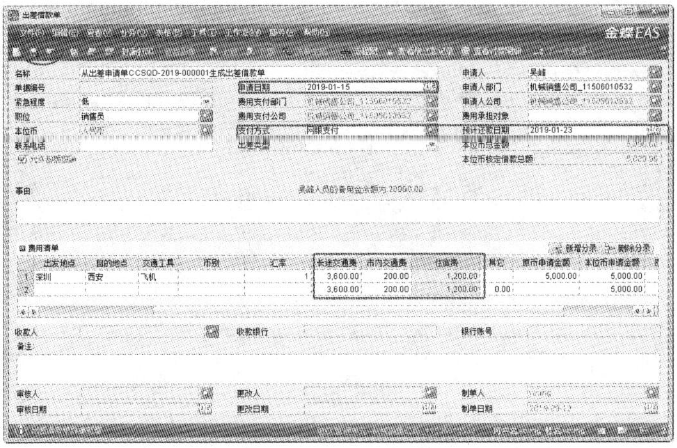

图 4-33　出差借款单

第二步：出差借款单审批。

进入消息中心，部门经理对出差申请单进行一级审核，总经理对出差申请单做二级审批并对原币核定金额进行修改，如图 4-34 所示。

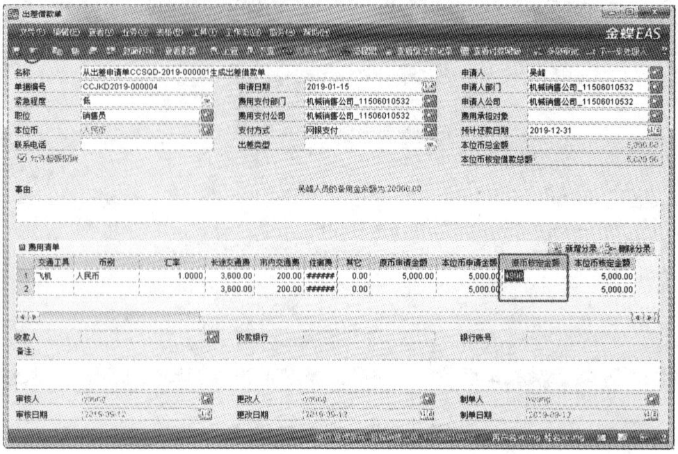

图 4-34　出差借款单-修改原币核定金额

（3）付款流程。

第一步：新增付款单、提交、保存及审批。

当前组织依旧是“机械销售公司_学号”，执行【财务会计】-【费用管理】-【费用核算】-【出差借款单】命令，在出差借款单条件查询界面，修改开始日期为“2019 年 1 月 1 日”，点击【确定】，选中任务 2 审批通过的出差借款单，点击“关联生成”，目标单据类型为“付款单”，转换规则为“出差借款单到付款单（付款）”，点击【确定】，进入付款单新增界面，选择业务日期为“2019 年 1 月 16 日”，选择对方科目核算项目为职员吴峰，最后点击【保存】、【提交】即可，如图 4-35 所示。

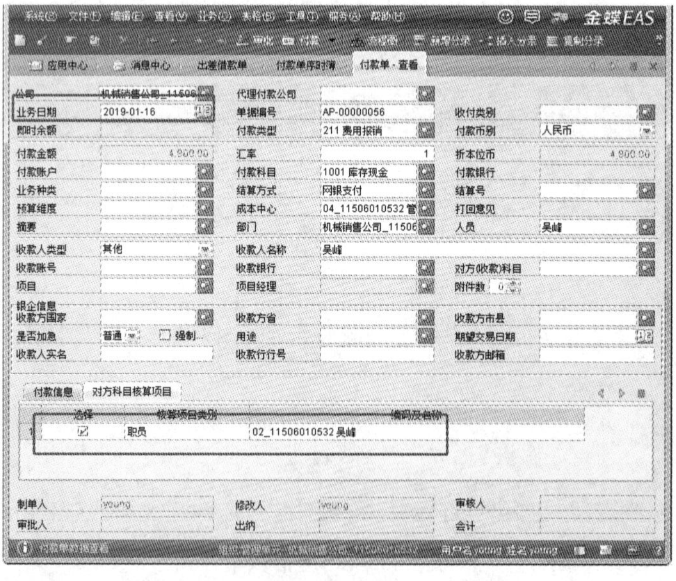

图 4-35　付款单

在付款单序时簿界面，选中刚刚提交的付款单，点击【审批】，单据状态变更为

"已审批"。

第二步：付款。

选中审批通过的付款单点击【付款】，单据状态变更为"已付款"。

第三步：生成凭证。

在付款单序时簿界面，选中刚刚付款成功的付款单，点击【生成凭证】，看生成凭证，如图 4-36 所示。

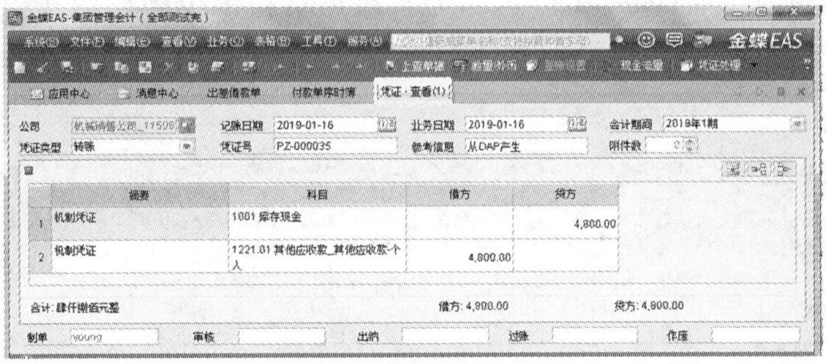

图 4-36　凭证查看

执行【财务会计】-【总账】-【凭证处理】-【凭证查询】命令，在凭证序时簿界面，选中刚刚生成的凭证，依次点击【提交】、【审核】，单据状态变更为"已审核"。

（4）报销单核销借款。

当前组织单元依旧为"机械销售公司_学号"，执行【财务会计】-【费用管理】-【费用报销】-【出差借款单】命令，进入出差借款单序时簿界面，选中任务 2 审批通过的出差借款单，点击"关联生成"，选择目标单据类型为"差旅费报销单"，转换规则为"出差借款单到差旅费报销单"，点击【确定】，打开差旅报销单新增页面，根据任务 4 的内容填写单据并核销借款，完成点击【保存】、【提交】即可，如图 4-37 所示。

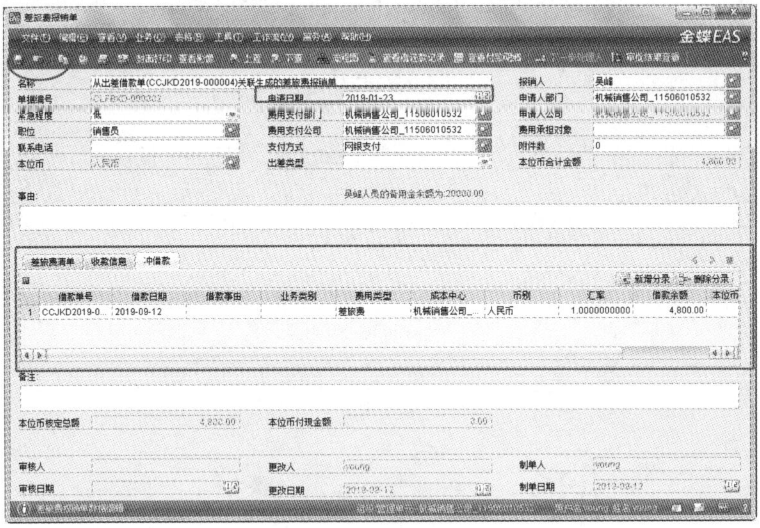

图 4-37　差旅费报销单

（5）报销审批。

进入消息中心，部门经理对差旅报销单进行一级审核，总经理对差旅报销单进行二级审批。

（6）会计处理。

执行【财务会计】-【费用管理】-【费用核算】-【差旅费报销单】命令，进入差旅费报销单条件查询界面，选中任务 5 审批通过的差旅费报销单，点击“生成凭证”，选择转换规则为编码 cb-001，名称为“差旅费报销单到凭证（报销额小于等于借款额的报销单，总账、出纳）”，点击【确定】，可以查看生成的凭证，如图 4-38 所示。

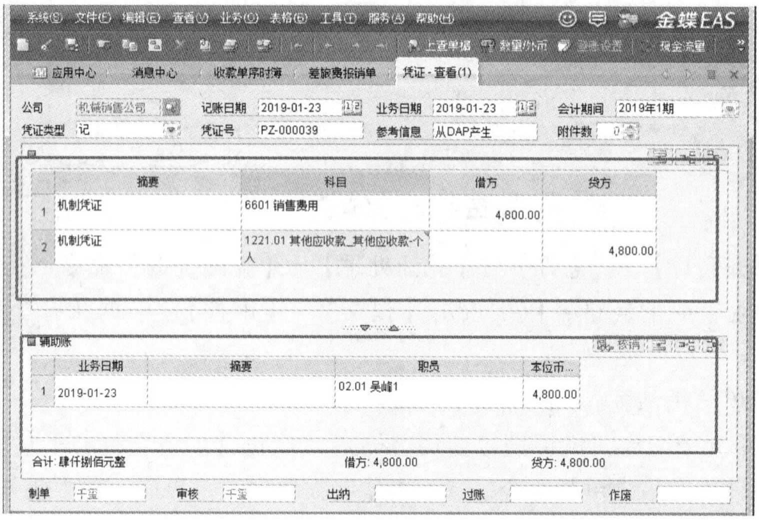

图 4-38　凭证查看

执行【财务会计】-【总账】-【凭证处理】-【凭证查询】命令，进入凭证序时簿界面，选中刚刚生成的凭证，点击【提交】，然后在凭证处理下点击【审核】，单据状态变更为“已审核”。

5 集团资金结算

5.1 集团资金结算概述

资金结算中心是由企业集团内部设置的，以管理、协调集团内部各成员单位资金为主要业务的职能机构，它受集团委托，代表集团执行与资金管理有关的各项业务活动。资金结算中心通过筹措、协调、规划、调控资金，真正做到有效调节资金流向，宏观控制并合理使用资金，盘活沉淀资金，挖掘资金使用潜力，加速资金周转速度，防止资金流失和体外循环，整合资金优势，全面提高企业集团的资金使用效率。

5.2 案例背景

鑫弘机械集团实行资金结算背景：鑫弘机械集团业务范围涵盖挖掘机、装载机、叉车等大型机器的生产、销售等各个领域，在中国机械制造市场中处于主导地位，但是下属成员单位业务分布范围广、产业链条长、内部业务板块关联性强，企业之间的交易和资金支付频繁，涉及资金规模比较大，对成员单位的企业账户监管难度大，账户的分散管理使得鑫弘机械集团出现了资金沉淀的现象，集团管理层深刻意识到这样的现象将不利于发挥集团资金整体规模优势，同时也会降低资金的使用效率。

基于这样的背景，鑫弘机械集团决定实行资金集中结算，以结算中心的方式管理成员单位资金并以结算中心的身份对集团内外收付款业务进行处理。

鑫弘机械集团利用信息化系统进行资金结算：鑫弘机械集团提出实行资金集中管理后采购了一套可以辅助实现资金管理的系统，通过建立结算中心、内部账户、内部银行账户方式实现对集团内外收付款的业务需求，以集中结算为基础解决资金分散、闲置等问题，通过账户集中管理和“内部化结算”，提高鑫弘机械集团资金的内部运行效率，减少不必要的外部贷款，真正做到盘活资金。

5.3 资金结算的整体流程

资金结算的整体流程图 5-1 如所示。

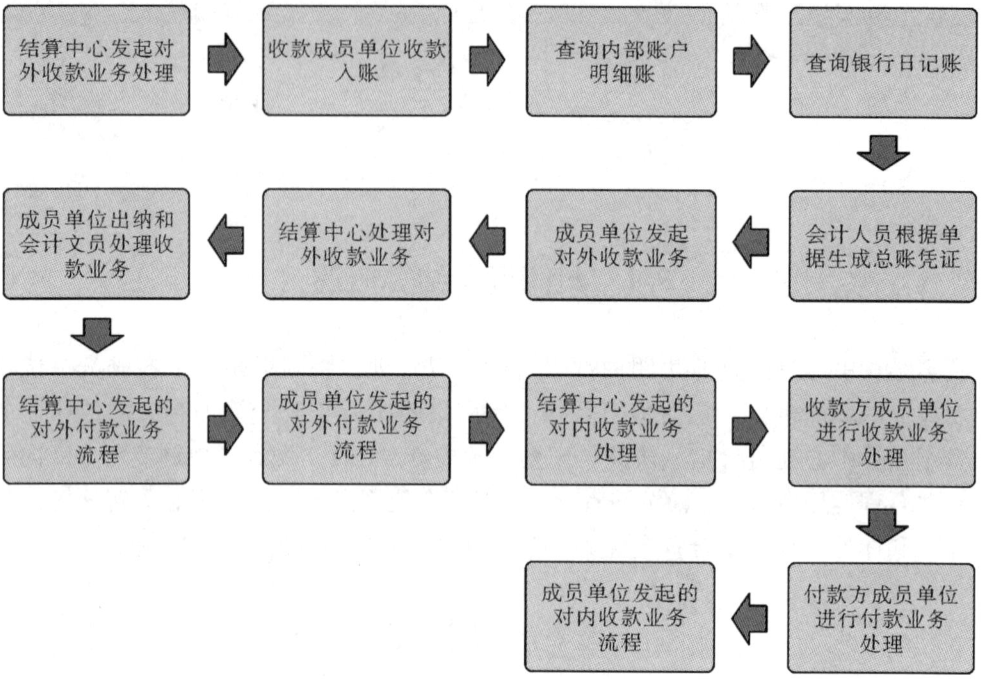

图 5-1 资金结算整体流程

5.4 任务一：结算中心发起对外收款业务

5.4.1 任务描述

任务背景：2019 年 1 月 1 日，结算中心（集团本部_学号）收到耀星公司_学号的银行到账单，银行到账单信息为“资金母账户_学号收到机械销售公司_学号销售货款 16 890 元”，集团本部_学号在 EAS 系统内记录对外收款并受理收款。

要求：集团本部_学号资金主管在 EAS 系统中处理此笔业务。

我们可以先看下整体的业务流程，如图 5-2 所示。

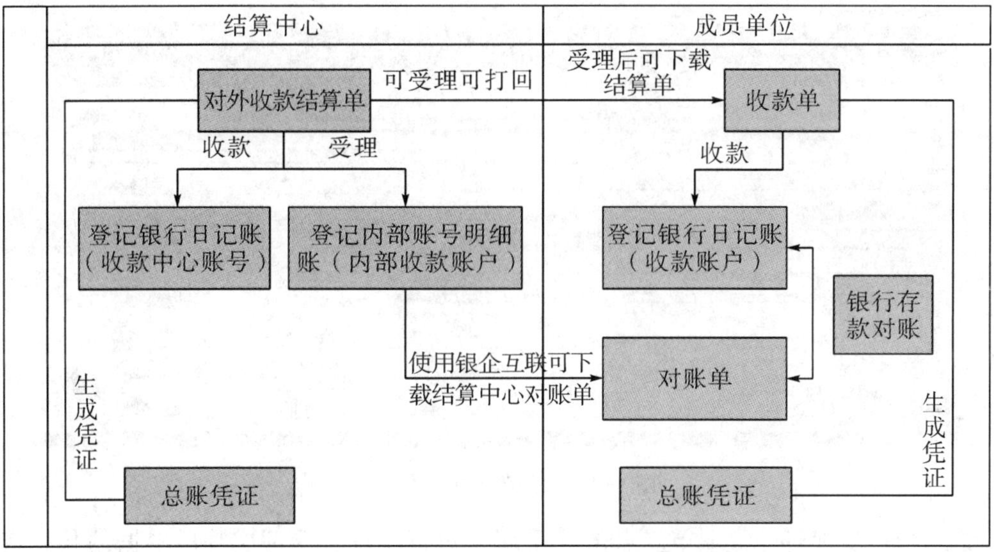

图 5-2　结算中心发起对外收款业务流程图

5.4.2　具体操作

以“集团本部_学号”资金主管登录 EAS 系统，切换到组织“集团本部_学号”。依次点击【资金管理】-【资金结算】-【结算业务】-【对外收款】，打开【对外收款】时，注意过滤条件的选择，可以保存下方便下次使用。例如设置条件业务日期为 2019-01-01 至 2019-08-31，选择受理状态和收款状态为全部，保存方案，方案名称可以自定义。选择保存的方案，勾选功能【下次直接以该方案进入】，如图 5-3 所示。至此，完成对外收款条件查询方案设置，后续的查询方案可使用相同方法进行设置，此后不再赘述。

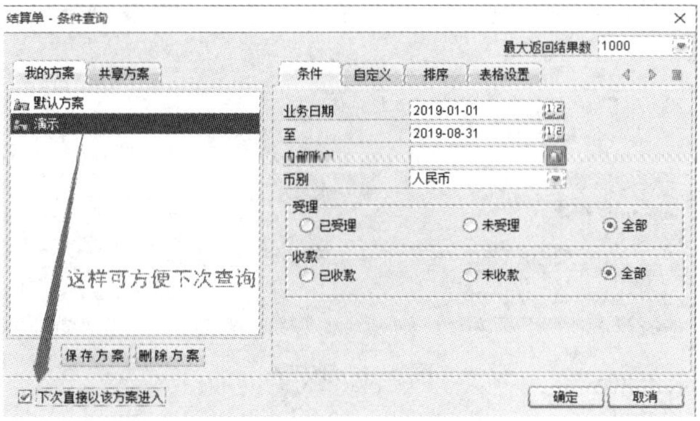

图 5-3　对外收款结算单条件查询

第一步：新增对外收款单。点击【新增】按钮，按照任务描述新增对外收款结算单，如图 5-4 所示。新增完成后，点击进行【保存】、【提交】。

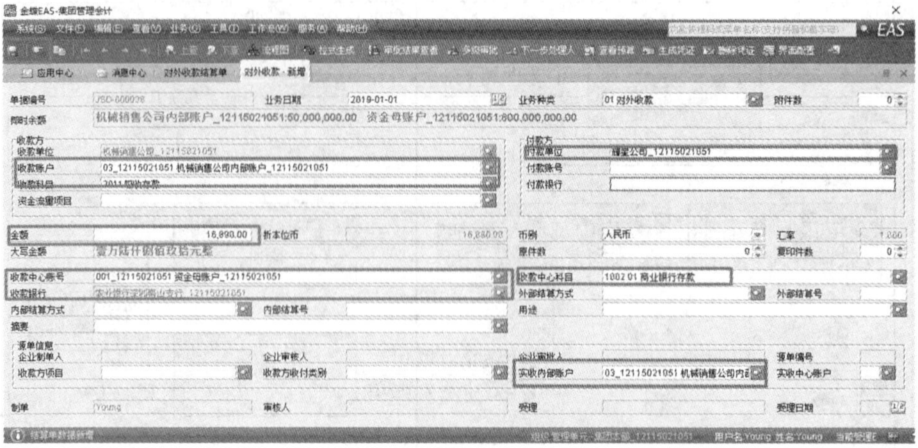

图 5-4　对外收款提交结算单

第二步：受理对外收款单。点击【受理】进行受理。受理成功后单据的状态变化为“已受理”，如图 5-5 所示。

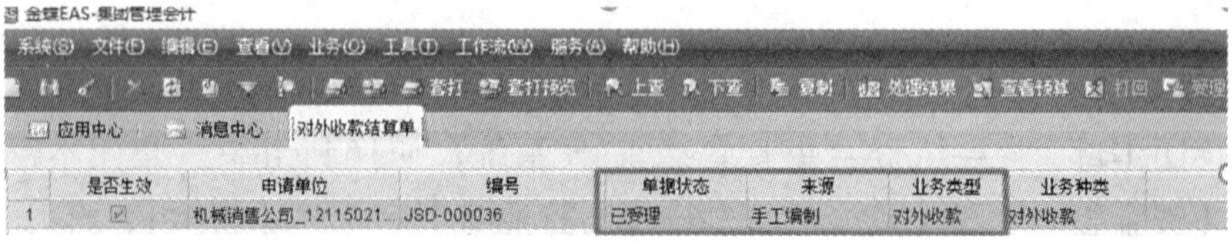

图 5-5　受理成功

第三步：对外收款。受理成功后可进行收款，说明客户已将钱转至对外收款结算单上的收款中心账户了。点击【收款】执行收款操作，如图 5-6 所示。

图 5-6　收款

收款完成后单据状态更新为“已结算”，如图 5-7 所示，已结算的代表已收款，只有结算的对外收款结算单在系统参数是单据登账的情况下系统才能自动登记银行日记账。至此，结算中心发起的对外收款业务已完成。

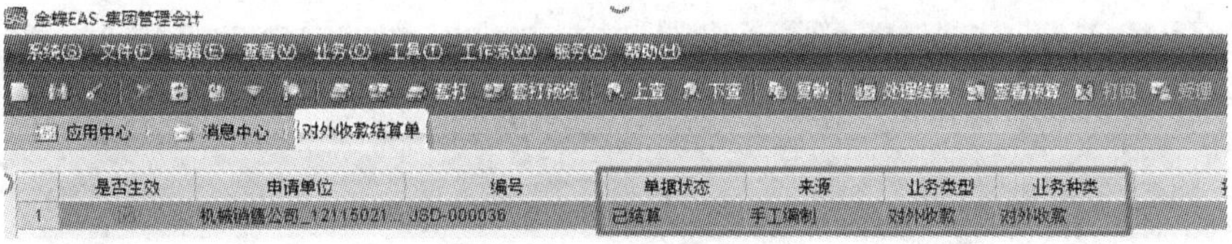

图 5-7　已收款的结算单

5.5　任务二：收款成员单位收款入账

5.5.1　任务描述

任务背景：结算中心（集团本部_学号）打印收款单位内部账户的到账通知单，供收款单位机械销售公司_学号收款入账，机械销售公司_学号出纳通过下载结算单登记收款单进行收款业务处理，收款账户为机械销售公司内部银行账户_学号，对方科目为应收账款，对方科目核算项目为耀星公司_学号。

要求：机械销售公司_学号出纳在 EAS 系统处理此笔业务。

5.5.2　具体操作

以“机械销售公司_学号”出纳登录 EAS 系统，切换到“机械销售公司_学号”。依次点击【财务会计】-【出纳管理】-【收付款处理】-【收款单新增】。

第一步：新增收款单。点击【新增】按钮，进入收款单新增界面，点击【下载结算单】按钮，如图 5-8 所示。

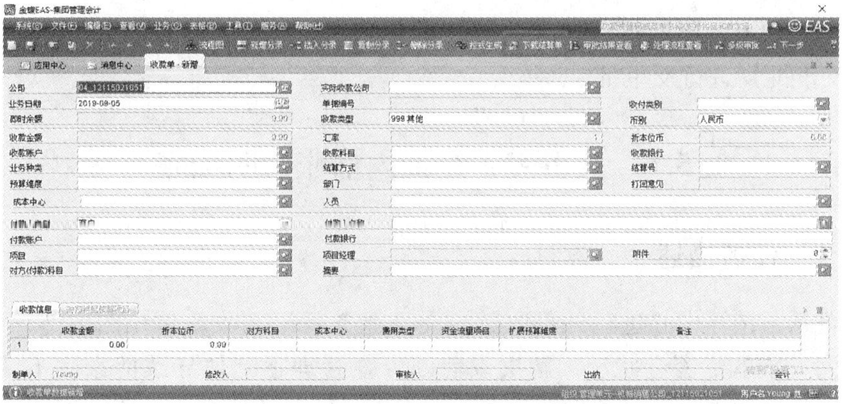

图 5-8　下载结算单

在“源单列表”中选择数据记录后返回，让成员单位机械销售公司_学号关联对外收款结算单进行收款登记，完成结算中心存款增加的业务操作。

填写对方科目和对应科目核算项目，用户只有先填写对方科目如图 5-9 所示，才能选择对方科目的核算项目，如图 5-10 所示。

完成前面步骤后，依次点击【保存】、【提交】即可。

图 5-9　维护收款单对方科目

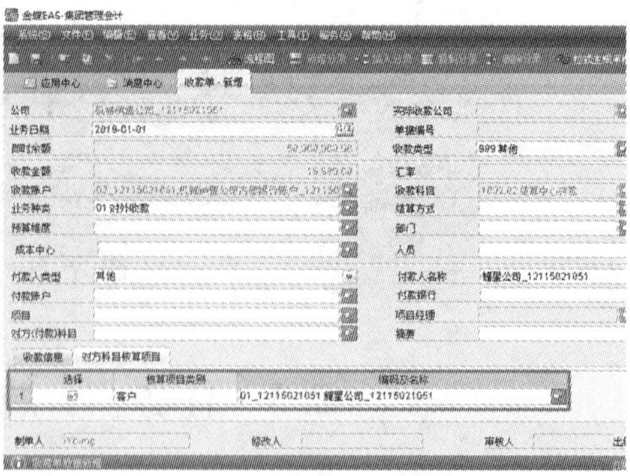

图 5-10　维护收款单对方科目核算项目

第二步：收款单审批及收款，依次点击【财务会计】-【出纳管理】-【收付款处理】-【收款单查询】，选择已提交的收款单，点击【审批】、【收款】即可。完成收款的收款单状态如图 5-11 所示。

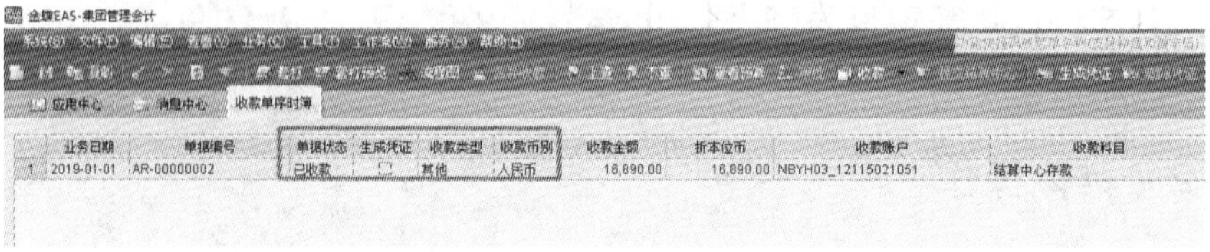

图 5-11　收款单收款

这样，收款成员单位入账业务操作完毕。

【其他业务操作说明】

若需要对收款单进行修改，已收款的需要反收款后，再反审批才可以修改。在收款单序时簿界面上，可选择菜单【业务】-【取消收款】进行反收款，选择菜单【业务】-【反审批】进行反审批。

5.6　任务三：查询内部账户明细账

5.6.1　任务描述

任务背景：结算中心进行外部收款，受理业务后记入收款单位的内部存款账户以便随时查询成员单位资金状况，解决以前因资金管理不到位导致的家底不清的问题，同时成员单位出纳也可随时查询存放在结算中心的资金的情况，方便统筹规划资金。

要求：集团本部_学号资金主管查询成员单位机械销售公司_学号内部账户发生额增减和余额情况；机械销售公司_学号出纳查询在结算中心开设的内部账户余额情况。

5.6.2　具体操作

以“机械销售公司_学号”出纳登录 EAS 系统，切换到“机械销售公司_学号”。依次点击【财务会计】-【出纳管理】-【统计报表】-【内部账户明细账】进入。可以看到机械销售公司_学号的内部账户明细账显示的对外收款记录，如图 5-12 所示。表明存放在集团本部_学号结算中心的资金在增加，但这对于结算中心来说是负债，故显示在贷方。

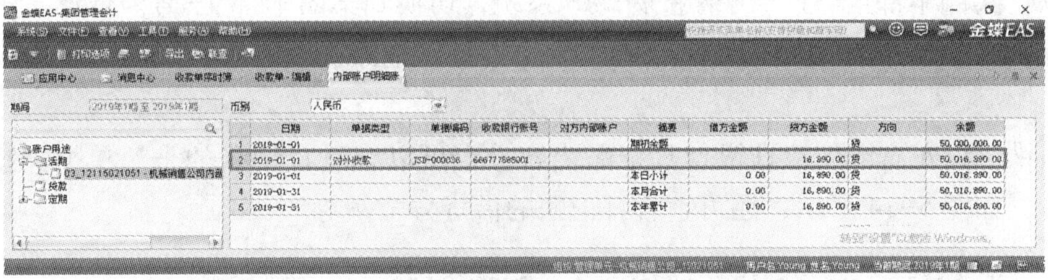

图 5-12　查看机械销售公司内部账户明细账

接下来以“集团本部_学号”资金主管登录 EAS 系统，切换到“集团本部_学号”。依次点击【资金管理】-【资金结算】-【账簿查询】-【内部账户明细表】，左侧选择公司为“机械销售公司_学号”，即可查看该公司的内部账户明细，如图 5-13 所示。

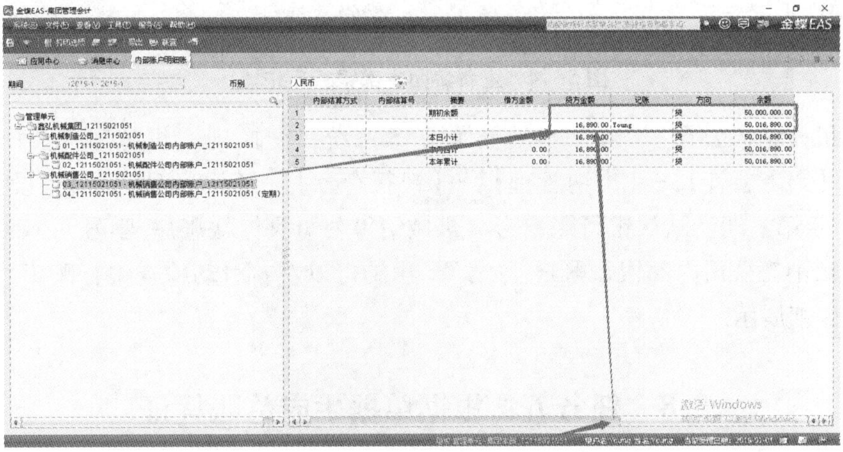

图 5-13　在结算中心查看内部账户明细账

对于集团本部_学号来讲，对外收款是组织机械销售公司_学号发生的，因此记录机械销售公司存放在集团本部_学号的资金增加，显示在贷方。

5.7　任务四：查询银行日记账

5.7.1　任务描述

任务背景：通过对外收款业务，结算中心母账户银行的存款余额增加，结算中心（集团本部_学号）出纳需要登记银行日记账，由于设置了按单据登账，在对外收款后自动登记银行日记账，出纳可随时查询母账户银行日记账；通过对外收款业务，机械销售公司_学号出纳登记内部银行账户银行日记账。

要求：集团本部_学号出纳在 EAS 系统内查询收款后产生的银行日记账；机械销售

公司_学号出纳在 EAS 系统内查询收款后产生的银行日记账。

5.7.2 具体操作

以“集团本部_学号”出纳登录 EAS 系统，切换到集团本部_学号。依次点击【财务会计】-【出纳管理】-【银行存款】-【银行日记账】，设置查询日期为 2019 年第一期。

出纳可以左右滑动检查银行日记账内容，也可以查看日记账的来源单据类型和单据编号，如图 5-14 所示，还可查看日记账的借贷方金额等。

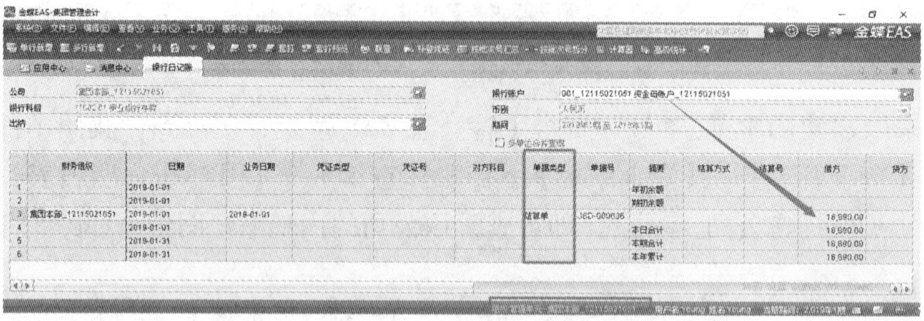

图 5-14 查看集团本部银行日记账

以“机械销售公司_学号”出纳登录 EAS 系统，切换到“机械销售公司_学号”。依次点击【财务会计】-【出纳管理】-【银行存款】-【银行日记账】，设置查询日期为 2019 年第一期。默认银行账户为“机械销售公司收付款账户_学号”，切换银行账户为“机械销售公司内部银行账户_学号”。出纳可以左右滑动检查银行账户登记情况。此处不再详细展示。

5.8 任务五：根据单据生成总账凭证

5.8.1 任务描述

任务背景：集团本部_学号会计文员需要记录母账户收到机械销售公司_学号客户货款，需要记录母账户余额增加的同时机械销售公司_学号内部账户余额也增加；机械销售公司_学号会计文员需要记录存放在结算中心的存款增加的同时客户的应收账款相应减少。

要求：集团本部_学号会计生成对外收款单凭证，机械销售公司_学号会计生成收款单的凭证，集团本部_学号会计主管和机械销售公司_学号会计主管分别审核会计生成的凭证。

5.8.2 具体操作

以“集团本部_学号”会计登录 EAS 系统，切换到“集团本部_学号”。依次点击【资金管理】-【资金结算】-【结算业务】-【对外收款】，设置查询日期为 2019-01-01

至 2019-08-31，受理状态和收款状态为【全部】。

第一步：生成凭证

选择已经结算的对外收款结算单，点击【生成凭证】。生成的凭证需要检查核算项目是否正确，例如银行存款_商业银行存款科目的核算项目为资金管理母账户_学号，吸收存款科目的核算项目为机械销售公司内部账户_学号。核对无误后提交凭证。点击【凭证处理】-【凭证审核】，凭证进行审核。

以机械销售公司_学号会计主管登录 EAS 系统，切换到机械销售公司_学号。依次点击【财务会计】-【出纳管理】-【收付款处理】-【收款单查询】，设置查询日期为 2019-01-01 至 2019-08-31。选择已经收款，点击【生成凭证】按钮。在弹出的“选择转换规则”界面，选择转换规划为“CASH02 收款单到凭证（出纳系统）”的转换规则，点击【确认】，生成凭证。生成的凭证需要检查核算项目是否正确，核对无误后提交凭证，如图 5-15 所示。

第二步：凭证审核

点击【凭证处理】-【凭证审核】，进行凭证审核。

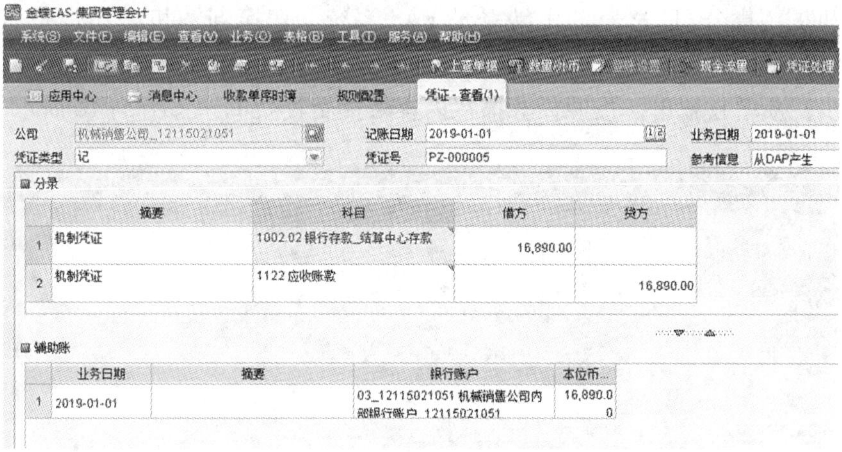

图 5-15　凭证提交

5.8.3　练习作业：结算中心发起的对外付款业务流程

此练习必须做，后续实验会用到该结果。

（1）集团本部_学号进行对外付款业务一系列处理。

鑫弘机械集团_学号采用的是集中结算管理模式，为各成员单位集中办理付款业务，1 月 19 日，结算中心（集团本部_学号）接到机械制造公司_学号书面通知，需要向委外供应商恒星公司_学号支付委外加工费共计 17 777 元，由结算中心资金主管发起对外付款并受理业务，结算中心出纳处理付款业务并生成和审核对外付款单的凭证。

要求：集团本部_学号资金主管和出纳分别在 EAS 系统内处理此笔业务。

（2）机械制造公司_学号进行对外付款的一系列业务处理

机械制造公司_学号收到结算中心关于向供应商的付款通知单，供机械制造公司_

学号出纳下载对外付款结算单并进行付款业务处理、生成凭证并审核（此处对方科目为应付账款，对方科目核算项目为恒星公司_学号）。

要求：机械制造公司_学号出纳和会计分别在 EAS 系统内处理此笔业务。

5.9 任务六：成员单位发起对外收款业务

5.9.1 任务描述

任务背景：2019 年 1 月 2 日机械销售公司_学号出纳通过客户得知耀眼公司_学号向母账户付货款 18 888 元，对方科目为应收账款，对方科目核算项目为耀眼公司_学号，摘要为收货款，由出纳提交至资金结算中心，结算中心受理后方可计入收款单位内部账户明细账。

要求：机械销售公司_学号出纳在 EAS 系统提交收款单至结算中心处理。

5.9.2 具体操作

以“机械销售公司_学号”出纳登录 EAS 系统，切换到“机械销售公司_学号”。依次点击【财务会计】-【出纳管理】-【收付款处理】-【收款单新增】。

第一步：新增收款单。按照任务描述内容来提交收款单，如图 5-16 所示。

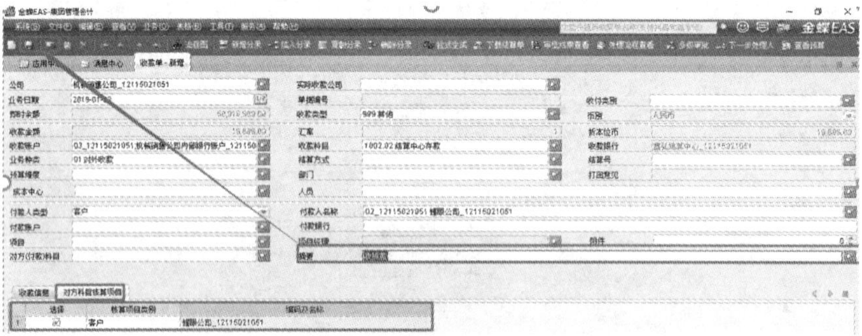

图 5-16 维护收款单信息

第二步：审批收款单。对已经提交的收款单，点击工具栏的【审批】按钮进行审批。

第三步：提交到结算中心。点击工具栏的【提交结算中心】，将已经审批的收款单进行提交。

提交结算中心后此任务结束。

5.10 任务七：结算中心处理对外收款业务

5.10.1 任务描述

（1）任务 1：结算中心受理对外收款单并收款。

任务六机械销售公司_学号提交的对外收款业务，经资金结算中心资金主管受理后，结算中心出纳查询公司银行流水后在 EAS 系统中进行“填写中心账号”后提交并进行收款确认。

要求 1：集团本部资金主管在 EAS 系统完成业务操作。

（2）任务 2：结算中心查询内部账户明细账。

结算中心资金主管查询机械销售公司_学号内部账户明细账余额变动情况。

要求 2：集团本部资金主管在 EAS 系统完成业务操作。

（3）任务 3：结算中心查询银行日记账。

结算中心出纳查询母账户银行日记账余额变动情况，资金母账户_学号余额是否增加。

要求 3：集团本部出纳在 EAS 系统完成业务操作。

（4）任务 4：结算中心生成对外收款单会计凭证。

结算中心会计生成对外收款单凭证并审核，记录母账户银行存款变化和内部账户余额变化。

要求 4：集团本部会计在 EAS 系统完成业务操作。

5. 10. 2 具体操作

（1）任务 1：结算中心受理对外收款单并收款。

以“集团本部_学号”资金主管登录 EAS 系统，切换到“集团本部_学号”。依次点击【资金管理】-【资金结算】-【结算业务】-【对外收款】。

第一步：受理对外收款结算单。选择已经提交的对外收款结算单，点击【受理】，如图 5-17 所示。

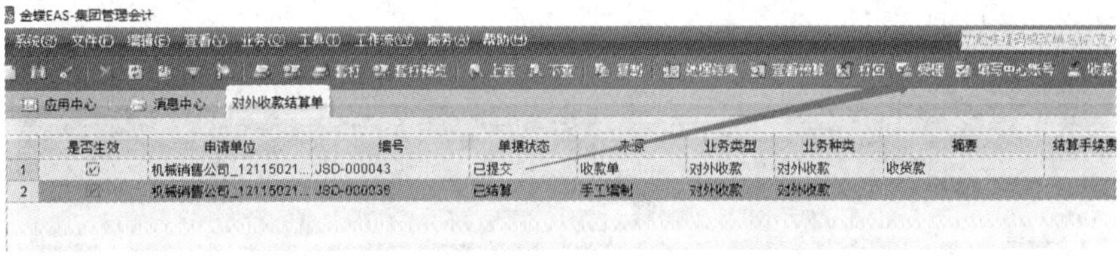

图 5-17 受理对外收款结算单

第二步：填写中心账号。选择已受理的结算单，点击【填写中心账号】，如图 5-18 所示。填写的中心账号为资金管理母账户，填写完成后，点击【提交】，如图 5-19 所示。

图 5-18 填写中心账号

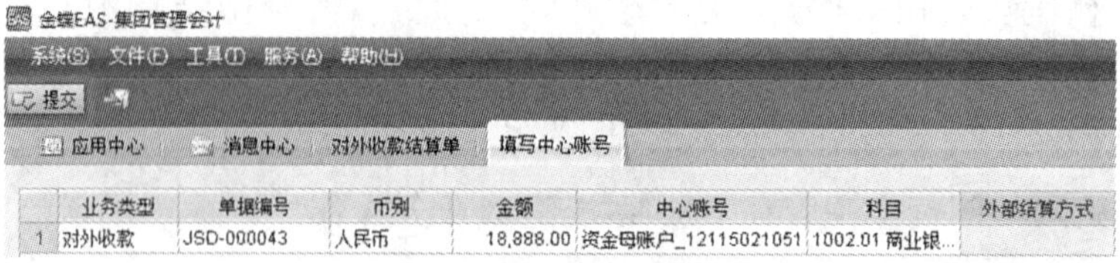

图 5-19　提交中心账号

第三步：收款。选择结算单，点击执行【收款】，如图 5-20 所示。收款完成后，单据状态为“已结算”，如图 5-21 所示。

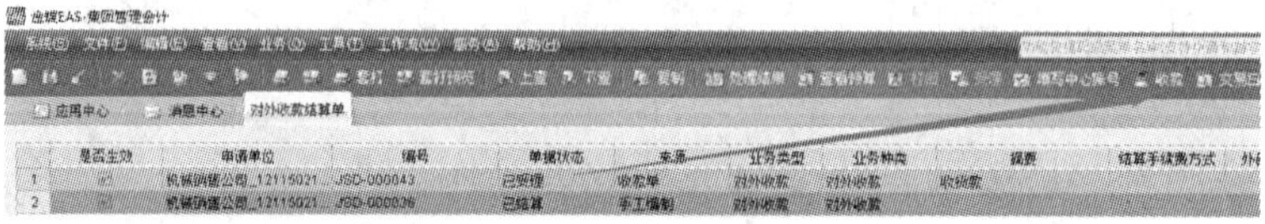

图 5-20　对外收款结算单收款

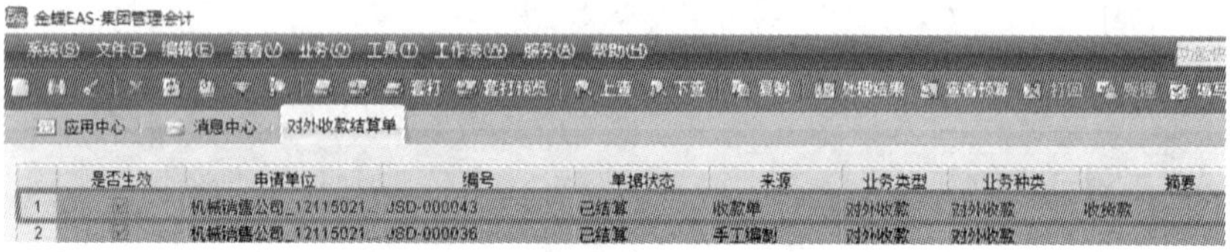

图 5-21　完成收款的结算单状态为已结算

（2）任务 2：结算中心查询内部账户明细账。

集团本部_学号以结算中心资金主管的身份查询 2019 年 1 月内部账户明细账，在组织集团本部_学号，依次点击【资金管理】–【资金结算】–【账簿查询】–【内部账户明细表】，左边选择公司为“机械销售公司_学号”，即可查看机械销售公司内部账户明细账，如图 5-22 所示。

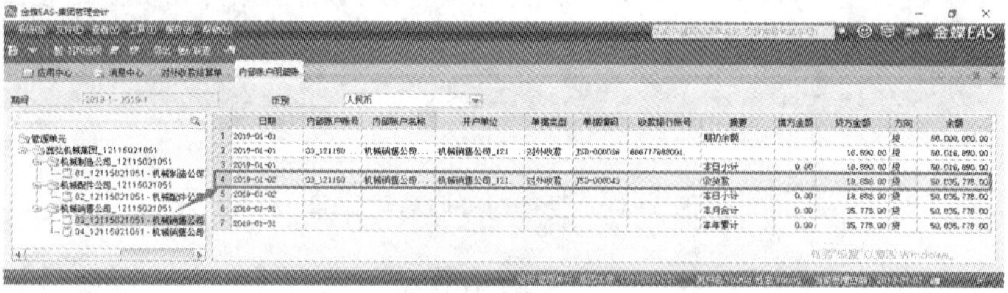

图 5-22　结算中心查看内部账户明细账

（3）任务 3：结算中心查询银行日记账。

集团本部_学号以结算中心出纳的身份查询 2019 年 1 月内部账户明细账，在组织集团本部_学号，依次点击【财务会计】–【出纳管理】–【银行存款】–【银行日记账】，查看银行日记账相应记录。

（4）任务 4：结算中心生成对外收款单会计凭证。

集团本部_学号以结算中心会计的身份对已经结算的对外收款结算单进行记账，在组织集团本部_学号，依次点击【资金管理】-【资金结算】-【结算业务】-【对外收款】。选择已经结算的结算单，点击【生成凭证】。

生成的凭证需要检查核算项目是否正确，核对无误后提交凭证。点击【凭证处理】-【凭证审核】，凭证进行审核，如图5-23所示。

图5-23　凭证提交审核

5.11　任务八：成员单位出纳和会计文员处理收款业务

5.11.1　任务描述

（1）任务1：机械销售公司出纳处理收款。

结算中心（集团本部_学号）打印到账通知单，供收款单位机械销售公司_学号收款入账，机械销售公司_学号出纳据此在EAS进行收款单处理收款。

要求1：机械销售公司_学号出纳在EAS系统完成业务操作。

（2）任务2：机械销售公司出纳查询银行日记账。

机械销售公司_学号出纳查询银行日记账。

要求2：机械销售公司_学号出纳在EAS系统完成业务操作。

（3）任务3：机械销售公司出纳查询内部账户明细账余额变化情况。

机械销售公司_学号出纳查询内部账户明细账余额变化情况。

要求3：机械销售公司_学号出纳在EAS系统完成业务操作。

（4）任务4：机械销售公司会计根据收款单生成凭证。

机械销售公司_学号会计根据收款单生成凭证并审核，记录存放结算中心资金余额的增加和客户耀眼公司_学号应收账款的相应减少。

要求8-4：机械销售公司_学号出纳在EAS系统完成业务操作。

5.11.2　具体操作

（1）任务1：机械销售公司出纳处理收款。

以“机械销售公司_学号”出纳登录EAS系统，切换到“机械销售公司_学号”。

依次点击【财务会计】-【出纳管理】-【收付款管理】-【收付款单查询】，选择已经审批的收款单，点击【收款】。如图 5-24 所示。

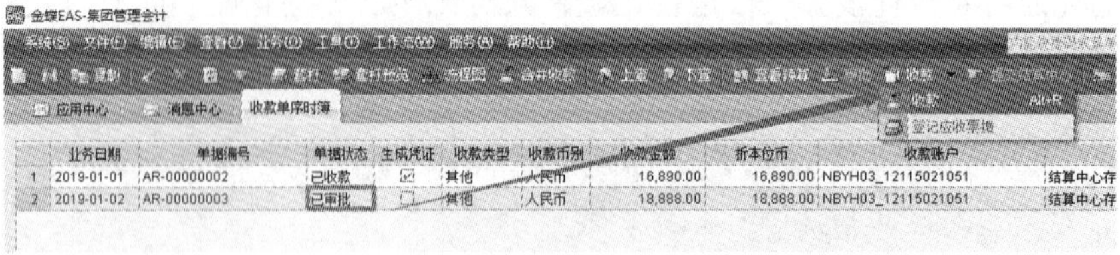

图 5-24　收款

（2）任务 2：机械销售公司出纳查询银行日记账

机械销售公司_学号以出纳的身份查询 2019 年 1 月银行日记账，在组织机械销售公司_学号，依次点击【财务会计】-【出纳管理】-【银行存款】-【银行日记账】，查看日记账。

（3）任务 3：机械销售公司出纳查询内部账户明细账余额变化情况。

机械销售公司_学号以出纳的身份查询 2019 年 1 月内部账户明细账，在组织机械销售公司_学号，依次点击【资金管理】-【资金结算】-【账簿查询】-【内部账户明细表】，左边选择公司为“机械销售公司_学号”，即可查看机械销售公司内部账户明细账。

（4）任务 4：机械销售公司会计根据收款单生成凭证。

机械销售公司_学号以会计的身份对 2019 年 1 月份已经收款的收款单进行记账，在组织机械销售公司_学号，依次点击【财务会计】-【出纳管理】-【收付款处理】-【收款单序时簿】。选择已经收款的收款单，点击【生成凭证】。

在弹出的“选择转换规则”界面，选择“收款单生成凭证（出纳管理）”的转换规则，点击【确定】生成凭证。

生成的凭证需要检查核算项目是否正确核对无误后提交凭证。点击【凭证处理】-【凭证审核】，凭证进行审核。

任务八结束。

5.11.3　练习作业：成员单位发起的对外付款业务流程

此练习必须做，后续实验会用到该结果。

（1）成员单位发起付款需求。

2019 年 1 月 20 日机械制造公司_学号要向供应商恒星公司_学号支付材料款项，需要向结算中心提出外部付款申请 8 888 元，由资金结算中心根据机械制造公司_学号的账户余额以及资金预算决定是否批准付款，此处机械制造公司_学号提出付款并提交到结算中心处理，对方科目为应付账款，对方科目核算项目为恒星公司_学号，摘要为：付货款。

要求：机械制造公司_学号出纳在 EAS 系统内提出付款并提交至结算中心处理。

（2）结算中心受理业务并付款。

结算中心根据资金预算情况同意接受机械制造公司_学号提交的关于向供应商恒星公司_学号付材料款的付款需求，资金主管在系统内受理提交上来的对外付款单，并由出纳进行付款（填写中心账号为“资金母账户_学号”），结算中心查询银行日记账银行余额的变化情况。

要求：集团本部_学号资金主管和出纳分别在EAS系统中处理此笔业务。

（3）成员单位出纳登记付款

结算中心出纳进行付款后通知机械制造公司_学号出纳登记付款，结算中心出纳查询银行日记账银行余额的变化情况。

要求：机械制造公司出纳在EAS系统中处理以上业务。

5.12　任务九：结算中心发起的对内收款业务处理

5.12.1　任务描述

任务背景：机械配件公司_学号在1月21日销售了一批配件给机械制造公司_学号生产机械产品使用，金额共计80 000元，由结算中心受理机械制造公司_学号内部账户的资金转移至机械配件公司_学号内部账户。

要求：

任务1：设置成员单位（机械配件公司_学号）系统参数-成员单位自动接收结算单受理后发送的收款回单（提醒：出纳管理参数CS008）。

任务2：集团本部_学号资金主管在EAS系统发起对内收款业务受理。

5.12.2　具体操作

（1）任务1：设置出纳管理系统参数。

机械配件公司_学号登录EAS系统，切换到“机械配件公司_学号”。依次点击【系统平台】-【系统工具】-【系统配置】-【参数设置】，进入“参数设置”界面，如图5-25所示。在左边树节点，依次点击【财务会计】-【出纳管理】，选择参数CS008“成员单位自动接收结算单受理后发送的收款回单”参数，点击【修改】按照顺序，点击【控制范围】，勾选【控制】，设置参数值为“是”，点击【保存】、【确定】，完成参数修改。

图 5-25　参数设置

（2）任务 9：结算中心发起对内收款业务处理。

集团本部_学号资金主管登录 EAS 系统，切换到集团本部_学号。依次点击【资金管理】-【资金结算】-【结算业务】-【对内收款】打开“对内收款（同行）结算单”，点击【新增】，在弹出的“对内收款（同行）-新增”界面，按照任务描述内容录入信息，如图 5-26 所示。录入无误后，点击【保存】、【提交】和【受理】。

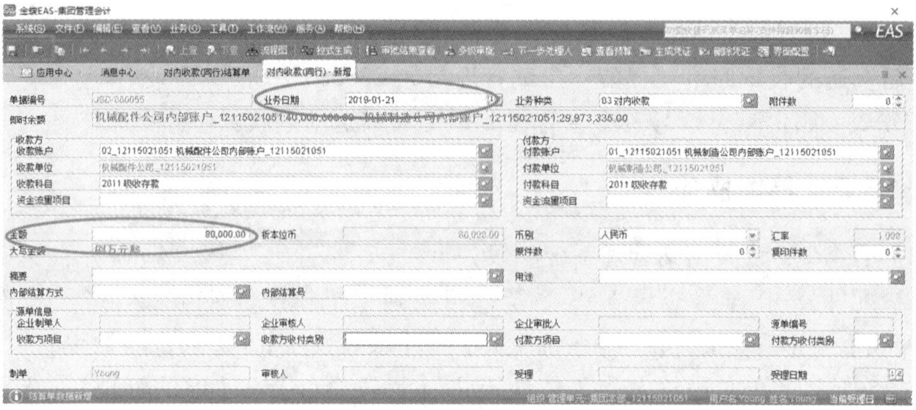

图 5-26　提交对内收款单

至此，对内收款结算单据受理完成。

5.13　任务十：进行收款和凭证生成业务处理

5.13.1　任务描述

任务背景：任务九设置的参数导致结算中心受理后对机械配件公司_学号发送了收款回单，结算中心（集团本部_学号）通知机械配件公司_学号已收到机械制造公司_学号的款项，机械配件公司_学号出纳只需要对收款回单进行收款业务处理（对方科目为应收账款，对方科目核算项目为机械制造公司_学号），同时机械配件公司_学号会计生成收款业务凭证并审核。

要求：机械配件公司_学号出纳、会计分别在 EAS 系统中处理此笔业务。

5.13.2 具体操作

（1）成员单位进行收款业务处理。

机械配件公司_学号出纳登录 EAS 系统，切换到“机械配件公司_学号”。依次点击【财务会计】-【出纳管理】-【收付款管理】-【收款单查询】提交收款单，选择保存状态的收款单，点击【修改】，按照任务描述修改收款单信息，如图 5-27 所示。修改完成后点击【保存】、【提交】、【审批】和【收款】。

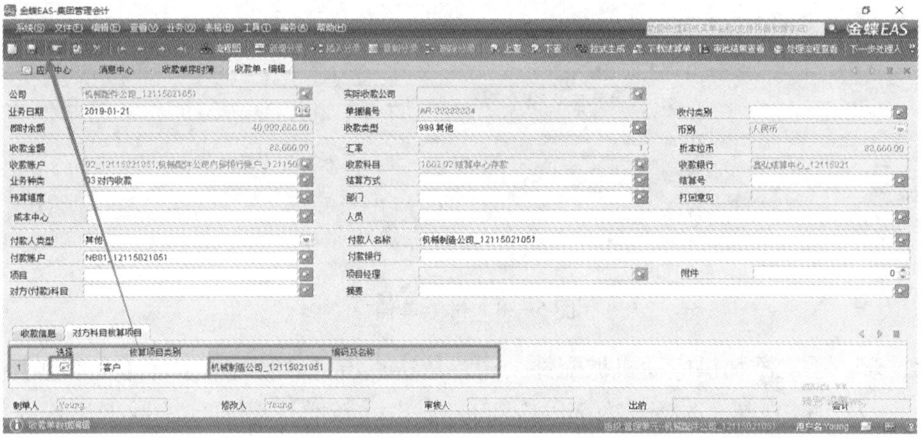

图 5-27 收款单对方科目核算项目信息

（2）成员单位进行生成凭证业务处理。

机械配件公司_学号会计登录 EAS 系统，切换到“机械配件公司_学号”。依次点击【财务会计】-【出纳管理】-【收付款管理】-【收款单查询】选择上一步已经完成收款的收款单，点击【生成凭证】。选择“收款单到凭证（出纳系统）”转换规则，点击【确定】。核对生成的凭证无误后，对凭证进行【提交】，然后点击【凭证处理】-【审核】进行审核。

5.14 任务十一：付款方成员单位进行付款业务处理

5.14.1 任务描述

任务背景：由于机械制造公司_学号没有设置自动接收结算中心发送的付款回单，在结算中心通知机械制造公司_学号已付款给机械配件公司_学号了，1 月 21 日机械制造公司_学号出纳需要下载结算单进行付款处理（对方科目为应付账款，对方核算项目为机械配件公司_学号），同时机械制造公司_学号会计生成付款业务凭证并审核。

要求：机械配件公司_学号出纳、会计分别在 EAS 系统中处理此笔业务。

5.14.2 具体操作

（1）成员单位进行付款业务处理。

机械制造公司_学号出纳登录 EAS 系统，切换到“机械制造公司_学号”。依次点击【财务会计】-【出纳管理】-【收付款管理】-【付款单新增】。

第一步：下载结算单。在“付款单-新增”界面点击【下载结算单】下载对内收款结算单，根据任务描述维护付款单内容，如图 5-28 所示。

图 5-28　付款单信息

第二步：手工添加供应商机械配件公司，依次点击【企业建模】-【主数据】-【供应商】。在左边树节点，选择【内部供应商】，点击【新增】。根据实验数据设置内部供应商机械配件公司_学号，如图 5-29 所示。设置完成之后点击【保存】。

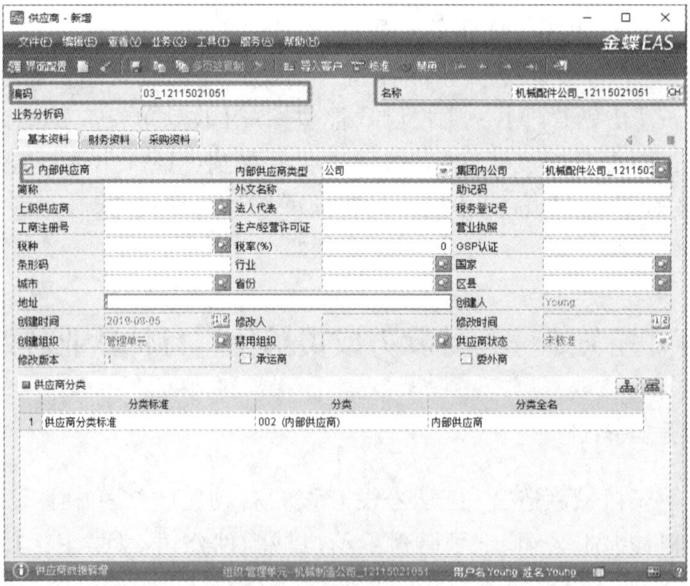

图 5-29　新增机械配件公司_学号

返回“供应商”界面，选择黄色行新添加的机械配件公司_学号，点击【核准】，供应商状态变更为白色行“已核准”状态即可。

第三步：返回付款单，录入对方科目核算项目，供应商信息为上一步添加的机械配件公司_学号，如图 5-30 所示。检查付款单信息录入完成后，点击【提交】、【审批】、【付款】。

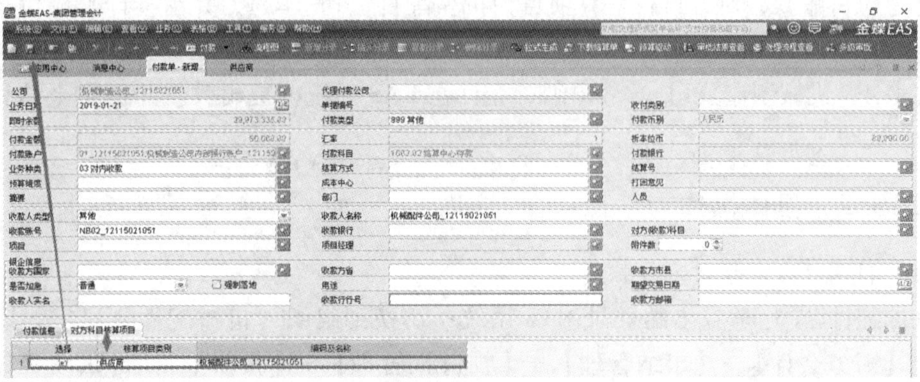

图 5-30　付款单对方科目核算项目

（2）成员单位进行生成凭证业务处理。

以机械制造公司_学号会计的身份继续操作，对已付款的付款单执行核算，点击【业务】-【生成凭证】，自动生成凭证。

检查生成的凭证无误后，点击【提交】、【审核】对凭证进行提交、审核。付款方成员单位进行付款业务处理完成后凭证审核，此任务结束。

5.15　任务十二：成员单位发起的对内收款业务流程

5.15.1　任务描述

（1）任务 1：机械配件公司发起对内收款需求。

机械配件公司_学号在 1 月 27 日销售了一批配件给机械制造公司_学号生产机械产品使用，金额共计 60 000 元，由机械配件公司_学号出纳发起对内收款，收至机械配件公司_学号内部银行账户，对方科目为应收账款，对方科目核算项目为机械制造公司_学号，摘要为收配件款，付款账户为机械制造公司_学号内部银行账户，维护好后提交到结算中心。

要求 1：机械配件公司_学号出纳在 EAS 系统内提出收款并提交至结算中心处理。

（2）任务 2：结算中心处理对内收款需求。

结算中心受理机械配件公司_学号提交上来的对内收款单。

要求 2：集团本部_学号资金主管在 EAS 系统内提出收款并提交至结算中心处理。

（3）任务 3：机械配件公司进行收款业务处理并生成凭证。

机械配件公司_学号出纳在结算中心受理后进行收款业务处理同时机械配件公司_学号会计生成收款凭证并审核。

要求 3：机械配件公司_学号会计、出纳在 EAS 系统内提出收款并提交至结算中心处理。

（4）任务 4：机械制造公司进行付款业务处理并生成凭证。

付款成员单位机械制造公司_学号出纳下载对内收款结算单进行付款业务处理，对方科目为应付账款，对方科目核算项目为机械配件公司_学号，并由会计生成付款凭证并审核。

要求 4：机械制造公司_学号出纳、会计在 EAS 系统内提出收款并提交至结算中心处理。

5.15.2 具体操作

（1）任务 1：发起对内收款需求。

机械配件公司_学号出纳登录 EAS 系统，切换到组织“机械配件公司_学号”。依次点击【财务会计】-【出纳管理】-【收付款管理】-【收款单新增】，按照任务描述维护收款单信息，如图 5-31 所示。录入完成后点击【保存】、【提交】、【审批】、【提交结算中心】。

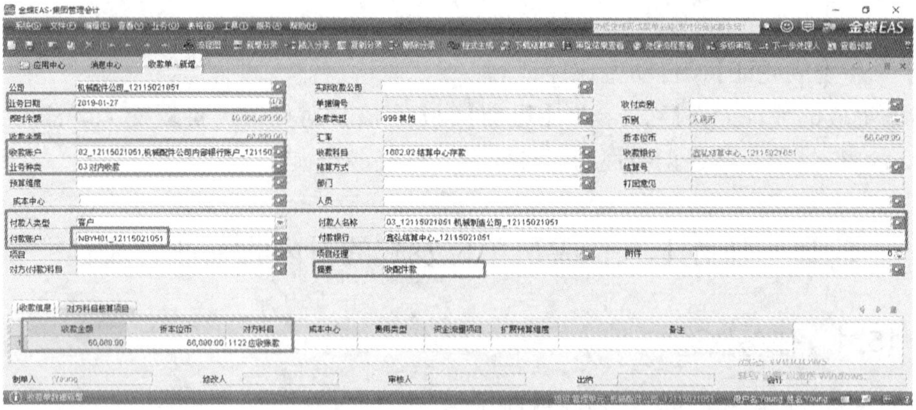

图 5-31 收款单新增

（2）任务 2：处理对内收款需求。

集团本部_学号资金主管登录 EAS 系统，切换到“集团本部_学号”。依次点击【资金管理】-【资金结算】-【结算业务】-【对内收款】，打开“对内收款（同行）结算单”，选择已经提交的对内收款结算单，点击【受理】。

（3）任务：进行收款业务处理并生成凭证。

机械配件公司_学号出纳登录 EAS 系统，切换到组织“机械配件公司_学号”。依次点击【财务会计】-【出纳管理】-【收付款管理】-【收款单查询】切换到“机械配件公司_学号”。选择已经审批的收款单，点击【收款】。

接下来以机械配件公司_学号会计的身份操作，选择已经收款的收款单，点击【生成凭证】。在弹出的“选择转换规则”界面，选择“收款单到凭证（出纳系统）”的转换规则，点击【确定】自动生成凭证。

检查凭证无误后，点击【提交】、【审核】。

（4）任务：机械制造公司进行付款业务处理并生成凭证。

机械制造公司_学号出纳登录 EAS 系统，切换到机组织机械制造公司_学号。依次点击【财务会计】-【出纳管理】-【收付款管理】-【付款单新增】，在“付款单-新增”界面，点击【下载结算单】，下载对内收款结算单。

根据任务描述维护付款单信息，维护完毕后，对付款单进行【保存】、【提交】、【审批】、【付款】操作，如图 5-32 所示。

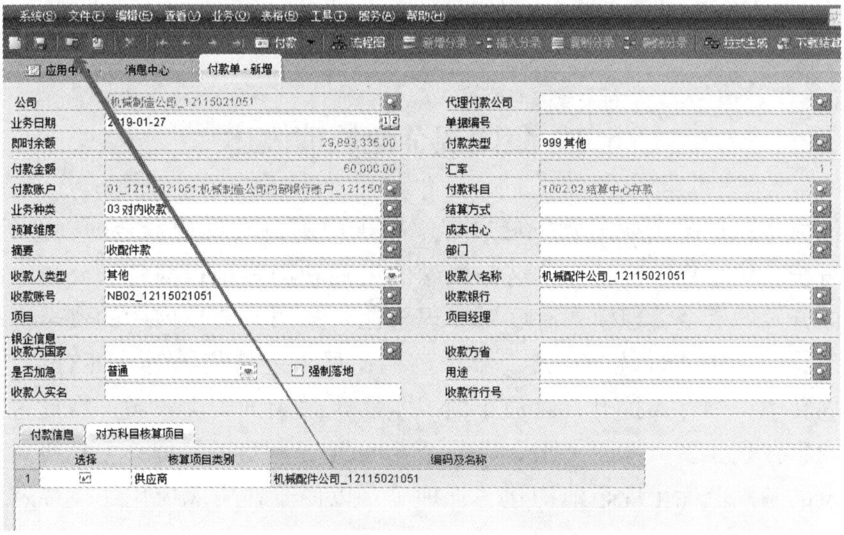

图 5-32　付款单对方科目核算项目

接下来以机械制造公司_学号会计的身份操作，还是上面的付款单，点击【业务】-【生成凭证】。

检查生成的凭证无误后，点击【提交】、【审核】。

至此，资金结算部分的所有任务结束。

6 集团现金池管理

6.1 集团现金池管理概述

现金池就是在集团企业运营发展过程中用于内部自动调配资金的现金管理工具，对资金进行统一化、集中化管控。这一概念的出现和国际银行与跨国公司下的财务公司最早共同开发的资金管理模式有联系。现金池对集团运营发展中的资金进行统一调拨，在动态化监控中实现统一调度、集中利用，尽可能将集团对外的有息负债降低，确保资金周转率得到有效提升，以最小的成本实现最大的资金收益。在此过程中，现金池业务内容体现在多个方面，比如成员企业间透支、委托借贷、主动拨付。我们要在综合建设的基础上优化现金池构建、管理等，以便于在实际应用中发挥资金的最大效能。

集团现金池业务，是指属于同一家集团企业的一个或多个成员单位的银行账户现金余额实际转移到一个真实的主账户中，主账户通常由集团总部控制，成员单位用款时需从主账户获取资金来进行对外支付。常见的现金池结构，按归集时限可分为定时现金池和实时现金池；按币种或服务区域可分为人民币现金池、外币现金池、跨行现金池、跨境现金池、双向人民币现金池；按实体资金是否归集可分为名义现金池（虚拟现金池）、实体现金池等。国内应用较多的是实体现金池和虚拟现金池两种。实体现金池是将下属成员企业的资金统一归集到集团总部进行集中管理，成员企业的现金池账户资金发生实际转移；虚拟现金池是现金池成员企业的资金不发生物理归集，仍留存于各自银行账户，总部同下属企业在任何一个时点都可在集团现金池净头寸余额内共享资金池额度对外付款，对发生日间透支的现金池成员账户在日终根据借贷规则填平归零，次日始还原现金池各成员账户余额。

金蝶 EAS 系统现金池管理是通过资金中心上划下拨、成员单位发起的划拨申请等业务，实现集团企业的资金集中管控，并可利用系统相关参数设置，在集团规定的金额范围内实现资金自动上划下拨、自动入账等，提高资金利用效率，通过相关报表的统计，可以及时获取集团的资金流动情况，降低资金管控风险。

6.2 案例背景

鑫弘机械集团实行现金池管理的背景：鑫弘机械集团各下属成员单位业务范围比较固定且业务量大，由于机械制造、销售行业的特殊性，机械销售大多采用预付70%货款的形式，造成成员单位在业务进行过程中同时出现某些账户存在大量资金闲置而某些账户却需要去贷款的问题，集团对于资金管理存在信息失真、滞后，信息管理成本高，不能及时获取资金整体情况，公司总部的投融资功能和风险控制功能无法充分发挥。集团管理层为了解决这一问题，决定利用现金池管理模式进行资金管理，以掌握成员单位的资金状况并对资金进行监控。

鑫弘机械集团利用信息化系统进行现金池管理：鑫弘机械集团提出实行现金池管理后采购了一套可以辅助实现资金管理的系统，通过建立母账户、子账户来对应成员单位内部账户的方式实现资金的上划下拨。其运用信息化系统可实时掌握资金状况，实时调拨、分配、归集资金，降低资金管理风险。

6.3 现金池管理的整体流程

鑫弘机械集团利用信息化系统进行现金池管理之前，需要根据实际需求情况，设置现金池管理系统参数，对后续流程加以控制。参数设置完毕后，集团资金中心与各成员单位之间可进行资金下拨上划的业务处理。财务人员针对相关业务进行财务核算，通过17个任务练习，如图6-1所示，理解并体验集团现金池管理的整个流程和管理模式。

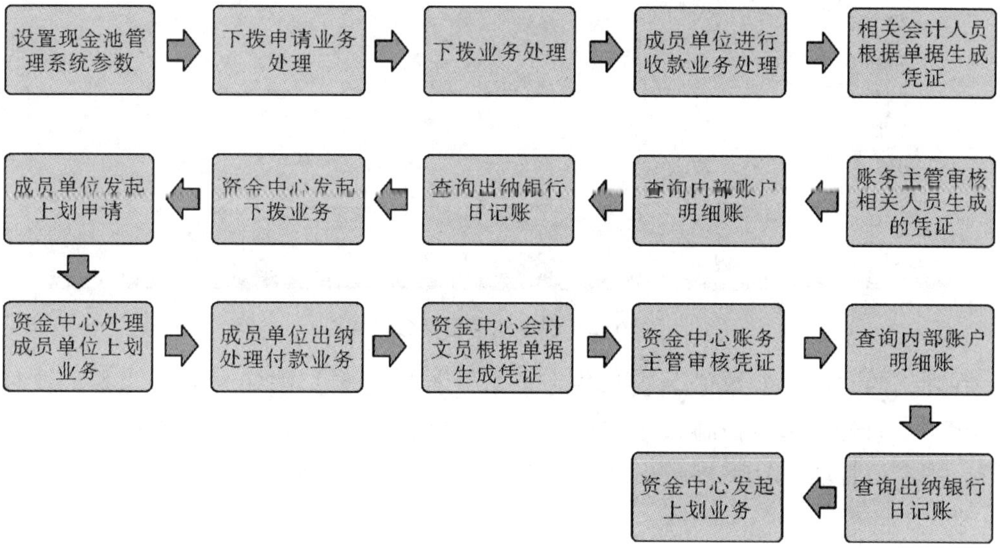

图6-1 现金池管理整体流程

6.4 任务一：设置现金池管理系统参数

6.4.1 任务描述

任务背景：在进行资金下拨的业务过程中，用户可使用系统参数让资金中心自动接收成员单位的下拨和上划申请，并生成下拨单和上划单，资金中心再根据下拨单和上划单进行业务处理。如果用户没有设置参数，则可通过关联生成或拉式生成的方法新增下拨单或上划单，此处要求自动接收成员单位的下拨申请单生成下拨单。

要求：请资金中心（集团本部_学号）资金主管根据任务背景在 EAS 系统中将现金池管理参数 TM108 设置为“是”。

6.4.2 具体操作

切换组织为“集团本部_学号”，设置现金池管理的系统参数。

打开【系统平台】-【系统工具】-【系统配置】-【参数设置】，设置集团本部_学号的资金管理下的现金池管理部分参数。

找到现金池管理 TM108 参数，需要将其参数值修改为“是”。点击【修改】按钮，如图 6-2 所示。

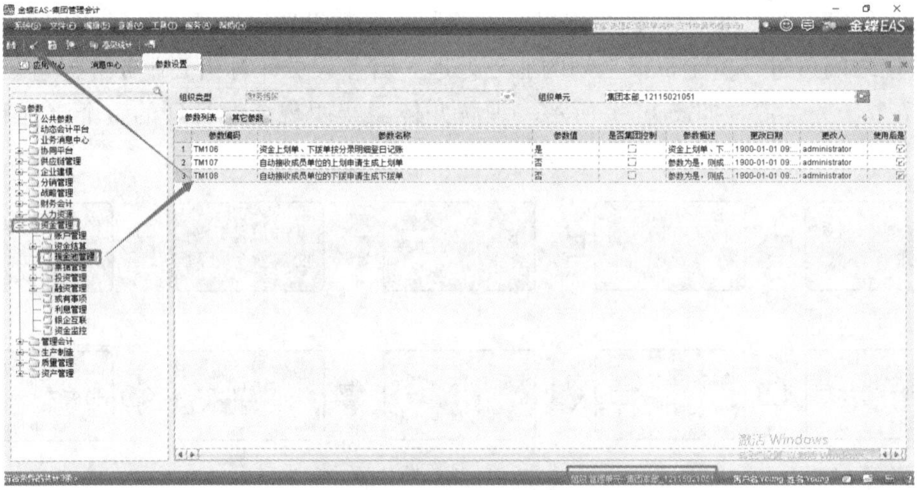

图 6-2 现金池管理参数设置

在弹出的“设置参数值”窗口中，点击【控制范围】按钮，进入“参数控制范围”窗口。首先勾选“控制”，选择参数值为“是”，点击【保存】按钮，然后返回。这样，现金池管理 TM108 参数由“否”变更为“是”了，如图 6-3 所示。

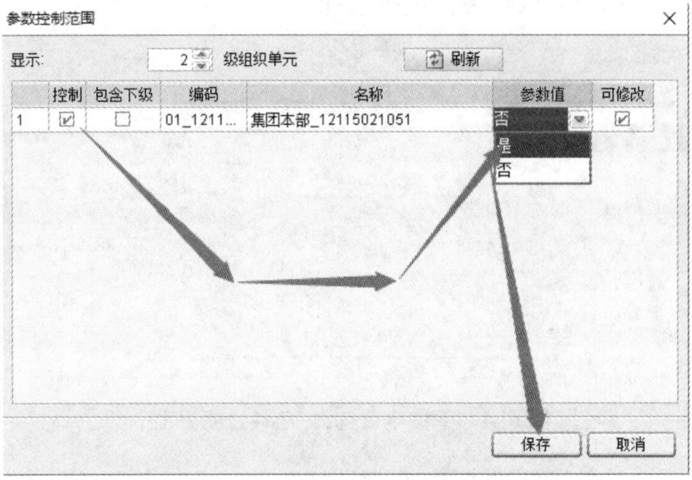

图 6-3　修改 TM108 参数

注意：

设置系统参数是为了后续业务的操作，此处只是设置 TM108 参数，没有设置 TM107 参数，目的是对比系统自动接收生成的下拨单和没有自动接收的上划单在处理业务的过程当中有什么区别，所以处理下拨单业务的时候，是不需要根据下拨申请手动生成下拨单的，因为系统参数设置了自动接收，而处理上划单业务的时候，是需要根据上划申请手动生成上划单，两种方法都需要掌握。

至此，设置现金池管理系统参数就完成了。

6.5　任务二：下拨申请业务处理

6.5.1　任务描述

任务背景：1 月 28 日，机械制造公司_学号需要使用制造公司收付账户_学号采购机械配件和支付每个月的期间费用，须向资金中心的集团本部资金母账户_学号申请下拨资金 10 万元，由机械制造公司_学号出纳提出下拨申请，预计 1 月 29 日资金能够到位（在下拨申请单中填写用途），下拨申请通过审核后，将由集团本部_学号处理下拨业务。

要求：请机械制造公司_学号出纳根据此业务场景在 EAS 系统内处理此笔业务。

6.5.2　具体操作

切换组织为“机械制造公司_学号”，进行下拨申请业务处理。

打开【资金管理】-【现金池管理】-【划拨申请】-【下拨申请】，在弹出的“下拨申请查询-条件过滤”窗口中，修改起始业务日期为“2019-01-01”，并保存为“演示”方案，勾选“下次直接以该方案进入”，如图 6-4 所示。这样的保存方案是为了后续操作可以直接进入下拨申请单序时簿查看下拨申请单。是否需要“下次直接以该方案进入”可以根据个人操作习惯进行选择。

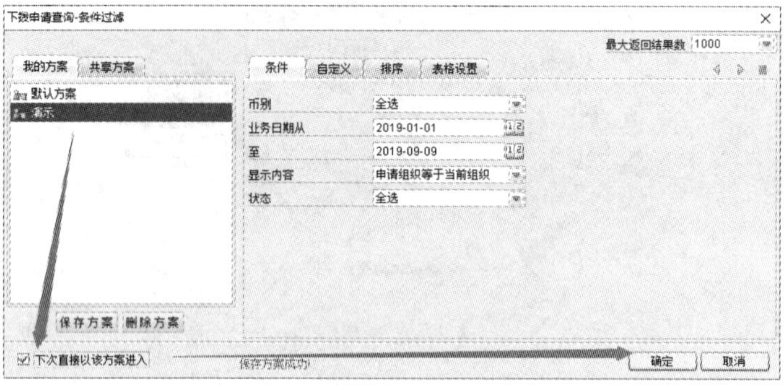

图 6-4　下拨申请查询-条件过滤界面

新增下拨申请单，在“下拨申请-新增”界面，按照任务背景提供的内容填写下拨申请单上的具体信息，所有信息填写并核对完毕后，依次点击【保存】、【提交】，如图 6-5 所示。

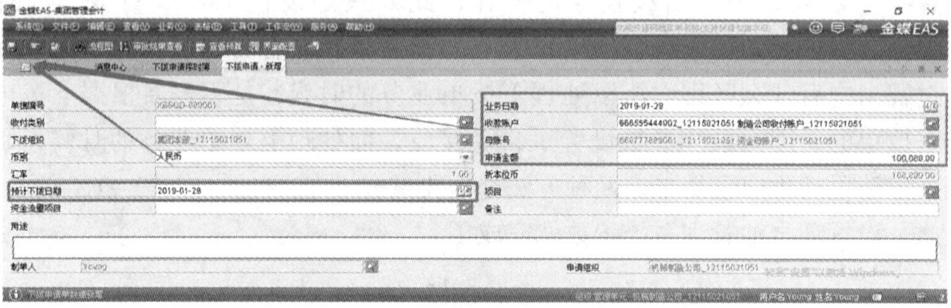

图 6-5　新增下拨申请单

下拨申请单提交后返回“下拨申请单序时簿”界面，找到并选中刚刚提交的下拨申请单，点击【审批】，单据状态变更为“已审批”。

至此，机械制造公司_学号下拨申请业务已经完成。

6.6　任务三：下拨业务处理

6.6.1　任务描述

任务背景：承接任务二，集团本部_学号资金主管接收到机械制造公司_学号下拨申请需求，判定需求合理通过批复后，资金主管对下拨业务进行处理，确认拨付款项 10 万元到制造公司收付账户_学号，并将拨付回单发送至机械制造公司_学号。

要求：请集团本部_学号资金主管根据此业务场景在 EAS 系统内处理此笔业务。

说明：因任务一已经设置了自动接收成员单位的下拨申请单并生成下拨单，因此资金主管仅需直接对下拨单进行处理，若未设置参数则不会自动生成下拨单，需要手工生成。

6.6.2 具体操作

切换组织为“集团本部_学号”，进行下拨业务处理。

打开【资金管理】-【现金池管理】-【划拨业务处理】-【下拨业务处理】，在“下拨单-条件查询”窗口中，修改起始业务日期为“2019-01-01”，勾选所有单据状态并保存为“演示”方案，勾选“下次直接以该方案进入”。

在“下拨单序时簿”界面，找到并选中业务日期为“2019-01-29”、单据状态为“提交”的下拨单，点击【审批】，单据状态由“提交”变更为“已审批”，如图6-6所示。

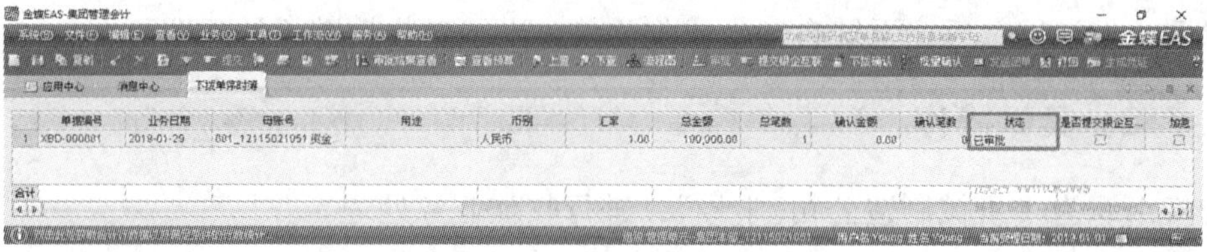

图6-6　审批下拨单

审批完成后对下拨单进行下拨确认，资金主管可以直接在“下拨单序时簿”界面点击【下拨确认】，单据状态由“已审批”变更为“已确认”，如图6-7所示。

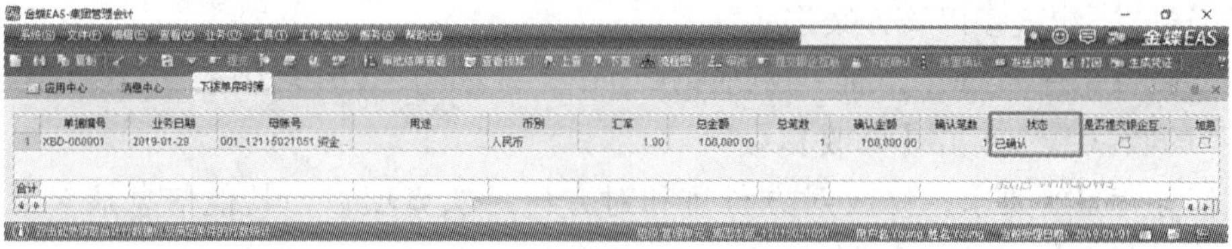

图6-7　下拨确认下拨单

下拨单下拨确认后，资金主管需要把回单发送给机械制造公司_学号，选中刚刚下拨确认的下拨单，点击工具栏的【发送回单】按钮。

回单发送后可以在单据字段上看到是否发送成功，“发送回单”勾选上了则表明已经将回单发送给机械制造公司_学号了。资金主管如果要取消发送，可点击【业务】-【撤销回单】，如图6-8所示，此处不用操作。

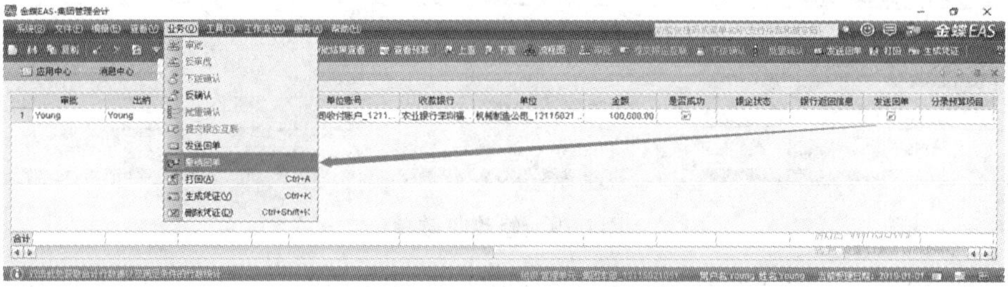

图6-8　撤销回单

完成审批下拨单、下拨确认下拨单、发送回单这些业务操作后，下拨业务处理任务全部完成。

6.7 任务四：成员单位进行收款业务处理

6.7.1 任务描述

任务背景：承接任务三，机械制造公司_学号出纳收到资金中心拨款 10 万元，在 EAS 系统中登记收款，记录已收到款项，对方科目为结算中心存款（对方科目核算项目为机械制造公司内部银行账户_学号）。

要求：请机械制造公司_学号出纳根据此业务场景在 EAS 系统内处理此笔业务。

说明：发送回单后，系统自动生成收款单，出纳对收款进行处理即可。

6.7.2 具体操作

切换组织为“机械制造公司_学号”，进行收款业务处理。

资金中心集团本部_学号在发送回单之后，机械制造公司_学号才能进行收款业务的处理。

打开【财务会计】-【出纳管理】-【收付款处理】-【收款单查询】，在弹出的“收款单-条件查询”窗口中，修改起始业务日期为“2019-01-01”，点击【保存方案】，勾选“下次直接以该方案进入”。

在“收款单序时簿”界面，找到并选中业务日期为“2019-01-29”、单据状态为“保存”的收款单，点击【修改】。

按任务背景的要求，修改对方科目和对方科目核算项目，其他信息核对无误后，依次点击【保存】、【提交】，如图 6-9 所示。

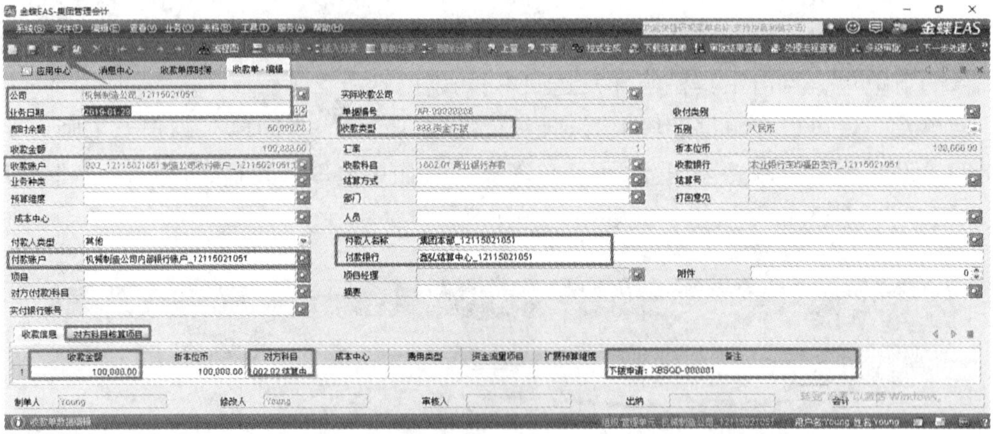

图 6-9 修改收款单

提交收款单后，在“收款单-编辑”界面点击【审批】，审批收款单后，在“收款单-编辑”界面点击【收款】。

收款成功后，机械制造公司_学号的收款业务处理完成，返回“收款单序时簿”界面，收款单的单据状态已经变更为“已收款”，如图 6-10 所示。

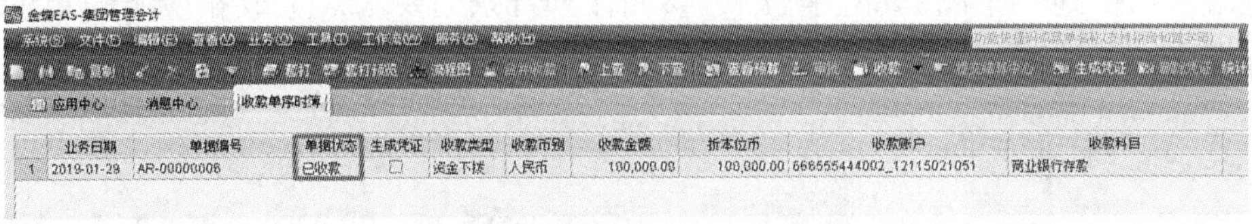

图 6-10　收款单序时簿界面

至此，机械制造公司_学号收款业务处理已经完成。

6.8　任务五：会计人员根据单据生成凭证

6.8.1　任务描述

任务背景：承接任务三和任务四，集团本部_学号会计需要记录给予机械制造公司_学号的拨付款项，记录母账户余额减少的同时内部账户余额相应的减少金额；机械制造公司_学号会计需要记录收到拨付的资金 10 万元，记录子账户银行余额增加的同时存放于结算中心的余额相应的减少金额。

要求：请根据以上任务背景，由集团本部_学号会计和机械制造公司_学号会计分别生成下拨单和收款单的凭证。

6.8.2　具体操作

切换组织为“机械制造公司_学号”，生成收款单的凭证。

在“收款单序时簿”界面，找到并选中业务日期为“2019-01-29”、单据状态为“已收款”的收款单，点击【生成凭证】。

在弹出的“选择转换规则”窗口中，选中名称为“收款单到凭证（出纳系统）”的转换规则，然后点击【确定】，如图 6-11 所示。

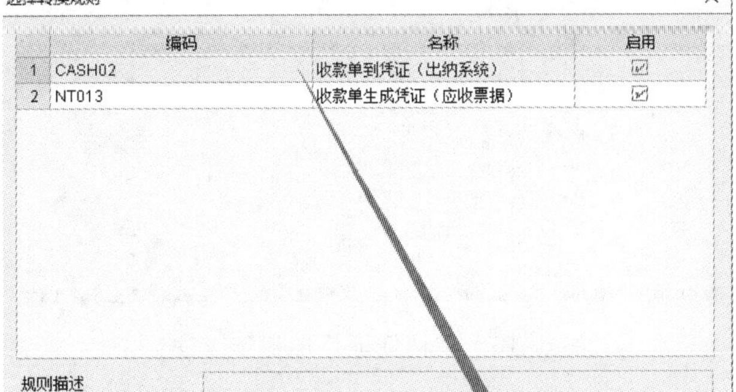

图 6-11　选择转换规则

在“凭证-查看”界面，核对生成的凭证信息，无误后点击【提交】。用同样的方式，将组织切换到“集团本部_学号”，参照任务背景的要求，生成相应下拨单的凭证，并进行提交，此处不再详述。

6.8.3 练习作业

此练习必须完成，后续实验会用到该结果。

根据任务背景要求，集团本部_学号会计生成并提交下拨单对应的凭证。

6.9 任务六：财务主管审核凭证

6.9.1 任务描述

任务背景：承接任务五，集团本部_学号财务主管对会计生成的凭证进行审核，确认业务；机械制造公司_学号财务主管审核会计生成的收款单凭证。

要求：集团本部_学号和机械制造公司_学号财务主管根据此业务场景在 EAS 系统内处理凭证审核业务。

6.9.2 具体操作

切换组织为“集团本部_学号”，财务主管可以通过下查的方式或者在【财务会计】-【总账】-【凭证处理】处进行凭证审核。

方法一：在“下拨单序时簿”界面，找到并选中业务日期为“2019-01-29”、状态为“已确认”的下拨单，点击【下查】。

在弹出的“关联单据查询”窗口中，选中“凭证序时簿”页签下的凭证，单击鼠标右键，点击【审核】，如图 6-12 所示。

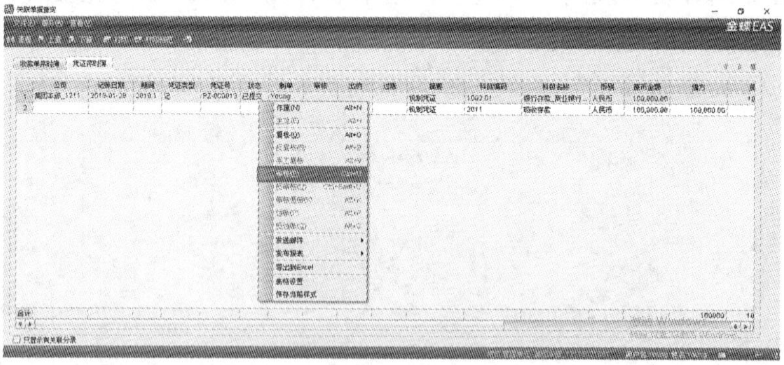

图 6-12 审核凭证（单据下查法）

方法二：打开【财务会计】-【总账】-【凭证处理】-【凭证查询】，在弹出的“凭证-条件查询”窗口中，点击【确定】，以“默认方案”进入凭证序时簿界面。

在“凭证序时簿”界面，找到并选中记账日期为“2019-01-29”、状态为“已提交”的凭证，单击鼠标右键，点击【审核】。

用同样的方式，将组织切换到“机械制造公司_学号”，参照任务背景的要求，审核凭证，此处不再详述。

6.9.3 练习作业

此练习必须完成，后续实验会用到该结果。

根据任务背景要求，机械制造公司_学号财务主管审核会计生成的收款单凭证。

6.10 任务七：查询内部账户明细账

6.10.1 任务描述

任务背景：在发生业务后，资金中心集团本部_学号的资金主管需要实时了解各成员单位存放在资金中心账户的资金情况，还要随时查询内部账户明细账；机械制造公司_学号出纳则需要实时查询存放在资金中心的资金情况，查询内部账户明细账。

要求：根据前期发生的业务，查询集团本部_学号和机械制造公司_学号的内部账户明细账，注意观察借贷方方向和余额情况。

6.10.2 具体操作

切换组织为“机械制造公司_学号”，查询内部账户明细账。

打开【财务会计】-【出纳管理】-【统计报表】-【内部账户明细账】，在弹出的“内部账户明细账-条件查询”窗口中，设置期间范围自“2019 年 1 月”至“2019 年 1 月”，点击【确定】。

在“内部账户明细账”查询界面，按任务背景要求，查询机械制造公司_学号的内部账户明细账，如图 6-13 所示。

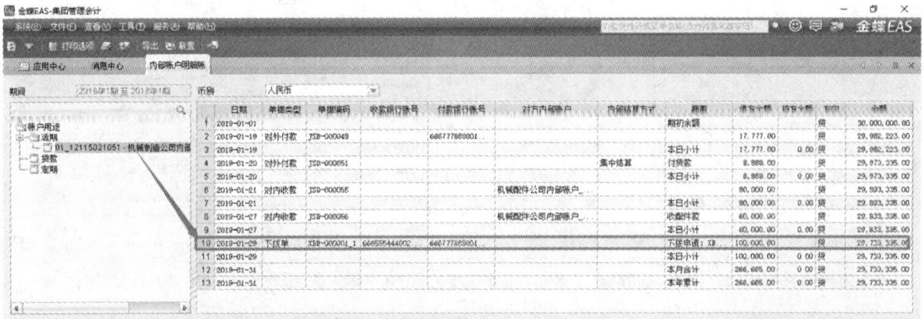

图 6-13 查询内部账户明细账

内部账户明细账查询说明：若内部账户显示在借方，则表示存放在资金中心的资金减少；若显示在贷方则表示存放在资金中心的资金增多，则余额显示在贷方。

用同样的方式，将组织切换到“集团本部_学号”，参照任务背景的要求，查询集团本部_学号的内部账户明细账，此处不再详述。

6.10.3 练习作业

此练习必须完成，后续实验会用到该结果。

根据任务背景要求，查询集团本部_学号的内部账户明细账，注意观察借贷方方向和余额情况。

6.11 任务八：查询出纳银行日记账

6.11.1 任务描述

任务背景：资金下拨业务发生并处理完毕后，母账户银行存款余额减少，资金中心出纳可通过查询银行日记账，实时掌握银行存款情况；同时机械制造公司_学号获取了下拨资金，出纳也可查询银行日记账实时了解银行存款情况。

要求：根据前期发生的业务，双方出纳分别查询集团本部_学号和机械制造公司_学号的银行日记账，注意观察借贷方方向和余额情况。

6.11.2 具体操作

切换组织为“集团本部_学号”，查询银行日记账。

打开【财务会计】-【出纳管理】-【银行存款】-【银行日记账】，在弹出的“银行日记账-条件查询”窗口中，以“默认方案”进入银行日记账查询界面。

按任务要求，查询集团本部_学号的银行日记账，注意观察借贷方方向和余额情况，如图 6-14 所示。

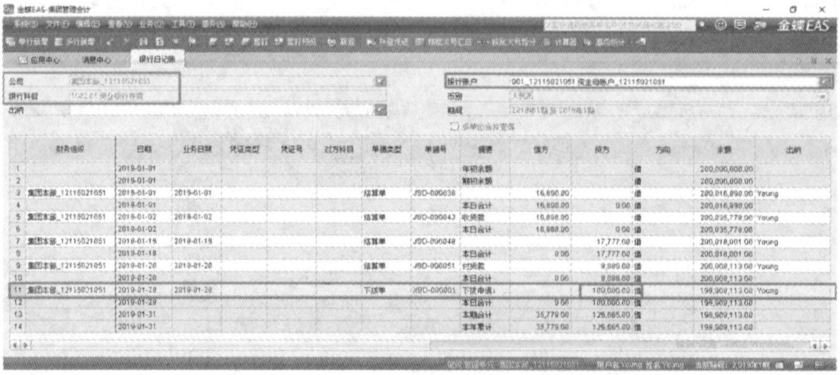

图 6-14 查询银行日记账

此处若查询不到银行日记账，则表明系统参数部分没有设置正确。系统参数-出纳管理第一个系统参数应设置为“单据登账”，系统才会在收款后自动登记日记账，否则，此处不会登记。

用同样的方式，将组织切换到“机械制造公司_学号”，参照任务背景的要求，查询机械制造公司_学号的银行日记账，此处不再描述。

6.11.3 练习作业

此练习必须完成，后续实验会用到该结果。

根据任务背景要求，查询机械制造公司_学号的银行日记账，注意观察借贷方方向和余额情况。

6.12 任务九：资金中心发起下拨业务

6.12.1 任务描述

任务背景：鑫弘机械集团_学号没有购买银企互联模块，但鑫弘机械集团_学号的资金中心会定时查询各成员单位的内部账户余额情况，而管理层要求在日常企业经营过程中，定期检查各成员单位留存金额是否充足，如有不足，在允许的范围内给予补齐。

（1）任务1：发起下拨业务并处理下拨业务。

集团本部_学号查询机械制造公司_学号内部账户余额发现余额较少，为满足机械制造公司_学号日常经营需要，集团本部_学号主动下拨15万元（在留存金额范围内）到制造公司收付账户_学号，集团本部_学号资金主管处理此笔业务并把回单发送给机械制造公司_学号。

（2）任务2：出纳确认收款。

机械制造公_学号司出纳确认收款（对方科目为结算中心存款，对方科目核算项目为机械制造公司内部银行账户_学号）。

（3）任务3：生成凭证并审核。

集团本部_学号和机械制造公司_学号的会计对下拨单和收款单进行凭证生成处理，两个公司的财务主管分别审核对应凭证。

6.12.2 具体操作

（1）任务1：集团本部_学号资金主管发起下拨业务并处理下拨业务。

切换组织为“集团本部_学号”，进行下拨业务处理。

打开【资金管理】-【现金池管理】-【划拨业务处理】-【下拨业务处理】，在“下拨单-新增”界面，按任务1的任务描述内容，填写下拨单，填写信息并核对无误后，依次点击【保存】、【提交】，如图6-15所示。

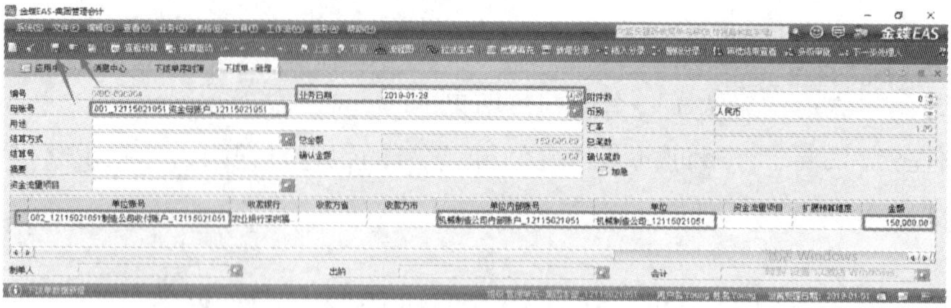

图 6-15　新增下拨单

下拨单提交后返回“下拨单序时簿”界面，找到并选中业务日期为“2019-01-29”、总金额为“150 000”、状态为“提交”的下拨单，点击【审批】。

审批成功后，单据状态由“提交”变更为“已审批”，选中该单据，点击【下拨确认】。

下拨确认成功后，单据状态由“已审批”变更为“已确认”，选中该单据，点击【发送回单】。

回单发送后可以在单据字段上看到是否发送成功，“发送回单”勾选上了，则表明已经将回单发送给机械制造公司_学号，如图 6-16 所示。

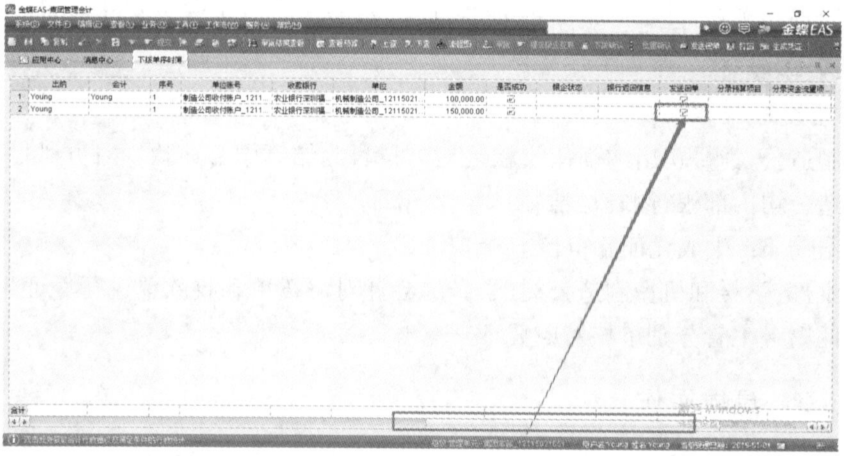

图 6-16　下拨单已经发送回单

完成审批下拨单、确认下拨单、发送回单这些业务操作后，下拨业务处理任务全部完成。

（2）任务 2：机械制造公司_学号出纳确认收款。

切换组织为“机械制造公司_学号”，进行收款业务处理。

打开【财务会计】-【出纳管理】-【收付款处理】-【收款单查询】，在“收款单序时簿”界面，找到并选中业务日期为“2019-01-29”、收款金额为“150 000”、单据状态为“保存”的收款单，点击【修改】。

在“收款单-编辑”界面，按任务 2 的任务描述内容，修改收款单相关信息，核查无误后，依次点击【保存】、【提交】，如图 6-17 所示。

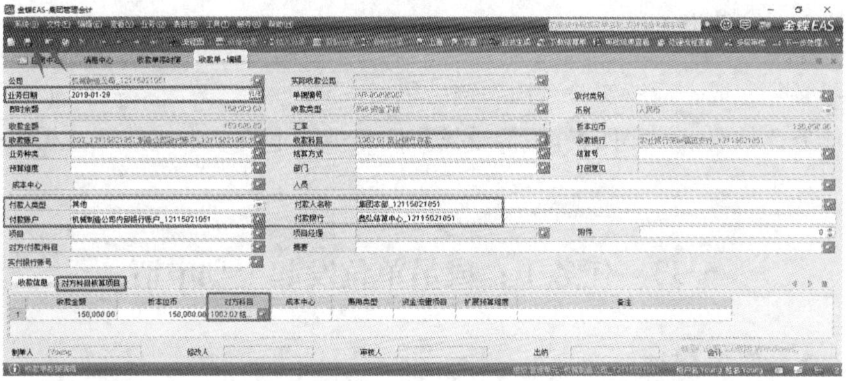

图 6-17　编辑收款单内容

收款单提交成功后，在“收款单-编辑”界面，点击【审批】。收款单审批成功后，在“收款单-编辑”界面，点击【收款】。

至此，机械制造公司_学号收款业务处理完毕。

（3）任务 3：双方生成凭证并审核。

当前组织依旧为“机械制造公司_学号”，承接任务 2 的操作，在“收款单-编辑”界面，点击【生成凭证】。在弹出的“选择转换规则”窗口中，选中名称为“收款单到凭证（出纳系统）”的转换规则，然后点击【确定】，如图 6-18 所示。

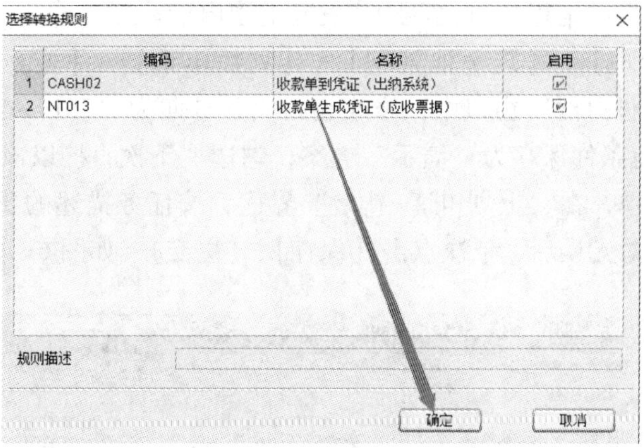

图 6-18　收款单生成凭证转换规则

在“凭证-查看”界面，核对生成的凭证信息，无误后点击【提交】。

凭证提交后，在“凭证-查看”界面，点击【凭证处理】下的【审核】，完成凭证的审核。

用同样的方式，将组织切换到“集团本部_学号”，参照任务 3 的要求，找到任务 1 的下拨单生成凭证，凭证核查无误后进行提交、审核，此处不再描述。

6.12.3 练习作业

此练习必须完成，后续实验会用到该结果。

根据任务3的要求，集团本部_学号找到任务1的下拨单生成凭证，凭证核查无误后进行提交、审核。

6.13 任务十：成员单位发起上划申请

6.13.1 任务描述

任务背景：机械销售公司_学号在1月28日收到客户公司第二季度销售款回款，为贯彻集团现金池管理要求，机械销售公司_学号出纳向资金中心提交上划申请，从销售公司收付账户_学号将收到的销售回款26 734元上划到母账户，预计在1月29日能够上划完毕，机械销售公司_学号出纳审批申请。

要求：机械销售公司_学号出纳在EAS系统处理此笔业务，将申请结果流转到资金中心（集团本部_学号）资金主管处。

6.13.2 具体操作

切换组织为“机械销售公司_学号”，发起上划申请。

打开【资金管理】-【现金池管理】-【划拨申请】-【上划申请】，在弹出的“上划申请查询-条件过滤”窗口中，修改起始业务日期为“2019-01-01”，点击【保存方案】，将此过滤条件保存为“演示”方案，勾选“下次直接以该方案进入”。

新增上划申请单，在“上划申请-新增”界面，按任务描述的要求填入相关信息，信息填写完毕并核对无误后，依次点击【保存】、【提交】，如图6-19所示。

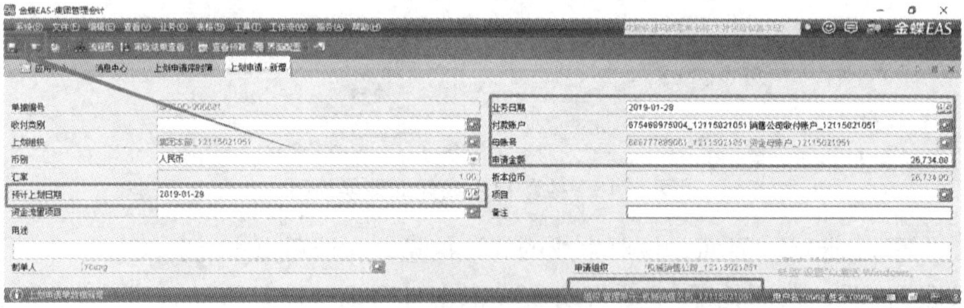

图6-19 新增上划申请单

上划申请单提交后，返回“上划申请序时簿”界面，找到并选中业务日期为“2019-01-28”、状态为“提交”的上划申请单，点击【审批】。

上划申请单审批成功后，在“上划申请单序时簿”界面，单据状态由“提交”变更为“已审批”。

至此，机械销售公司_学号发起上划申请业务处理完成。

6.14 任务十一：处理成员单位上划业务

6.14.1 任务描述

任务背景：承接任务十，资金中心（集团本部_学号）资金主管在 EAS 系统中根据机械销售公司_学号提出的上划申请需求进行上划处理，为其办理上划业务，对申请进行上划确认，并将上划确认后的回单发送给机械销售公司_学号。

要求：根据任务背景，集团本部_学号资金主管在 EAS 系统中完成上划业务处理。

说明：由于上划业务没有像下拨那样设置系统参数，因此资金中心不会自动接收上划申请生成上划单，需要手动生成。

6.14.2 具体操作

切换组织为"集团本部_学号"，处理成员单位的上划业务。

打开【资金管理】-【现金池管理】-【划拨业务处理】-【上划业务处理】，在弹出的"上划单-条件查询"窗口中，修改起始业务日期为"2019-01-01"，勾选所有单据状态并保存为"演示"方案，勾选"下次直接以该方案进入"。由于上划业务并没有设置自动接收上划申请生成上划单，因此此处需要手动生成上划单，在"上划单-新增"界面，点击【拉式生成】。

在弹出的"拉式生成"窗口中，选择源单据类型为"上划申请单"，然后点击【确定】，如图 6-20 所示。

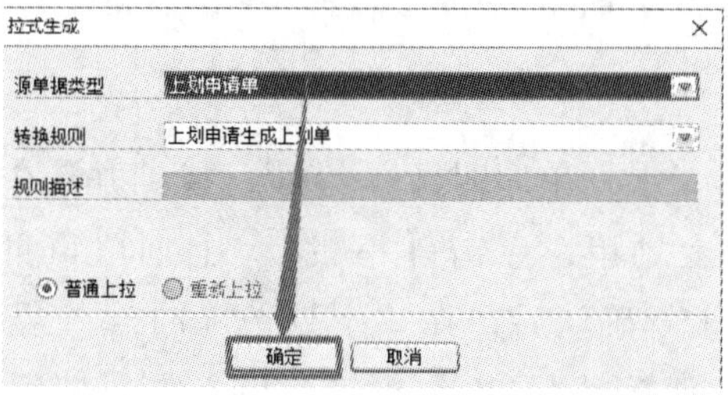

图 6-20　拉式生成源单类型

在弹出的"源单列表"窗口中，双击任务十的上划申请单，将单据添加到窗口下方，点击【确定】，如图 6-21 所示。

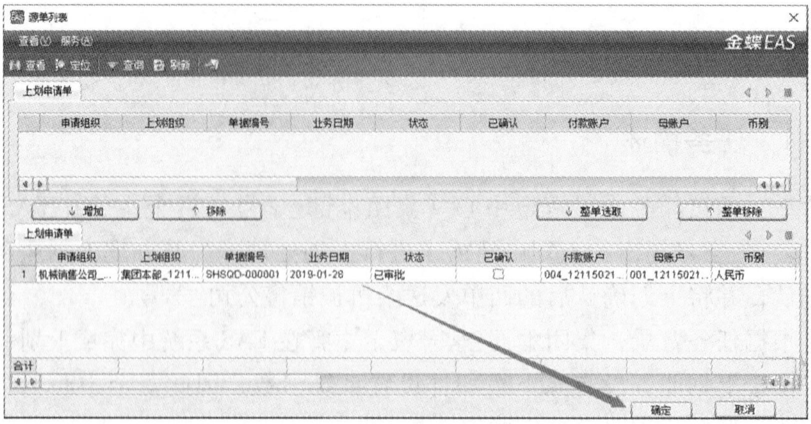

图 6-21 选择源单

返回“上划单-新增”界面，此时系统已经根据上划申请单拉式生成上划单，根据任务描述的要求，修改并核对相关信息，无误后依次点击【保存】、【提交】，如图 6-22 所示。

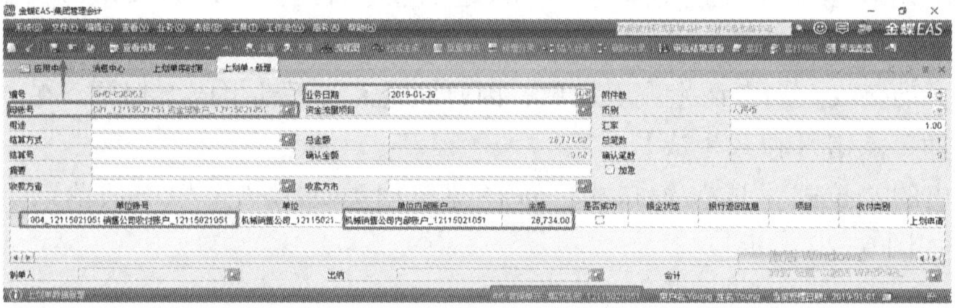

图 6-22 提交上划单

上划单提交后，返回“上划单序时簿”界面，找到并选中业务日期为“2019-01-29”、状态为“提交”的上划单，点击【审批】。上划单审批成功后，依旧选中该单据，点击【上划确认】。上划确认后，在“上划单序时簿”界面点击【刷新】，单据状态由“已审核”变更为“已确认”。上划单确认后，需要把回单发送给机械销售公司_学号。用户在“上划单序时簿”界面，选中该单据，点击【发送回单】。发送回单后，在“上划单序时簿”界面，向右拉动界面底部的滚动条，查看是否发送回单成功，“发送回单”勾选了则代表发送回单成功，如图 6-23 所示。

图 6-23 发送回单成功

至此，集团本部_学号上划业务处理完毕。

6.15　任务十二：成员单位出纳处理付款业务

6.15.1　任务描述

任务背景：承接任务十一，由于鑫弘机械集团_学号并没有使用银企互联模块，因此机械销售公司_学号出纳只能进行手动付款，将款项打到资金中心（集团本部_学号）的母账户后，集团本部_学号确认收到款项并已经把确认后的回单发送回来，则机械销售公司_学号出纳需要在 EAS 系统内处理付款单（此处记得填写银行实收银行账号为资金母账户_学号，对方科目为结算中心存款，对方科目核算项目为机械制造公司内部银行账户_学号）。

要求：根据以上描述，机械销售公司_学号出纳在 EAS 系统中完成此笔业务具体操作。

6.15.2　具体操作

切换组织为“机械销售公司_学号”，处理付款业务。

打开【财务会计】-【出纳管理】-【收付款处理】-【付款单查询】，在弹出的“付款单-条件查询”窗口中，修改起始业务日期为“2019-01-01”，点击【保存方案】，将此过滤条件保存为“演示”方案，勾选“下次直接以该方案进入”。

在“付款单序时簿”界面，找到并选中业务日期为“2019-01-29”、单据状态为“保存”的付款单，点击【修改】。

在“付款单-编辑”界面，按任务描述的要求，修改相关信息，所有信息修改完毕并核对无误后，依次点击【保存】、【提交】，如图 6-24 所示。付款单提交后，在“付款单-编辑”界面，点击【审批】。付款单审批成功后，依旧在“付款单-编辑”界面，点击【付款】。

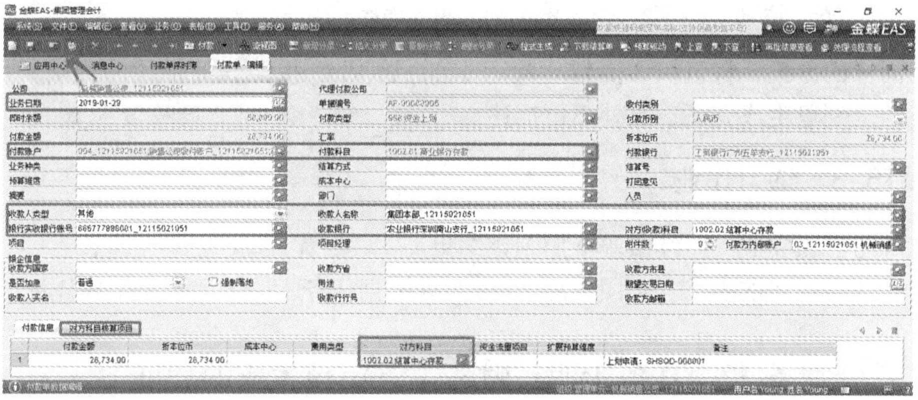

图 6-24　付款单信息修改

至此，机械销售公司_学号出纳付款业务处理完毕。

6.16 任务十三：会计文员根据单据生成凭证

6.16.1 任务描述

任务背景：承接任务十一和任务十二，发生了资金上划业务后，资金中心和成员单位的银行账户均产生了变化，会计人员需要根据单据进行记账，及时反映企业业务变动情况。

要求：集团本部_学号会计生成上划单对应的凭证，记录资金母账户_学号余额增加；机械销售公司_学号会计生成付款单对应的凭证，记录银行存款减少。

6.16.2 具体操作

切换组织为“机械销售公司_学号”，生成付款单对应的凭证。

承接任务十二，在“付款单-编辑（或查看）”界面，在业务菜单栏下点击【生成凭证】。

在“凭证-查看”界面，核对生成的凭证信息，无误后点击【提交】，如图 6-25 所示。

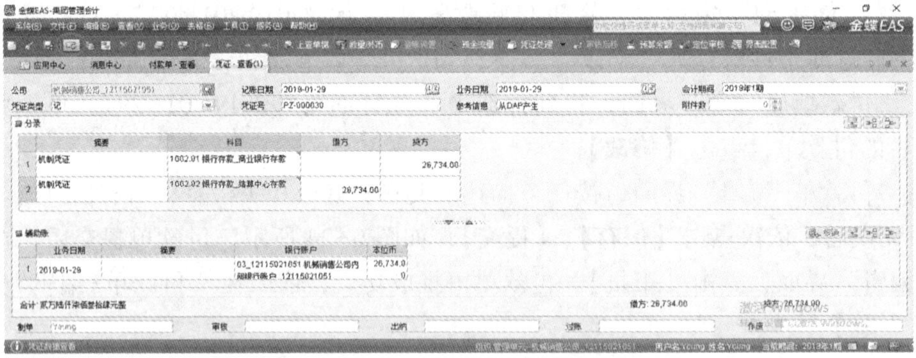

图 6-25 提交凭证

用同样的方式，将组织切换到“集团本部_学号”，按照任务描述的要求，找到任务十一的上划单生成凭证，此处不再描述。

6.16.3 练习作业

此练习必须完成，后续实验会用到该结果。

根据任务描述的要求，集团本部_学号会计根据任务十一的上划单生成凭证。

6.17 任务十四：财务主管审核生成的凭证

6.17.1 任务描述

任务背景：承接任务十三，集团本部_学号财务主管对会计生成的凭证进行审核，确认业务发生；机械销售公司_学号财务主管审核会计生成的付款单凭证。

要求：请根据此业务场景在 EAS 系统内处理凭证审核业务。

6.17.2 具体操作

切换组织为“集团本部_学号”，审核会计生成的上划单对应凭证。

承接任务十三，找到集团本部会计根据上划单生成的凭证，在“凭证-查看”界面，点击凭证处理下的【审核】，如图 6-26 所示。

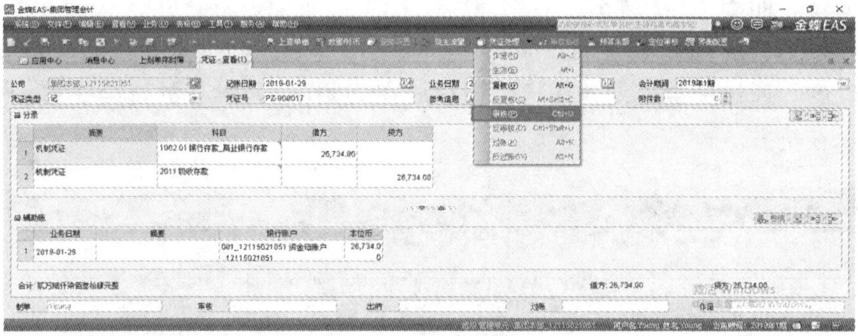

图 6-26 审核凭证

若此处已经关闭了凭证提交的界面，则用户可以通过上划单查到具体单据进行审核，在“上划单序时簿”界面，找到并选中上划单，点击【下查】。在弹出的“关联单据查询”窗口中，选中“凭证序时簿”页签下的凭证，单击鼠标右键，点击【审核】。

用同样的方式，将组织切换到“机械销售公司_学号”，按照任务背景的要求，审核凭证，此处不再描述。

6.17.3 练习作业

此练习必须完成，后续实验会用到该结果。

根据任务描述的要求，机械销售公司_学号财务主管审核会计生成的付款单凭证。

6.18 任务十五：查询内部账户明细账

6.18.1 任务描述

任务背景：在发生业务后，资金中心集团本部_学号的资金主管需要实时了解各成员单位存放在资金中心账户的资金情况，需要随时查询内部账户明细账；机械销售公司_学号出纳需要实时查询存放在资金中心的资金情况，查询内部账户明细账。

要求：根据任务十至任务十四发生的业务，查询集团本部_学号和机械销售公司_学号的内部账户明细账，注意观察借贷方方向和余额情况。

6.18.2 具体操作

切换组织为“机械销售公司_学号”，查询内部账户明细账。

打开【财务会计】-【出纳管理】-【统计报表】-【内部账户明细账】，在弹出的“内部账户明细账-条件查询”窗口中，设置期间范围自“2019 年 1 月”至“2019 年 1 月”，点击【确定】。

在“内部账户明细账”查询界面，按任务背景要求，查询机械销售公司_学号的内部账户明细账，如图 6-27 所示。

在“内部账户明细账”查询界面，查看该笔内部账户明细账的数据，金额在贷方，说明是正确的。通过资金上划，销售公司存放在集团本部_学号的资金变多，变多的资金则会显示在贷方。

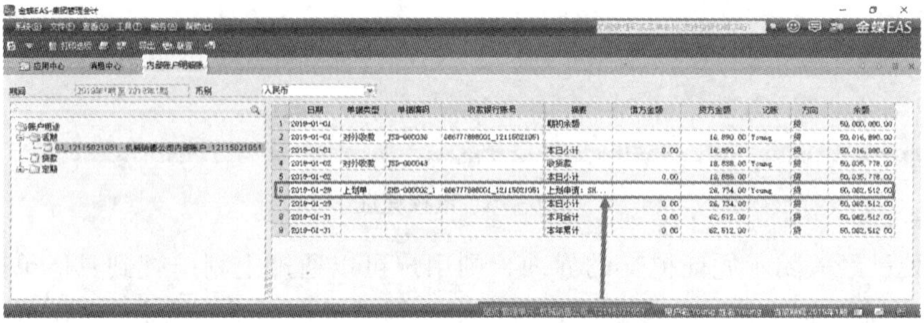

图 6-27　查询内部账户明细账

用同样的方式，将组织切换到“集团本部_学号”，按照任务描述的要求，查询集团本部_学号的内部账户明细账，此处不再描述。

6.18.3 练习作业

此练习必须完成，后续实验会用到该结果。

根据任务描述的要求，查询集团本部_学号的内部账户明细账，注意观察借贷方方向和余额情况。

6.19 任务十六：查询出纳银行日记账

6.19.1 任务描述

任务背景：通过资金上划业务，母账户银行存款余额增加，资金中心出纳可以通过查询银行日记账实时掌握银行存款情况；通过资金上划业务，机械销售公司_学号将客户回款的资金上划，出纳可查询银行日记账并实时了解银行存款情况。

要求：根据任务十至任务十四发生的业务，双方出纳分别查询集团本部_学号和机械销售公司_学号的银行日记账，注意观察借贷方方向和余额情况。

6.19.2 具体操作

切换组织为“集团本部_学号”，查询银行日记账。

打开【财务会计】-【出纳管理】-【银行存款】-【银行日记账】，在弹出的“银行日记账-条件查询”窗口中，以“默认方案”进入银行日记账查询界面。

按任务要求，查询集团本部_学号的银行日记账，注意观察借贷方方向和余额情况，如图6-28所示。可以看到，资金母账户_学号的银行存款余额增加记在借方，这表明从成员单位上划的资金存放在资金母账户_学号内。

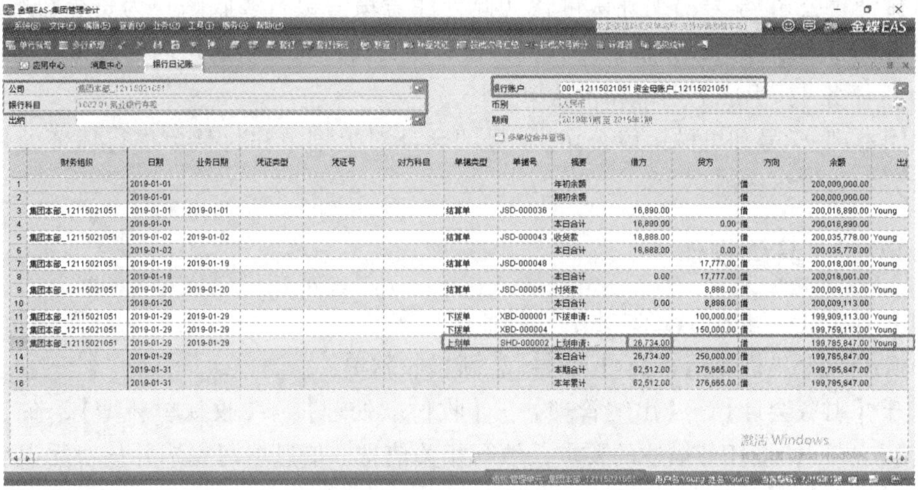

图6-28 查询银行日记账

用同样的方式，将组织切换到“机械销售公司_学号”，参照任务描述的要求，查询机械销售公司_学号的银行日记账，此处不再描述。

6.19.3 练习作业

此练习必须完成，后续实验会用到该结果。

根据任务描述的要求，查询机械销售公司_学号的银行日记账，注意观察借贷方方向和余额情况。

6.20 任务十七：资金中心发起上划业务

6.20.1 任务描述

任务背景：鑫弘机械集团_学号没有购买银企互联模块，但鑫弘机械集团_学号的资金中心会定时查询各成员单位的内部账户余额情况。结合管理层的要求，在日常企业经营过程中超出准许的留存金额部分，资金中心可随时进行上划处理，归集资金。

(1) 任务1：机械销售公司_学号对客户收款。

机械销售公司_学号的销售公司收付账户_学号，于2019年1月29日收到客户耀星公司_学号货款 20 万元，机械销售公司_学号新增收款单后处理收款业务，对方科目为应收账款，对方科目核算项目为耀星公司_学号。

（2）任务 2：集团本部_学号发起上划业务。

集团本部_学号查询机械销售公司_学号内部账户余额发现余额较多，考虑到给予机械销售公司_学号的留存金额已经足够，集团本部_学号将超出的金额 15 万元主动上划到母账户，1 月 30 日集团本部_学号资金主管处理此笔业务并把回单发送给机械销售公司_学号。

（3）任务 3：机械销售公司_学号进行付款处理。

机械销售公司_学号出纳确认付款（此处注意填写银行实收账户为资金母账户_学号，对方科目为结算中心存款，对方科目核算项目为机械销售公司内部账户_学号）。

（4）任务 4：生成上划单和付款单凭证。

集团本部_学号和机械销售公司_学号的会计对上划单和付款单进行凭证处理，对应的财务主管审核凭证。

6.20.2 具体操作

（1）任务 1：机械销售公司_学号对客户收款。

切换组织为“机械销售公司_学号”，新增收款单。

打开【财务会计】-【出纳管理】-【收付款处理】-【收款单新增】，在“收款单-新增”界面，按任务描述的要求，填写相关信息，信息填写完毕并核对无误后，依次点击【保存】、【提交】，如图 6-29 所示。

图 6-29 新增收款单

收款单提交后，在“收款单-查看”界面，点击【审批】。收款单审批成功后，在“收款单-查看”界面，点击【收款】。

至此，机械销售公司_学号收款单新增完毕。

（2）任务 2：集团本部_学号发起上划业务。

切换组织为“集团本部_学号”，处理资金上划业务。

打开【资金管理】-【现金池管理】-【划拨业务处理】-【上划业务处理】，新增上划单，在“上划单-新增”界面，按任务描述的要求填写相关信息，填写完毕并核对无误后，依次点击【保存】、【提交】，如图 6-30 所示。

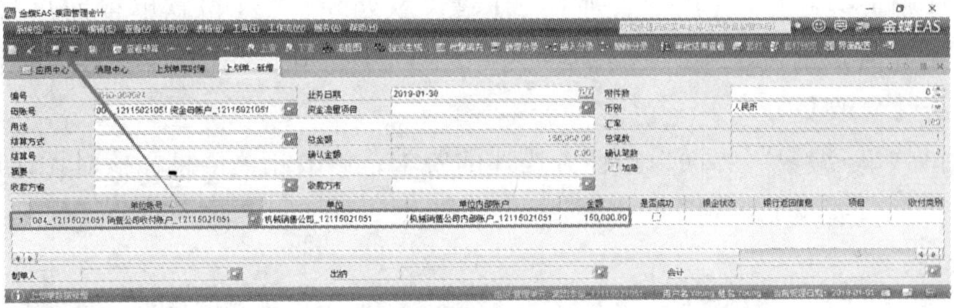

图 6-30　新增上划单

上划单提交后，返回“上划单序时簿”界面，点击【刷新】，找到并选中业务日期为“2019-01-30”、状态为“提交”的上划单，点击【审批】。

上划单审批成功后，在“上划单序时簿”界面，双击该单据，进入“上划单”查看界面，点击【上划确认】，如图 6-31 所示。

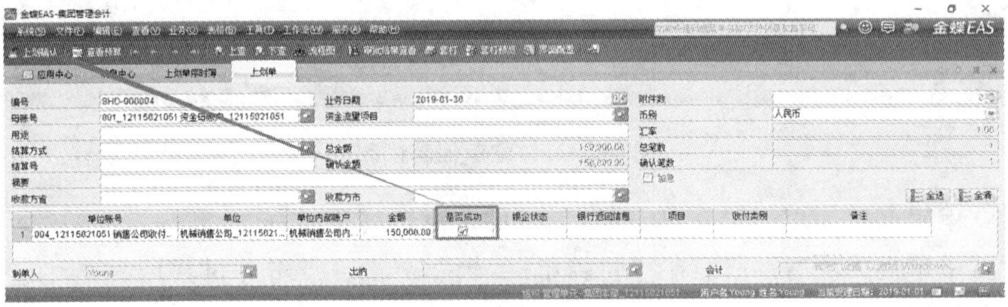

图 6-31　上划确认上划单

上划确认后，返回“上划单序时簿”界面，点击【刷新】，单据状态由“已审批”变更为“已确认”，点击【发送回单】。

发送回单后，在“上划单序时簿”界面向右拉动界面底部的滚动条，查看是否发送回单成功，“发送回单”勾选了则代表发送成功，如图 6-32 所示。

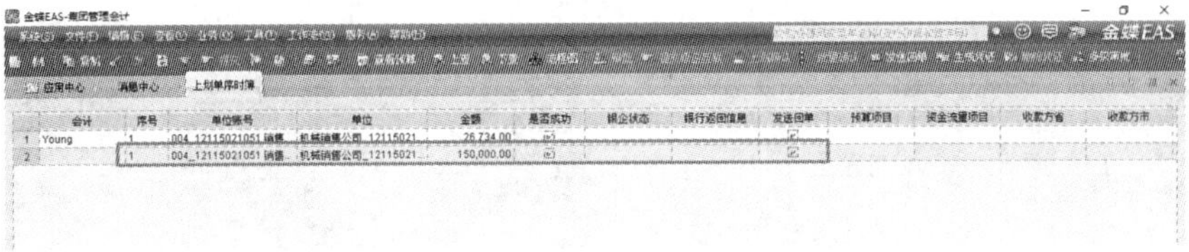

图 6-32　上划单成功发送回单

至此，集团本部_学号上划业务处理完毕。

（3）任务 3：机械销售公司_学号进行付款处理。

切换组织为“机械销售公司_学号”，进行付款处理。

打开【财务会计】-【出纳管理】-【收付款处理】-【付款单查询】，在“付款单序时簿”界面，找到并选中业务日期为“2019-01-30”、单据状态为“保存”的付款单，点击【修改】。

在“付款单-编辑”界面，按任务描述的要求，修改相关信息，核对无误后，依次点击【保存】、【提交】，如图 6-33 所示。

图 6-33　付款单信息修改

付款单提交后，在“付款单-编辑”界面，点击【审批】。

付款单审批成功后，依旧在“付款单-编辑”界面，点击【付款】。

至此，机械销售公司_学号的付款业务处理完毕。

（4）任务 4：生成上划单和付款单凭证。

当前组织依旧为“机械销售公司_学号”，承接任务 3，在“付款单-编辑”界面，点击业务菜单栏下的【生成凭证】。

付款单生成凭证后，在“凭证-查看”界面，核对凭证信息，无误后依次点击【保存】、【提交】，如图 6-34所示。

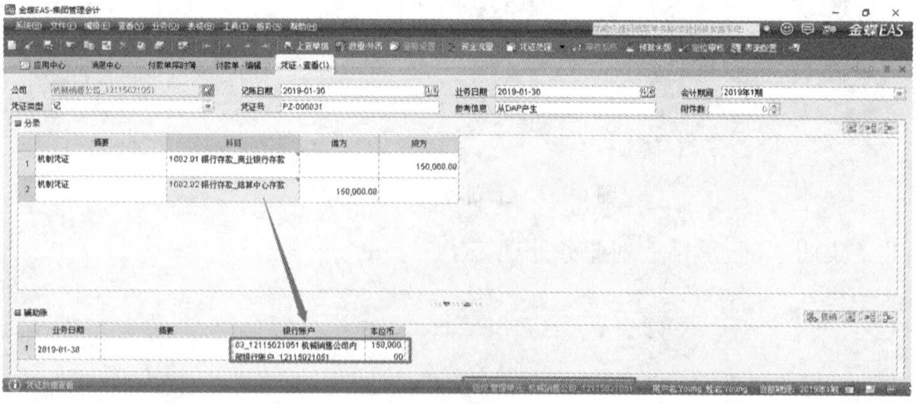

图 6-34　提交凭证

凭证提交后，在“凭证-查看”界面，点击凭证处理菜单栏下的【审核】，如图 6-35 所示。

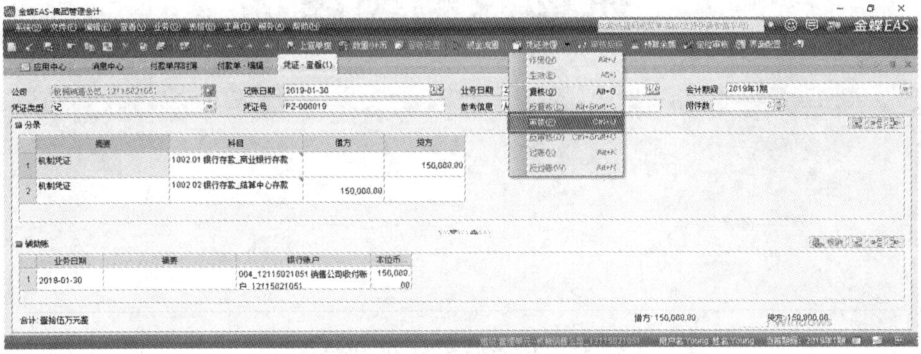

图 6-35　审核凭证

用同样的方式，将组织切换到“集团本部_学号”，参照任务描述的要求，审核凭证，此处不再描述。

6.20.3　练习作业

此练习必须完成，后续实验会用到该结果。

根据任务描述的要求，集团本部_学号财务主管审核会计生成的上划单凭证。

7 集团投融资管理

7.1 投融资管理概述

资金管理是企业财务管理功能的延伸和细化。资金管理主要包括经营活动资金管理、筹资活动资金管理、投资活动资金管理，因此投融资管理是企业资金管理的核心内容之一。

企业（集团）的生存和发展以资金的均衡流动和有效运作为基础，一方面要保证企业经营运作所需资金流的均衡，另一方面又要有效降低资金的占用成本和增加投资收益，因此合理筹措企业经营运作所需资金，及时为企业剩余资金找到有利的投资机会，是企业（集团）投融资管理的核心目标。

资金集中管理是集团企业资金管理的必然趋势，为了有效管理和运作集团资金，获得最大收益，集团企业普遍采用以下资金管理手段：集团统一授信，开展内部授信；集团外部资金统借统还；定期（通知）存款；委托贷款；集团内部拆借等。

投资是指企业为通过分配来增加财富，或为谋求其他利益，而将资产让渡给其他单位。

投资管理的目的是利用暂时闲置资产获取较高的投资收益，为了长远的经济利益、控制业务上的关联企业等。

EAS 投资管理主要功能包括：委托贷款管理，资金往来管理，银行定期（通知）存款管理，企业贷款管理，投资理财。

融资是指企业（集团）根据生产经营、对外投资和调整投资结构的需要，通过一定的渠道，采用一定的方式，获得所需资金的一种行为。

EAS 融资管理主要功能包括：基础设置，授信额度管理，抵（质）押物管理，融资业务，还款，企业定期（通知）存款管理。

7.2 任务一：参数设置

7.2.1 任务描述

任务：参数设置

分别将集团本部_学号、机械制造公司_学号、机械配件公司_学号、机械销售公司

_学号的出纳管理的参数 CS009 设置为“是”。

7.2.2 具体操作

以用户名：学生姓名，密码：学号进入系统。

切换当前组织为“集团本部_学号”，执行【系统平台】-【系统工具】-【系统配置】-【参数设置】命令。

进入参数设置界面，在左侧，依次双击【财务会计】-【出纳管理】，再选中右侧的 CS009 参数，点击按钮修改【】，如图 7-1 所示。

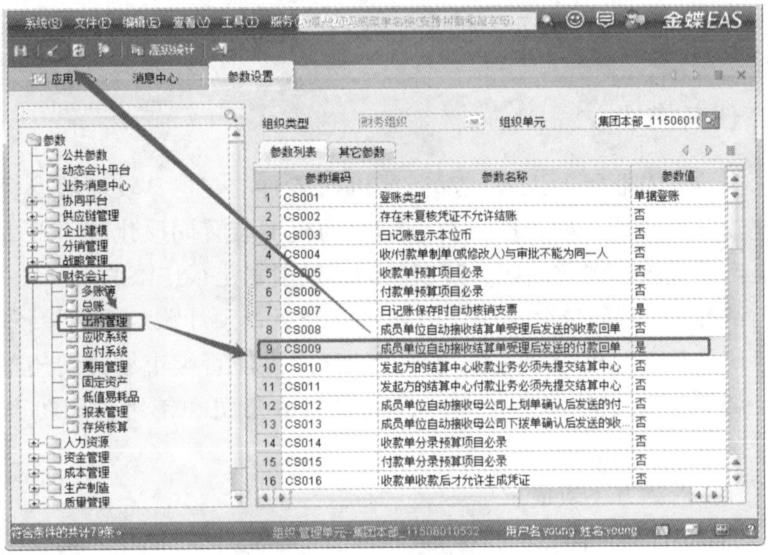

图 7-1 CS009 系统参数设置界面

进入设置参数值界面，点击“控制范围”窗口。勾选“控制”，选择参数值为“是”，点击“保存”，如图 7-2 所示。最后返回设置参数值界面，再点击【确定】。

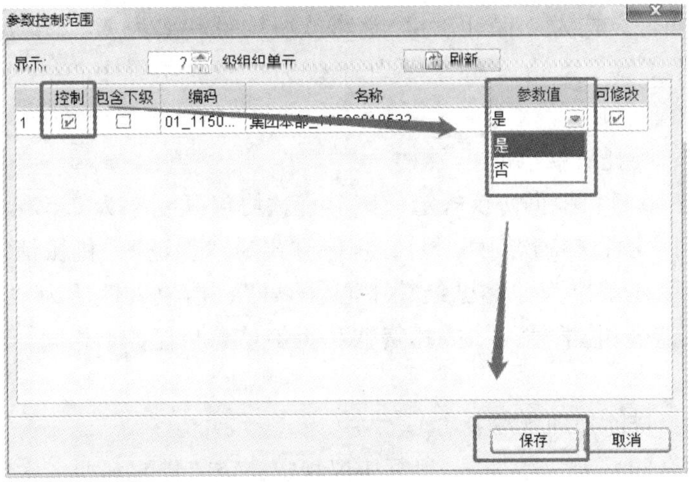

图 7-2 参数控制范围设置界面

7.2.3 练习作业

（1）参照集团本部_学号参数设置的方式，将机械制造公司_学号的出纳管理的参数 CS009，参数值设置为“是”。

（2）参照集团本部_学号参数设置的方式，将机械配件公司_学号的出纳管理的参数 CS009，参数值设置为“是”。

（3）参照集团本部_学号参数设置的方式，将机械销售公司_学号的出纳管理的参数 CS009，参数值设置为“是”。

7.3 任务二：委托贷款

7.3.1 任务描述

目前我国工业、农业等的发展，都需要机械装置的支持，较多的消费群体使机械制造行业有着较好的市场基础，但目前市场上的机械装置同质化现象严重。机械制造公司若能解决产品升级、保质问题，其产品的市场前景是很广阔的。

根据以上情况，机械制造公司决定进行研发升级，预计购入两条最新款研发设备，同时向银行申请贷款，但机械制造公司研发的新产品能否被市场接纳还不能确定，考虑到风险性，银行决定不予贷款。所以，机械制造公司和销售公司协商，进行委托贷款。

（1）任务 1：借款方生成借款单。

2019 年 1 月 10 日，经协商，机械销售公司同意委托集团本部-鑫弘结算中心，贷款给机械制造公司 1 000 000 元，当天，机械制造公司生成借款单。在融资管理模块内处理新增借款单，合同号为“学号”，融资品种为“委托贷款”，债权人性质为“集团内”，债权人为“机械销售公司_学号”，银行账户选择“制造公司收付账户_学号”，贷款科目为“短期借款”，贷款预计开始日期 2019 年 1 月 15 日，贷款期两个月，利率表示为“月”，担保方式为“保证”，该笔贷款协议月利率为 2.5‰，付息方式为“利随本清”，融资形式为“双边形式”，受托单位为“鑫弘结算中心_学号”，保存提交，当天财务主管审核通过。

（2）任务 2：委托贷款申请。

2019 年 1 月 10 日，根据协议规定，该笔贷款协议月利率为 2.5‰，贷款预计开始日期 2019 年 1 月 15 日，贷款期两个月，担保方式为“保证”，机械销售公司出纳提出委托贷款申请，受托单位为“鑫弘结算中心_学号”，债权人性质为“集团内”，借款单位为“机械制造公司_学号”，“委托贷款”页签信息与任务 1 相同，当天财务主管审批通过。

（3）任务 3：贷前处理（受托方）。

该笔贷款的合同号为“学号”，根据协议规定，该笔贷款到期还本付息，付息方式为“利随本清”，维护账户明细页签的内容是：委托方为销售公司收付账户，借款方为制造公司收付账户，受托方为集团本部资金母账户。2019 年 1 月 15 日，集团本部财务会计用委托贷款申请单生成委托贷款单（受托方），当天财务主管进行审批。

（4）任务 4：贷前处理（委托方）。

2019 年 1 月 15 日，机械销售公司财务会计拿委托贷款单（受托方）生成委托贷款单（委托方），合同号为“学号”，当天财务主管进行审批。

（5）任务 5：放款通知。

2019 年 1 月 15 日，委托贷款单审核通过后，集团本部财务会计在委托贷款单序时簿通知结算中心可以进行放款处理并提交和审核。

（6）任务 6：对外付款。

2019 年 1 月 15 日，集团本部结算中心的出纳拿贷款通知书生成对外付款单，付款账户为：机械销售公司内部账户_学号，当天提交并受理。

（7）任务 7：委托方付款。

2019 年 1 月 15 日，机械销售公司出纳进行付款处理，对外付款单已经自动生成付款单，找到并打开自动生成的付款单，将付款信息页签下的对方科目修改为“其他应收款-往来”，切换到“对方科目核算项目”页签，选中勾选框，选择对方科目核算项目为“客户-内部客户-机械制造公司_学号”，保存、提交并审核。当天财务会计生成付款凭证，提交并审核该凭证。

（8）任务 8：借款方收款。

2019 年 1 月 15 日，机械制造公司收到借款，出纳进行收款处理，根据借款单拉式生成收款单，将业务日期修改为“2019 年 1 月 15 日”，收款信息页签下的对方科目为“短期借款”，提交保存后，财务主管当天审核通过，财务会计当天生成收款凭证，提交并审核该张凭证。

（9）任务 9：委托贷款展期。

2019 年 1 月 31 日，机械制造公司因战略失误而导致亏损，预计无法按期偿还贷款，与机械销售公司协商后，同意延期一年还款。机械销售公司出纳对 2019 年 1 月 15 日的贷款进行展期处理，延期一年还款，财务主管审核通过。

7.3.2 具体操作

以用户名：学生姓名，密码：学号进入系统。

（1）借款方生成借款单。

切换当前组织为“机械制造公司_学号”，执行【资金管理】-【融资管理】-【业务处理】-【借款业务处理】命令。

打开借款单条件筛选界面，选择债权人性质为“集团内”，点击【确定】，进入借款单序时簿界面，如图 7-3 所示。

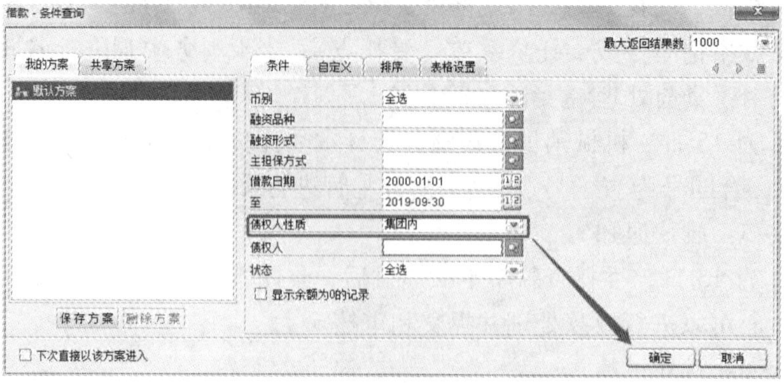

图 7-3 借款-条件查询界面

在借款单序时簿界面，点击新增按钮【】，进入借款单新增界面。

按照任务 1 的描述，输入相关信息后点击【保存】、【提交】即可，如图 7-4 所示。

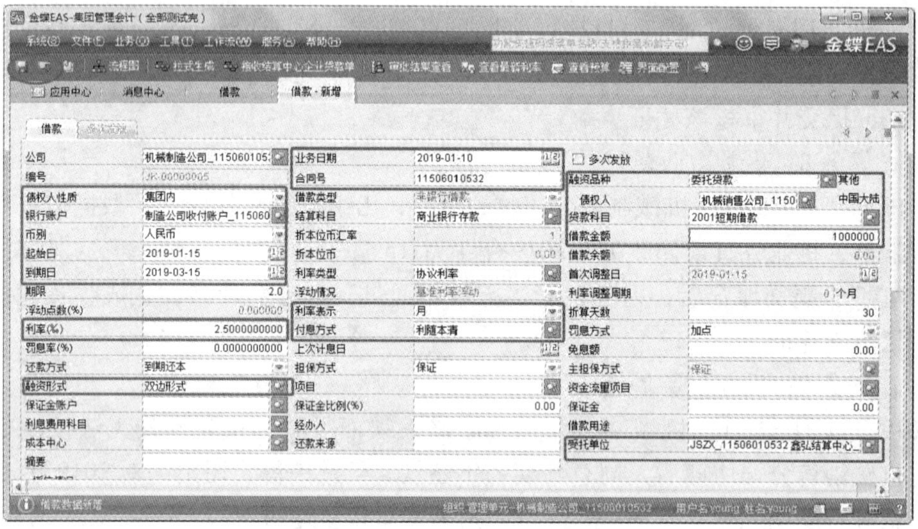

图 7-4 借款单填写界面

借款单提交后，返回借款单序时簿界面，找到刚刚提交的借款单，点击【审批】，可以看到，单据状态变更为“已审批”状态，如图 7-5 所示。

图 7-5 借款单序时簿界面

（2）委托贷款申请。

切换当前组织为“机械销售公司_学号”，执行【资金管理】-【投资管理】-【委托贷款】-【委托贷款申请】命令。

在委托贷款申请单条件筛选界面，选择申请起始日期为“2019 年 1 月 1 日”，点击【确定】，进入委托贷款申请单序时簿界面。

点击新增按钮【 】，进入委托贷款申请单新增界面，按任务 2-2 描述输入相关信息，最后【保存】、【提交】即可，如图 7-6 所示。

图 7-6　委托贷款申请单填写界面

委托贷款申请单提交后，返回委托贷款申请单序时簿界面，找到提交的委托贷款申请单，点击【审核】，单据状态就变更为“已审核”，如图 7-7 所示。

图 7-7　委外贷款申请单序时簿界面

（3）贷前处理（受托方）。

切换当前组织为“集团本部_学号”，执行【资金管理】-【投资管理】-【委托贷款】-【委托贷款业务处理】命令，选择开始日期为“2019 年 1 月 1 日”，点击【确定】，进入委托贷款单序时簿界面。

点击按钮新增“ ”，进入委托贷款单新增界面，点击【拉式生成】，选择源单据类型为“委托贷款申请单”，出现信息提示，选择“否”，如图 7-8 所示。然后单据号选择任务 2（委托贷款申请）审批通过的委托贷款申请单，点击【确定】，选择转换规则为“委托贷款申请单生成委托贷款单（受托方）”，如图 7-9 所示。

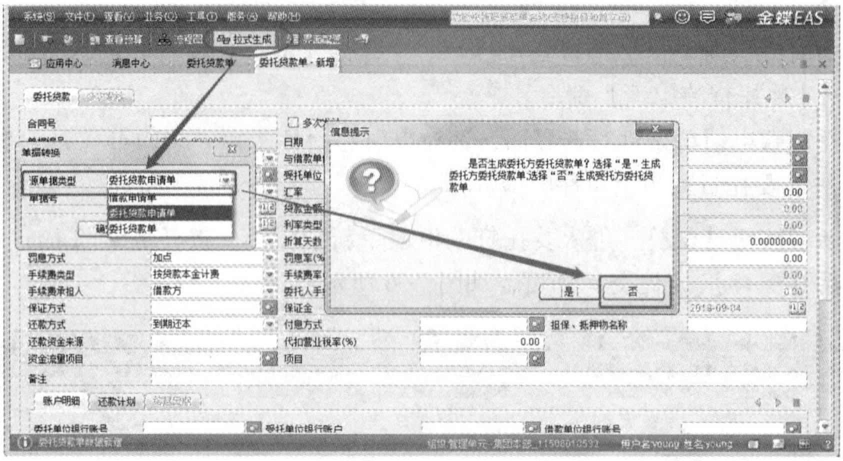

图 7-8　拉式生成委托贷款单界面

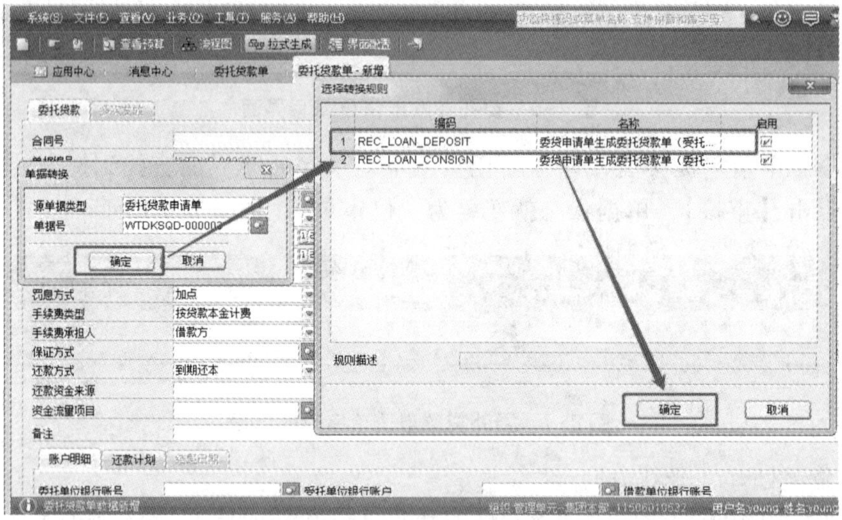

图 7-9　选择转换规则界面

点击【拉式生成】，生成委托贷款单后，根据任务 3 的任务描述信息输入完毕后，【提交】委托贷款单即可，如图 7-10 所示。

图 7-10　委托贷款单填写界面

提交委托贷款单后，返回委托贷款单序时簿界面，点击【审批】，单据状态就变更为“审批”。

（4）贷前处理（委托方）。

切换当前组织为“机械销售公司_学号”，执行【资金管理】-【投资管理】-【委托贷款】-【委托贷款业务处理】命令，选择开始日期为“2019 年 1 月 1 日”，点击【确定】，进入委托贷款单序时簿界面。

点击按钮新增“”，进入委托贷款单新增界面，点击【拉式生成】，选择源单据类型为“委托贷款单”，单据号选择任务 3（贷前处理受托方）审批通过的委托贷款单，如图 7-11 所示。

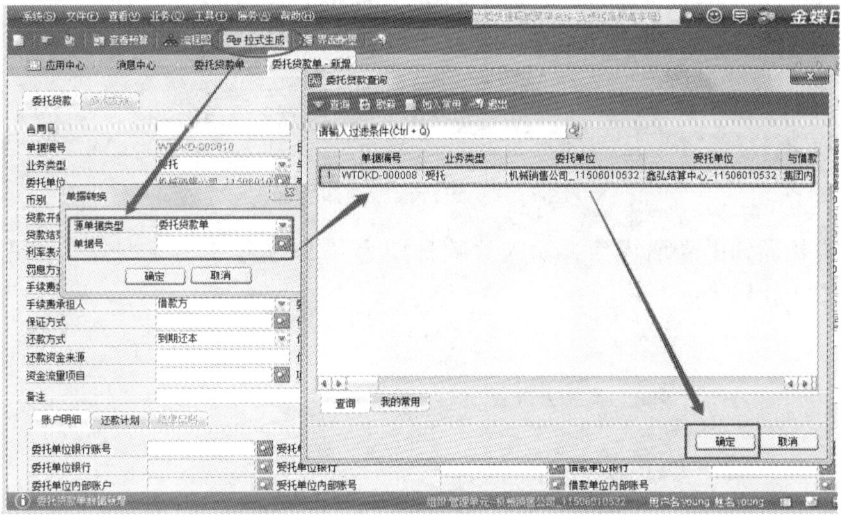

图 7-11　拉式生成委托贷款单界面

点击【拉式生成】，根据任务 2-4 描述信息输入完毕后，会击【提交】提交委托贷款单即可，如图 7-12 所示。

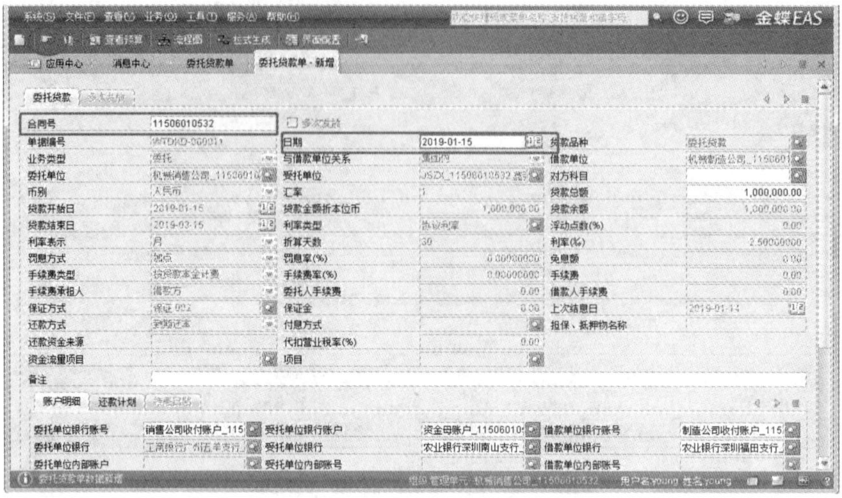

图 7-12　委托贷款单填写界面

委托贷款单提交后，返回委托贷款单序时簿界面，点击【审批】，单据状态就变更为“审批”。

（5）放款通知。

切换当前组织为“集团本部_学号”，执行【资金管理】-【投资管理】-【委托贷款】-【委托贷款业务处理】命令，选择开始日期为“2019 年 1 月 1 日”，进入委托贷款单序时簿界面。

进入委托贷款单序时簿，选中任务 3（贷前处理 受托方）中审批通过的委托贷款单，点击【放款通知】，如图 7-13 所示。

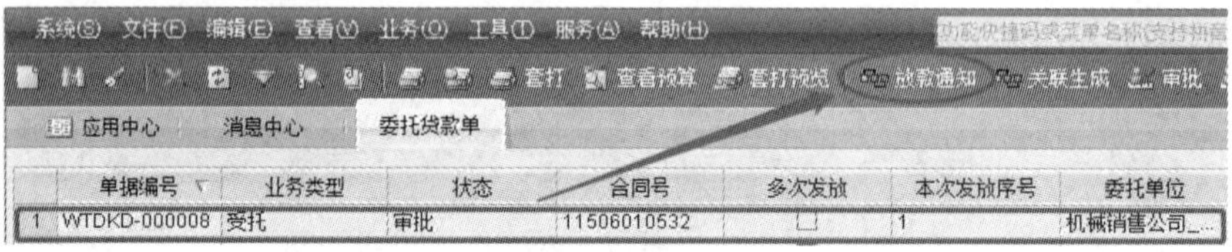

图 7-13　进行放款通知界面

打开贷款通知书新增界面，输入放款日期为“2019 年 1 月 15 日”，点击【提交】即可，如图 7-14 所示。

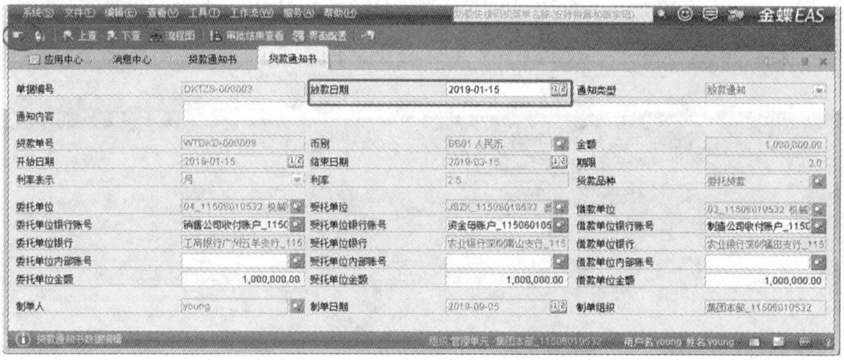

图 7-14　贷款通知书新增界面

提交后，执行【资金管理】-【投资管理】-【委托贷款】-【委托贷款通知】命令，选择开始日期为“2019 年 1 月 1 日”。

进入委托贷款通知序时簿界面，选中刚提交的贷款通知书，点击【审核】即可，这时单据状态变为“已审核”。

（6）对外付款。

切换当前组织为“集团本部_学号”，执行【资金管理】-【资金结算】-【结算业务】-【对外付款】命令，选择日期为“2019 年 1 月 1 日 至 2019 年 12 月 31 日”，受理状态为“全部”，付款状态为“全部”，点击【确定】，进入对外付款结算单序时簿界面。

进入对外付款结算单界面后，点击新增按钮【】，进入对外付款单新增界面，点击【拉式生成】，选择源单据类型为“贷款通知书”，单据号选择任务 5（放款通知）审核通过的贷款通知单，点击【确定】，如图 7-15 所示。

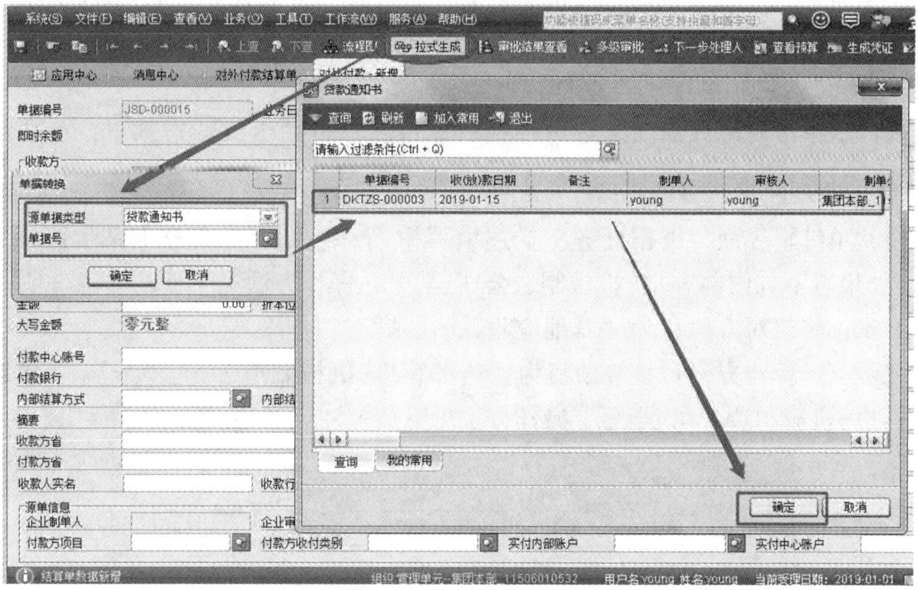

图 7-15　拉式生成对外付款单界面

拉式生成对外付款单后，修改日期为“2019 年 1 月 15 日”，选择付款账户为“机械销售公司内部账户_学号”，最后点击【保存】、【提交】即可，如图 7-16 所示。

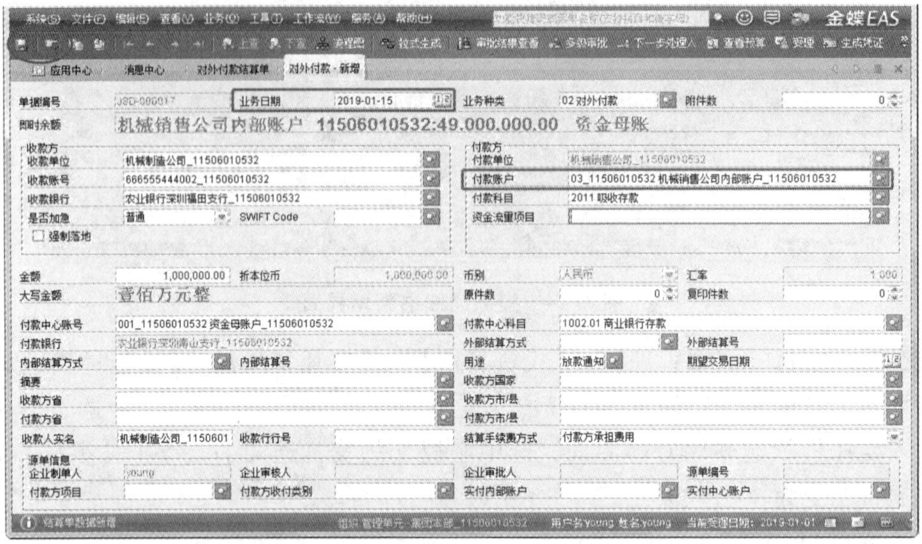

图 7-16　对外付款单填写界面

提交对外付款单后，返回对外付款单序时簿界面，选中刚刚提交的对外付款单，点击【填写中心账号】。打开“填写中心账号”界面后，核对中心账号为“资金母账户_学号”，无误后，点击【提交】。提交成功后，返回对外付款结算单序时簿界面，选择对应单据，点击【受理】。

（7）委托方付款。

第一步：修改、提交、保存并审核付款单。

切换当前组织为“机械销售公司_学号”，执行【财务会计】-【出纳管理】-【收付款处理】-【付款单查询】命令，选择业务日期开始日为“2019 年 1 月 1 日”，点击【确定】，进入付款单序时簿界面。

进入付款单序时簿界面后，选中根据对外付款单自动生成的付款单，点击修改按钮【】，进入付款单编辑界面。

在付款单编辑界面，根据任务 7 描述填写相关信息，最后点击【保存】、【提交】即可。（如果看不到内部客户-机械制造公司_学号，操作方法见下面的注意事项。）

第二步：修改对方科目为“其他应收款-往来”。

第三步：选择对方科目核算项目为“内部客户-机械制造公司_学号”。（如果看不到内部客户-机械制造公司_学号，操作方法见下面的注意事项。）

第四步：点击【保存】和【提交】，如图 7-17 所示。

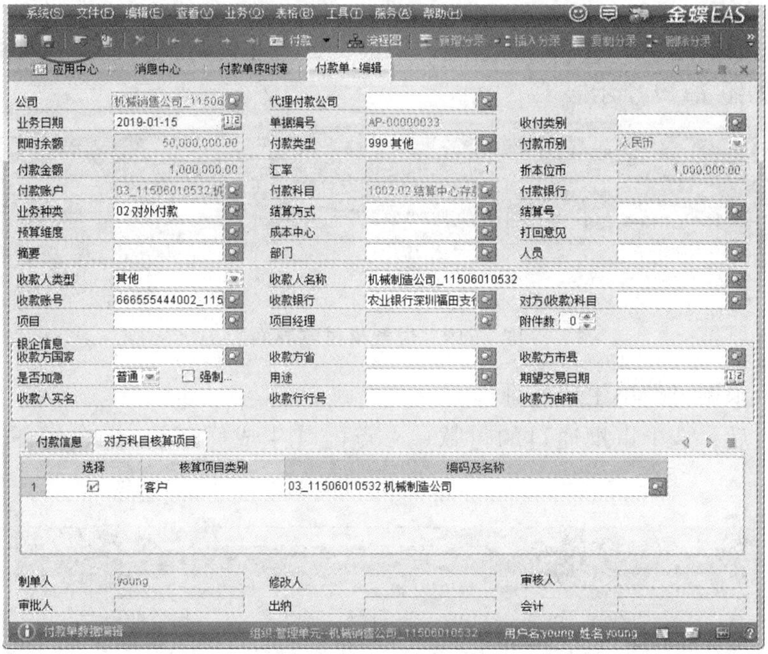

图 7-17 付款单填写界面

注意：

选择“内部客户-机械制造公司”前，需要执行【企业建模】-【主数据】-【客户】命令，在左侧选中内部客户，右侧选中“机械制造公司”，点击修改按钮【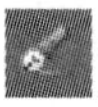】，进入“客户-修改”界面，点击“财务资料”页签，找到财务组织名称为“机械销售公司_学号”，点击【保存】即可，如图 7-18 所示。

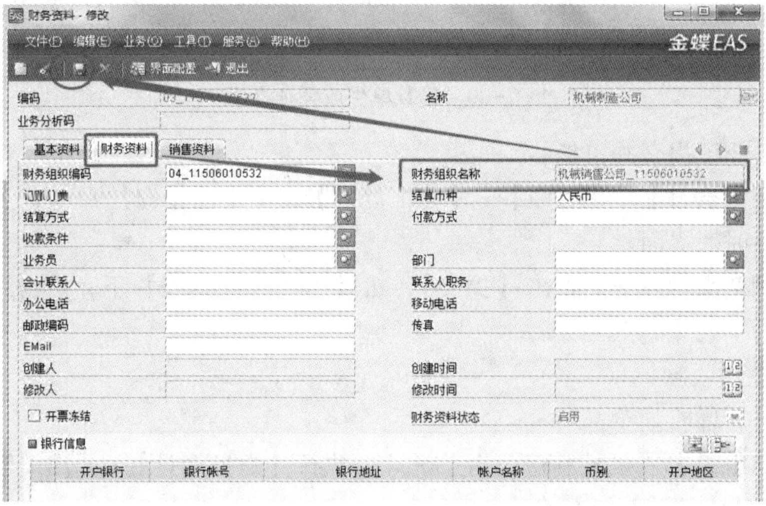

图 7-18 修改客户界面

提交完毕后，返回付款单序时簿界面，选中刚刚提交的付款单，点击【审批】，单据状态变更为“已审批”。

第五步：付款。

审批通过后，选中刚刚审批通过的付款单，点击【付款】，付款后单据状态变更为“已付款”，如图 7-19 所示。

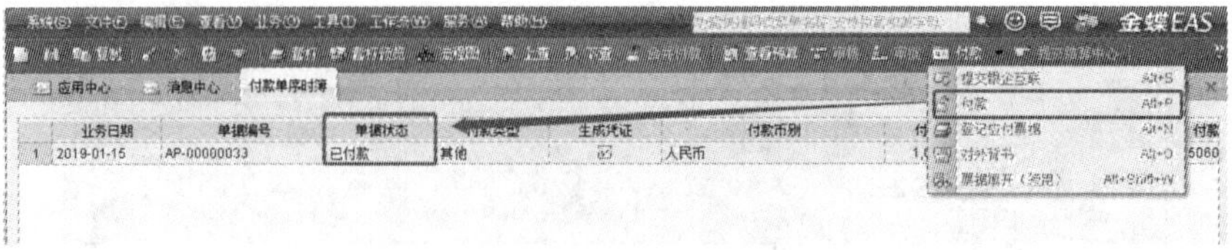

图 7-19　付款单付款界面

第六步：根据付款单生成凭证。

审批通过后，选中审批通过的付款单，点击【生成凭证】，生成凭证，如图 7-20 所示。

图 7-20　付款单生成凭证界面

第七步：凭证提交并审核。

执行【财务会计】-【总账】-【凭证处理】-【凭证查询】命令，点击【确定】后进入凭证序时簿界面。

选中刚刚新增的凭证，点击【提交】，然后在【凭证处理】下，点击【审核】，凭证状态变更为“已审核”。

（8）借款方收款。

第一步：新增收款单。

切换当前组织为“机械制造公司_学号”，执行【财务会计】-【出纳管理】-【收付款处理】-【收款单新增】命令。

进入收款单-新增界面，点击【拉式生成】，选择源单据类型为“借款”，转换规则为“借款生成出纳收款单”，点击【确定】，如图 7-21 所示。

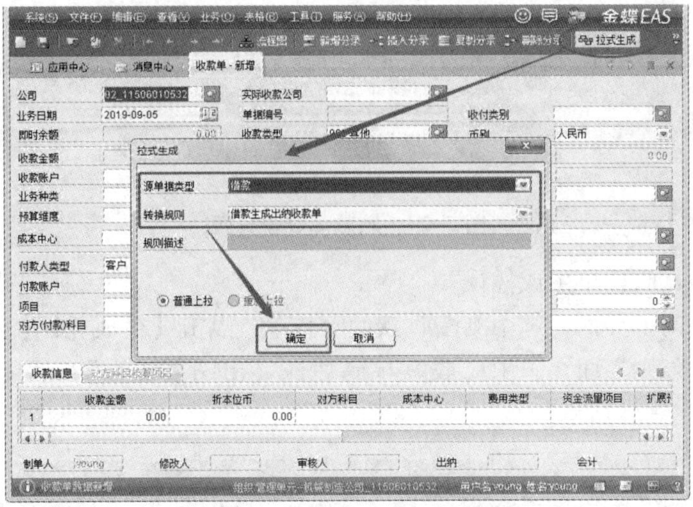

图 7-21　拉式生成收款单界面

在源单列表，选中任务 1（借款方生成借款单）生成的借款单，点击【整单选取】后点击【确定】。拉式生成后，将业务日期修改为“2019 年 1 月 15 日”，收款信息页签下的对方科目为“短期借款”，点击【保存】和【提交】，如图 7-22 所示。

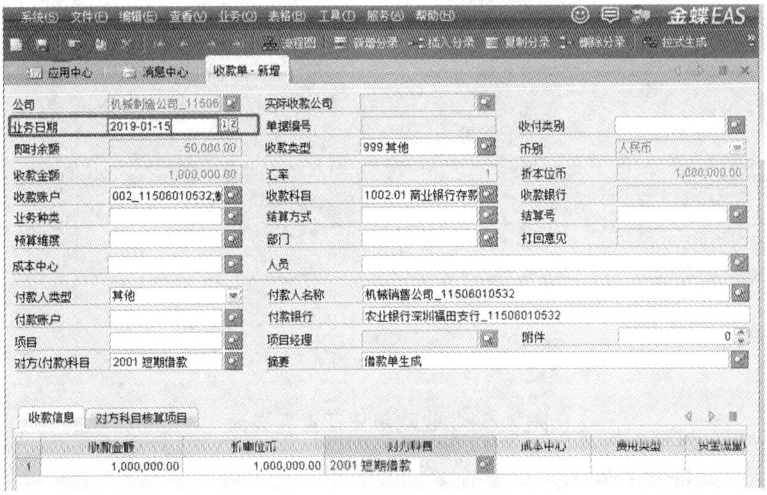

图 7-22　收款单填写界面

第二步：审批收款单。

执行【财务会计】-【出纳管理】-【收付款处理】-【收款单查询】命令，在条件查询界面，修改开始日期为“2019 年 1 月 1 日”，点击【确定】，进入收款单序时簿界面。

进入收款单序时簿界面后，选中刚刚提交的收款单，点击【审批】，单据状态变更为“已审批”。

第三步：收款。

审批通过后，选中刚刚审批的收款单，点击【收款】，单据状态变更为“已收款”，如图 7-23 所示。

图 7-23　收款单收款界面

第四步：根据收款单生成凭证。

在收款单序时簿界面，选中刚刚收款的收款单，点击【生成凭证】。

在选择转换规则界面，选中“收款单到凭证（出纳系统）”，然后点击【确定】，生成凭证，如图 7-24 所示。

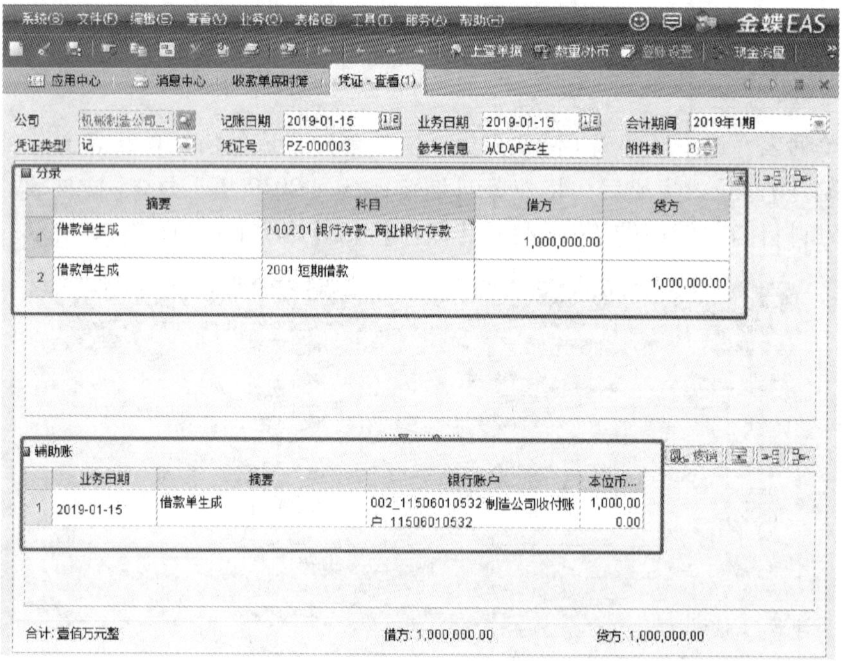

图 7-24　收款单凭证查看界面

第五步：凭证提交并审核。

执行【财务会计】-【总账】-【凭证处理】-【凭证查询】命令，在过滤条件界面点击【确定】后进入凭证序时簿界面。

选中刚刚新增的凭证，点击【提交】，然后在凭证处理下，点击【审核】，单据状态变更为“已审核”，如图 7-25 所示。

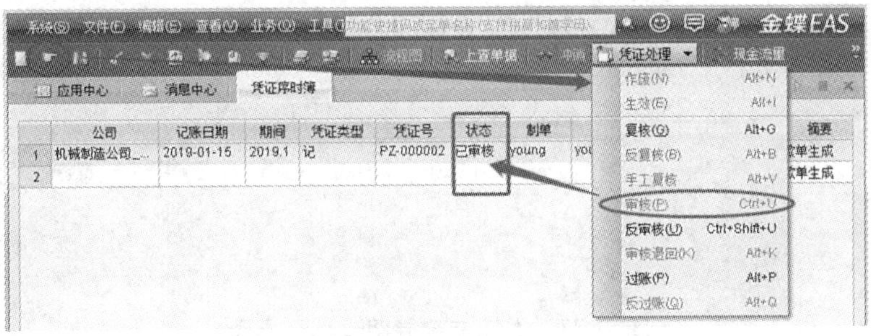

图 7-25　凭证提交并审核界面

（9）委托贷款展期。

切换当前组织为“机械销售公司_学号”，执行【资金管理】-【投资管理】-【委托贷款】-【委托贷款展期】命令，在条件过滤界面，选择开始日为“2019 年 1 月 1 日”，与借款单位的关系为“集团内”，点击【确定】，进入委托贷款展期单查询界面。

进入委托贷款展期单查询界面，点击新增按钮【 】，进入委托贷款展期单-新增界面，点击【拉式生成】，选择源单据类型为“委托贷款单”，单据号选择任务 4 生成的委托贷款单，点击【确定】，如图 7-26 所示。

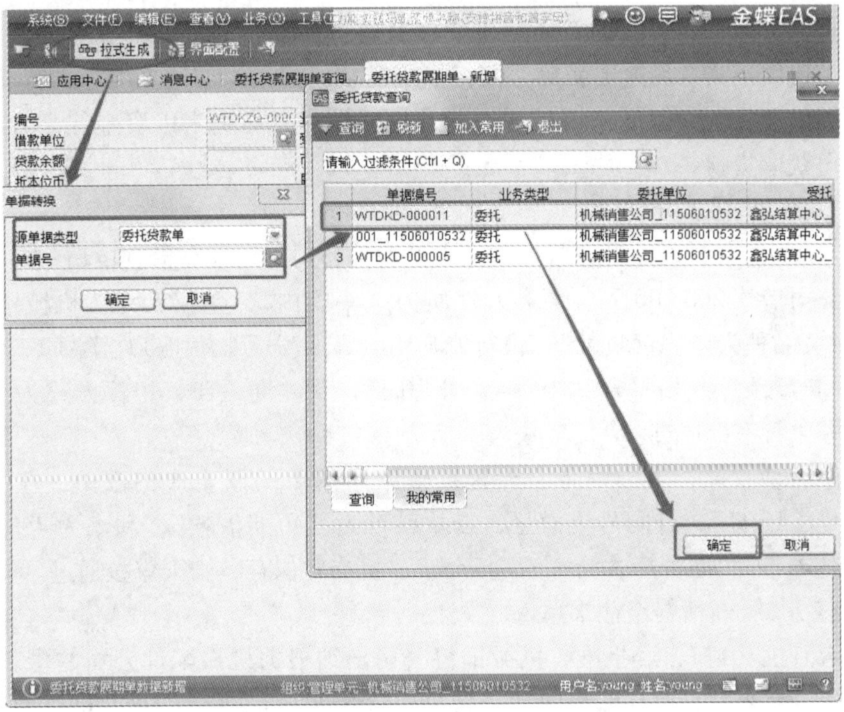

图 7-26　拉式生成委托贷款展期单界面

拉式生成后，修改业务日期为“2019 年 1 月 31 日”，展期后到期日为“2020 年 3 月 15 日”，然后【提交】即可，如图 7-27 所示。

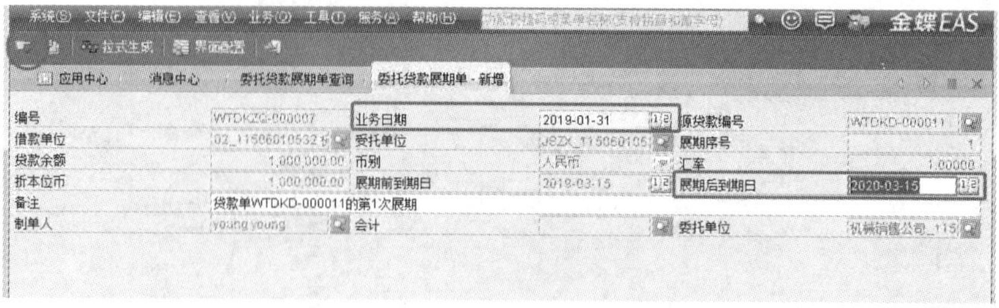

图 7-27　委托贷款展期单填写界面

返回委托贷款展期单查询界面，选中刚刚提交的委托贷款展期单，点击【审批】，单据状态变更为“已审批”。

7.4　任务三：资金往来

7.4.1　任务描述

2019 年，机械配件行业产品结构变动较大，越来越多的公司利用新兴技术生产更适合市场需求的配件，导致机械配件公司生产的传统配件存货大量积压，账面流动资金不足，难以支撑下一季度的新产品研发以及生产需要。为此，机械配件公司向银行申请贷款，但由于贷款用途不明确，银行拒绝贷款；公司内部结算中心进行业务审查，暂时无法提供贷款。为保证公司正常运营，机械配件公司决定以资金往来方式，从机械销售公司获取贷款。

（1）任务 1：借款处理。

2019 年 1 月 10 日，经管理层批准，机械配件公司出纳提交借款申请，申请直接向机械销售公司借款 200 000 元，债券人性质为“集团内”，债权人为“机械销售公司_学号”，融资品种为“内部贷款”，银行账户为“配件公司收付账户_学号”，协议年利率为 4%，贷款预计开始日期 2019 年 1 月 20 日，贷款期一年，担保方式为“保证”。当天，财务主管审批通过。

为方便后续收款，当天财务会计根据借款申请单关联生成借款单，业务日期为“2019 年 1 月 10 日”，合同号为学号，贷款科目为“短期借款”，利率为 4%，付息方式为“利随本清”，融资形式为“双边形式”，提交并保存，当天审核通过。

（2）任务 2：新增资金往来单。

2019 年 1 月 10 日，经批准，机械销售公司出纳根据机械配件公司的借款申请单，拉式生成资金往来单，放款账户为“销售公司收付账户_学号”，对方科目为“其他应收款_往来”，还款方式为“分期还款”，修改还款计划信息，本月底（1 月 31 日）还款 50 000 元，剩下的到期一次性还清，提交后销售公司财务主管当天审核通过。

（3）任务 3：贷款方付款。

2019 年 1 月 20 日，机械销售公司出纳根据审核通过的资金往来单，关联生成付款单，收款账号为“配件公司收付账户_学号”，付款信息页签对应的对方科目为“其他应收款-往来”，对方科目核算项目页签，选中勾选框，编码及名称为“内部客户-机械配件公司_学号”，当天审核通过并付款；财务会计生成付款凭证，提交并审核通过。

（4）任务 4：借款方收款。

2019 年 1 月 20 日，机械配件公司出纳收到借款后，进行收款处理，拿借款单生成收款单，业务日期修改为“2019 年 1 月 20 日”，收款信息页签的对方科目为“短期借款”，最后提交、审核并收款；财务会计生成付款凭证，提交并审核。

（5）任务 5：资金往来展期。

2019 年 1 月 31 日，机械配件公司新产品研发延期，生产传统产品的利润大幅降低，预计无法按期偿还贷款，和机械销售公司协商后，机械销售公司出纳对 2019 年 1 月 20 日的贷款进行展期处理，用资金往来单生成资金往来展期单，延期一年还款，最后提交。

7.4.2 具体操作

以用户名：学生姓名，密码：学号进入系统。

（1）借款处理。

第一步：新增借款申请单

切换当前组织为“机械配件公司_学号”，执行【资金管理】-【融资管理】-【业务处理】-【借款申请】命令，打开借款申请单条件过滤界面，修改申请开始日期为“2019 年 1 月 1 日”，选择借款类型为“全部”，点击【确定】，进入借款申请单序时簿界面。

在借款申请单序时簿界面，点击新增按钮【 】，进入借款申请单新增界面。

按任务 1 描述的信息填写借款申请单相关信息，最后点击【保存】、【提交】即可，如图 7-28 所示。

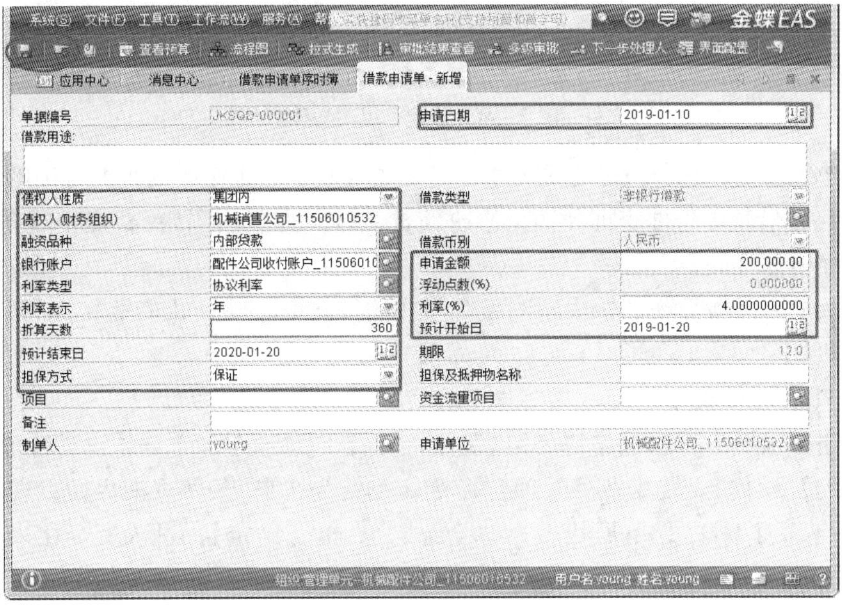

图 7-28 借款申请单填写界面

借款申请单提交后，返回借款申请单序时簿界面，找到刚刚提交的借款申请单，点击【审批】，单据状态变更为“已审批”状态，如图 7-29 所示。

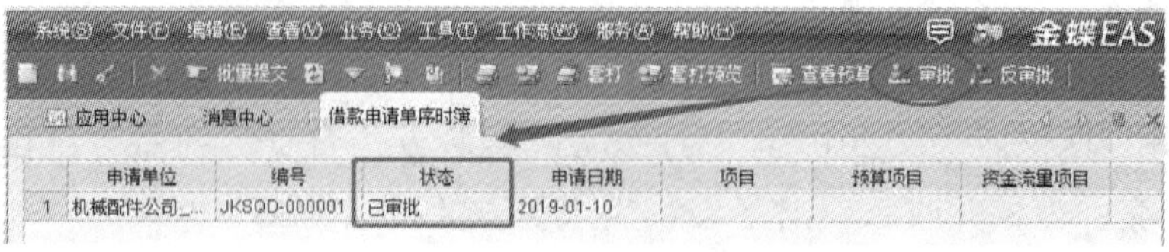

图 7-29　借款申请单审批界面

第二步：关联生成借款单。

在借款申请单序时簿界面，选中第一步审批通过的借款申请单，点击【关联生成】，关联生成借款单。

在“借款-新增”界面，根据任务 2 描述的信息填写借款单，最后点击【保存】、【提交】即可，如图 7-30 所示。

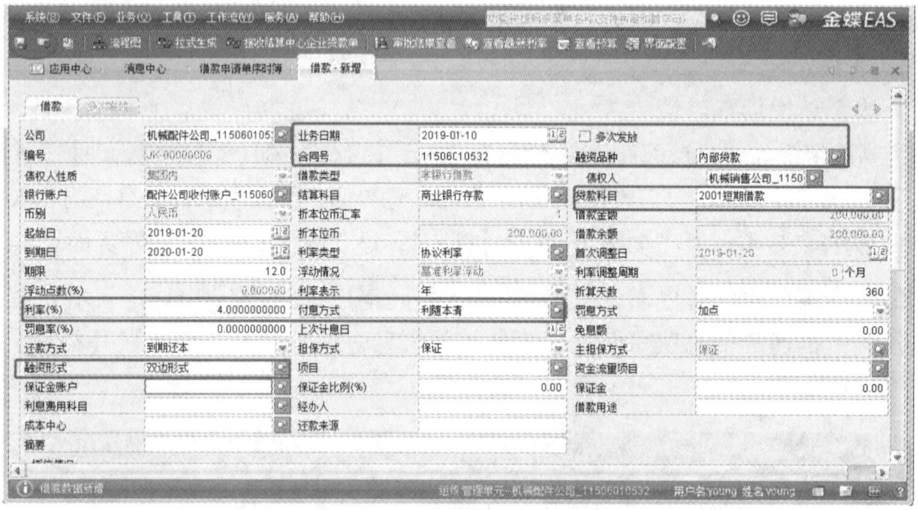

图 7-30　借款单填写界面

借款单提交后，执行【资金管理】-【融资管理】-【业务处理】-【借款业务处理】命令，在借款单条件查询界面，修改债权人性质为“集团内”，点击【确定】，进入借款单序时簿界面。

在借款单序时簿界面，选中刚刚关联生成的借款单，点击【审批】，单据状态变更为“已审批”。

（2）资金往来单新增。

切换当前组织为“机械销售公司_学号”，执行【资金管理】-【投资管理】-【资金往来管理】-【资金往来业务处理】命令，在资金往来-条件查询界面，选择开始日为“2019 年 1 月 1 日”，单据状态为“全部”，点击【确定】，进入资金往来单序时簿界面。

点击新增按钮【 】，进入资金往来单新增界面，点击【拉式生成】，选择源单据类型为“借款申请单”，单据号选择任务 1 新增的借款申请单，拉式生成资金往来单后，根据任务 2 描述的信息填写资金往来单，最后点击【保存】、【提交】即可，如图 7-31 所示。

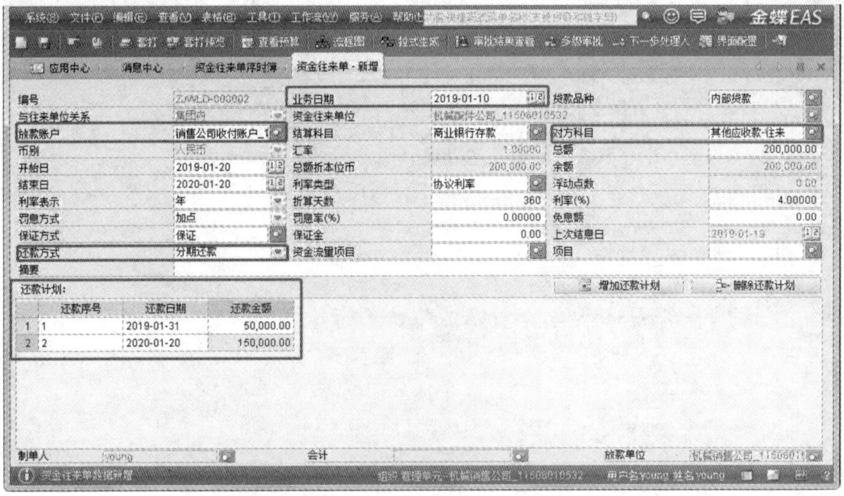

图 7-31　资金往来单填写界面

资金往来单提交后，返回资金往来单序时簿界面，找到刚刚提交的资金往来单，点击【审批】，单据状态变更为“已审批”。

（3）贷款方付款。

第一步：修改、提交、保存并审核付款单。

切换当前组织为“机械销售公司_学号”，执行【资金管理】-【投资管理】-【资金往来管理】-【资金往来业务处理】命令，在资金往来-条件查询界面，选择开始日为“2019 年 1 月 1 日”，单据状态为“全部”，点击【确定】，进入资金往来单序时簿界面。

选中任务 2 审批通过的资金往来单，点击“关联生成”，选择目标单据类型为“付款单”，转换规则为“资金往来单生成付款单”，点击【确定】，进入付款单-新增界面。

在付款单新增界面，根据任务 3 描述信息填写付款单相关信息，最后点击【保存】、【提交】即可。

第二步：选择收款账号并修改对方科目为“其他应收款-往来”。

第三步：选择对方科目核算项目为“内部客户-机械配件公司_学号”。（如果看不到“内部客户-机械配件公司_学号”，操作方法见下面的注意事项。）

第四步：点击【保存】和【提交】，如图 7-32 所示。

图 7-32　付款单填写界面

注意：

选择“内部客户-机械配件公司”之前，需要执行【企业建模】-【主数据】-【客户】命令，在左侧选中内部客户，右侧选中“机械配件公司”，点击修改按钮【】，进入“客户-修改”界面，点击“财务资料”页签，可看到财务组织名称为“机械销售公司_学号”，点击【保存】，如图 7-33 所示。

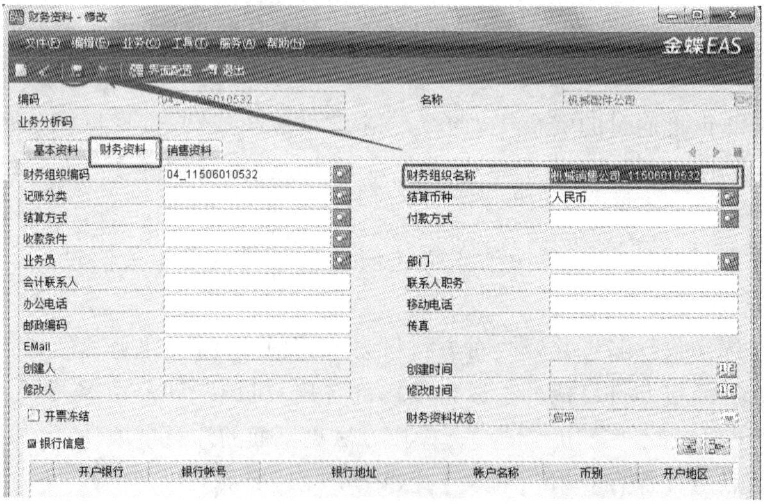

图 7-33　客户属性修改界面

提交完毕后，返回付款单序时簿界面，选中刚刚【提交】的付款单，点击【审批】，单据状态变更为“已审批”。

第五步：付款。

审批通过后，选中刚刚审批通过的付款单，点击【付款】，付款后单据状态变更为“已付款”。

第六步：根据付款单生成凭证。

审批通过后，选中审批通过的付款单，点击【生成凭证】，可以查看生成的凭证，如图 7-34 所示。

图 7-34　付款单凭证查询界面

第七步：凭证提交并审核。

执行【财务会计】-【总账】-【凭证处理】-【凭证查询】命令，点击过滤条件界面的【确定】进入凭证序时簿界面。

选中刚刚新增的凭证，点击【提交】，然后在凭证处理下，点击【审核】，凭证状态变更为“已审核”。

（4）借款方收款。

第一步：新增收款单。

切换当前组织为“机械配件公司_学号”，执行【财务会计】-【出纳管理】-【收付款处理】-【收款单新增】命令。

进入收款单-新增界面，点击【拉式生成】，选择源单据类型为“借款”，转换规则为“借款生成出纳收款单”，点击【确定】。

在源单列表，选中任务 1 生成的借款单，整单选取后点击【确定】。

拉式生成后，将业务日期修改为“2019 年 1 月 20 日”，收款信息页签下的对方科目为“短期借款”，点击【保存】和【提交】即可，如图 7-35 所示。

图 7-35　收款单填写界面

第二步：审批收款单。

执行【财务会计】-【出纳管理】-【收付款处理】-【收款单查询】命令，在条件查询界面，修改开始日期为“2019 年 1 月 1 日”，点击【确定】，进入收款单序时簿界面。

进入收款单序时簿界面后，选中刚刚提交的收款单，点击【审批】，单据状态变更为“已审批”。

第三步：收款。

审批通过后，选中刚刚审批的收款单，点击【收款】，单据状态变更为“已收款”。

第四步：根据收款单生成凭证。

在收款单序时簿界面，选中刚刚收款的收款单，点击【生成凭证】。

在选择转换规则界面，选中“收款单到凭证（出纳系统）”，然后点击【确定】，可以看到生成的凭证，如图 7-36 所示。

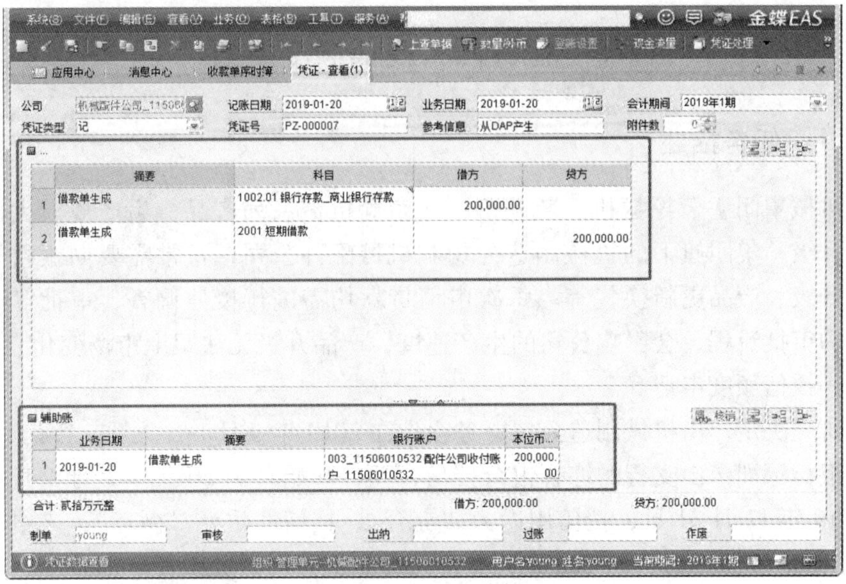

图 7-36 收款单凭证查询界面

第五步：凭证提交并审核。

执行【财务会计】-【总账】-【凭证处理】-【凭证查询】命令，进入凭证序时簿界面。选中刚刚新增的凭证，点击【提交】，然后在凭证处理下，点击【审核】，单据状态变更为“已审核”。

（5）资金往来展期。

切换当前组织为“机械销售公司_学号”，执行【资金管理】-【投资管理】-【资金往来管理】-【资金往来展期】命令，在条件过滤界面，选择开始日为“2019 年 1 月 1 日”，与往来单位的关系为“集团内”，点击【确定】，进入资金往来展期单查询界面。

进入资金往来展期单查询界面，点击新增按钮【】，进入“资金往来展期单-新增”界面，点击【拉式生成】，选择源单据类型为“资金往来单”，单据号选择任务 2 生成的资金往来单，点击【确定】。

拉式生成后，修改业务日期为“2019 年 1 月 31 日”，展期后到期日为“2021 年 1 月 20 日”，然后点击【提交】即可，如图 7-37 所示。

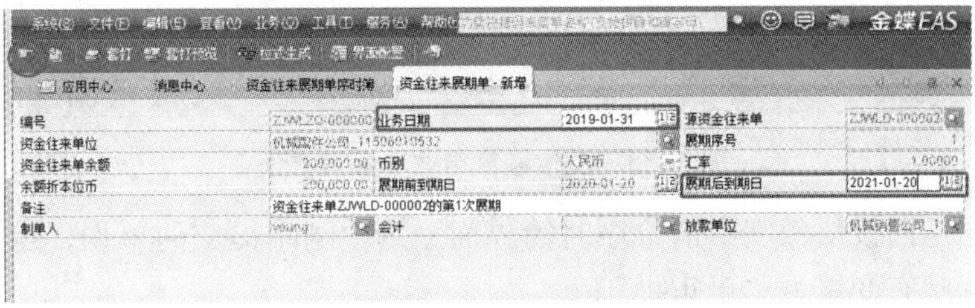

图 7-37 资金往来展期单填写界面

7.5 任务四：授信额度申请

7.5.1 任务描述

鑫弘机械集团主营挖掘机、装载机、叉车等机械系列产品，生产规模大，产品结构需不断升级，集团旗下的机械制造公司和机械配件公司，常常需要向银行贷款，用于生产线升级、产品更新换代等。每次申请贷款均需进行授信调查、审批等一系列流程；较长的审批流程，会影响公司的生产速度，产品升级无法跟上市场变化。

任务：授信额度申请。

集团研究决定，由机械制造公司财务会计在 2019 年 1 月 1 日，提交授信额度申请，申请农业银行深圳南山支行的综合银行授信，预计开始日为 2019 年 1 月 1 日，预计结束日为 2019 年 12 月 31 日，授信用途为“综合”，授信性质为“循环”，该申请为“集团授信”，申请金额为 10 000 000 元，并由机械制造公司财务主管审批通过。

7.5.2 具体操作

以用户名：学生姓名，密码：学号进入系统。

切换当前组织为“机械制造公司_学号”，执行【资金管理】-【融资管理】-【授信额度】-【授信额度申请】命令，在授信额度申请单过滤界面，修改申请开始日期为“2019 年 1 月 1 日”，点击【确定】，进入授信额度申请单序时簿界面。

进入授信额度申请单序时簿界面后，点击新增按钮【】，进入授信额度申请单新增界面，根据任务四的描述填写授信额度申请单，最后点击【保存】、【提交】即可，如图 7-38 所示。

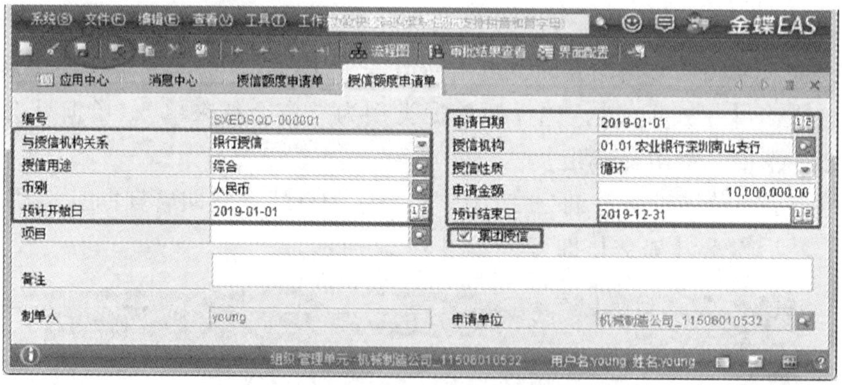

图 7-38　授信额度申请单填写界面

提交后，返回授信额度申请单序时簿界面，选中刚刚提交的单据，点击【审批】，可以看到单据状态变更为“已审批”。

7.6 任务五：授信额度

7.6.1 任务描述

任务：授信额度。

2019 年 1 月 1 日，机械制造公司财务会计，根据授信额度申请单进行授信额度新增，以“混合”担保形式新增授信额度，主担保方式为“保证”。为整个集团可共享该次授信额度，设置额度分配方式为“总额共享”，并添加集团所有公司。提交完成后，由机械制造公司财务主管进行审批。

7.6.2 具体操作

以用户名：学生姓名，密码：学号进入系统。

切换当前组织为“机械制造公司_学号”，执行【资金管理】-【融资管理】-【授信额度】-【授信额度业务处理】命令，在授信额度条件查询界面，修改申请开始日期为“2019 年 1 月 1 日”，点击【确定】，进入授信额度序时簿界面。

进入授信额度序时簿界面后，点击新增按钮【】，进入授信额度新增界面，点击【拉式生成】，选择任务四的授信额度申请单后点击【确定】。

生成授信额度单后，根据任务五描述填写授信额度单相关信息，最后提交即可，如图 7-39 所示。

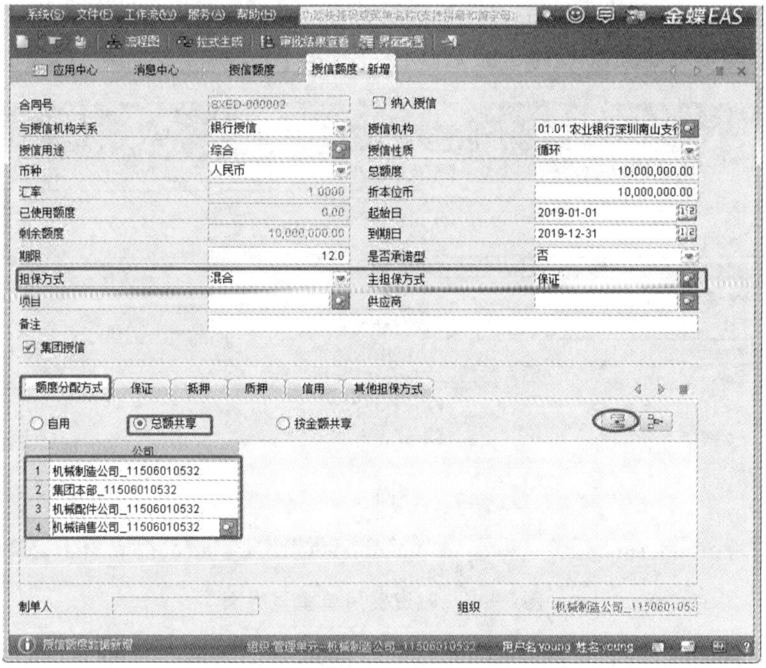

图 7-39 授信额度单填写界面

提交后，返回授信额度序时簿界面，选中刚刚提交的单据，点击【审批】，单据状态变更为“已审批”。

7.7 任务六：融资费用业务处理

7.7.1 任务描述

任务：融资费用业务处理。

2019 年 1 月 7 日，在进行授信额度申请业务时，用制造公司收付账户支付申请手续费 200 元，计入融资费用。在源单编号框内输入任务四审批通过的授信额度申请单的单据编号，融资品种为“其他-银行保函”，费用类型为“手续费”，机械制造公司出纳进行登记并生成付款单，付款账户为“制造公司收付账户_学号”，付款信息的对方科目为“财务费用”，付款单审核通过后，由财务会计生成凭证。提交后，由财务主管审批。

7.7.2 具体操作

以用户名：学生姓名，密码：学号进入系统。

第一步：新增融资费用单据并审批

切换当前组织为“机械制造公司_学号”，执行【资金管理】-【融资管理】-【费用管理】-【融资费用业务处理】命令，在融资费用条件查询界面，修改申请开始日期为“2019 年 1 月 1 日”，点击【确定】，进入融资费用序时簿界面。

进入融资费用序时簿界面后，点击新增按钮【】，进入融资费用新增界面，根据任务六的描述填写融资费用单，最后点击【保存】、【提交】即可，如图 7-40 所示。

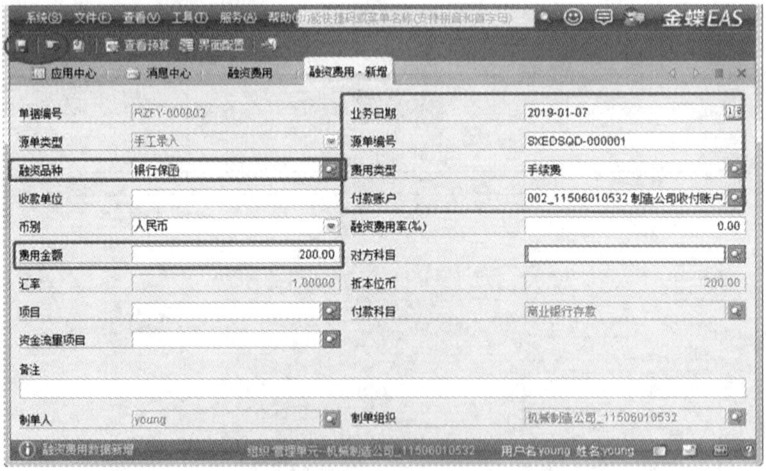

图 7-40 融资费用单填写界面

返回融资费用序时簿界面，选中刚刚提交的单据，点击【审批】，单据状态变更为“已审批”。

第二步：付款业务处理

在融资费用序时簿界面，选中刚刚审批通过的单据，点击【生成付款单】，选择目标单据类型为"付款单"，转换规则为"融资费用生成付款单"，点击【确定】。

在付款单新增界面，付款信息页签下的对方科目选择"财务费用"，最后点击【保存】、【提交】即可，如图 7-41 所示。

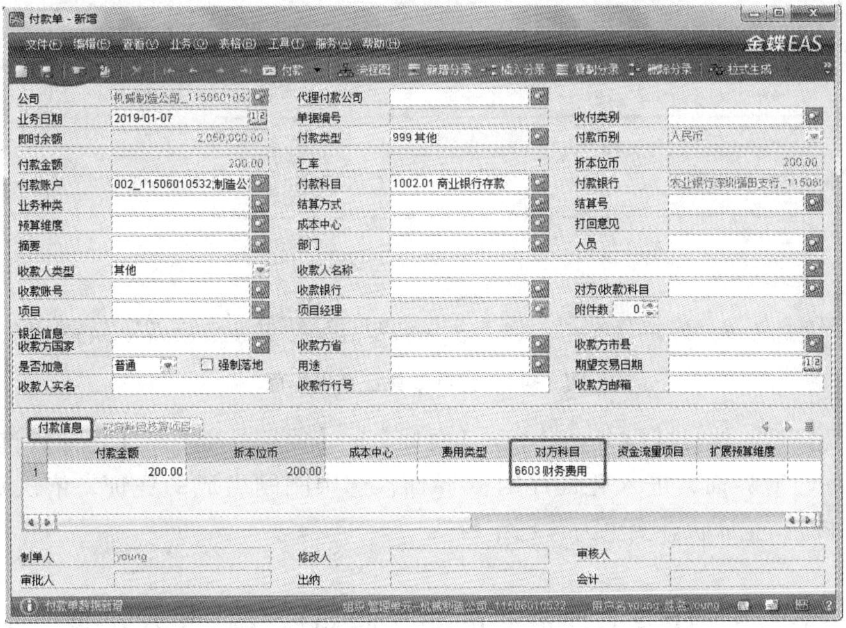

图 7-41　付款单填写界面

提交付款单后，执行【财务会计】-【出纳管理】-【收付款处理】-【付款单查询】命令，在条件查询界面，修改业务开始日期为"2019 年 1 月 1 日"，点击【确定】，进入付款单序时簿界面。

在付款单序时簿界面，选中刚刚提交的付款单，点击【审批】，单据状态更新为"已审批"。选中刚刚审批通过的付款单，点击【付款】，单据状态变更为"已付款"。

第三步：生成凭证

在付款单序时簿界面选中刚刚付款的付款单，点击【生成凭证】，如图 7-42 所示。

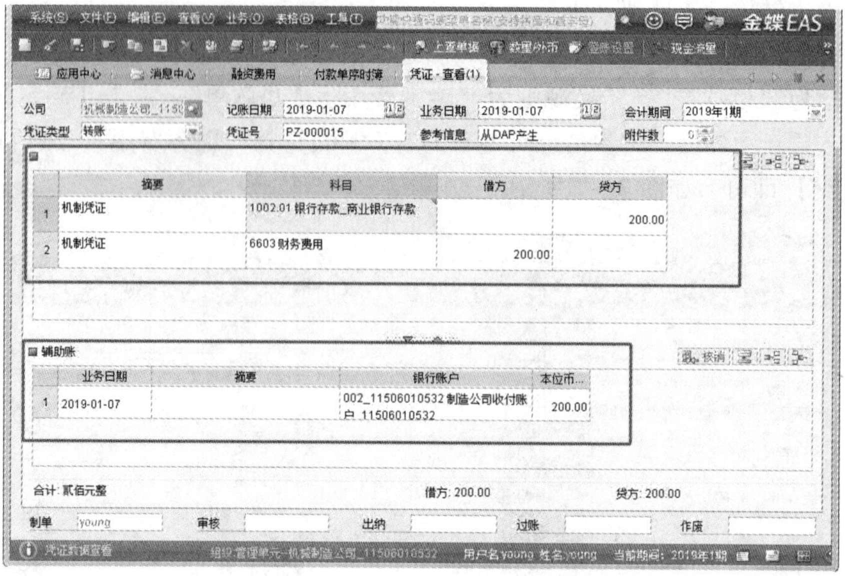

图 7-42　付款单凭证查询界面

生成凭证后，执行【财务会计】-【总账】-【凭证处理】-【凭证查询】命令，进入凭证序时簿界面，进入凭证序时簿界面，选中刚刚生成的凭证，依次点击【提交】、【审核】，凭证状态变更为“已审核”。

7.8　任务七：企业定期（通知）存款业务处理

7.8.1　任务描述

机械销售公司会定期将一笔资金存入银行，获取稳定的利息，但是自 2019 年年初以来，银行存款利率与上年相比较低。鑫弘集团内部成立了自己的结算中心，各子公司可以将闲置资金存入结算中心获取利息，同时结算中心还可将存入的资金借给其他有需要的公司，实现集团内部资金的有效利用。

相比之下，集团内部结算中心的利率高于银行，所以，2019 年 1 月 1 日，机械销售公司决定将活期内部账户的 1 000 000 元转为定期，存入集团结算中心。

任务：企业定期（通知）存款业务处理。

2019 年 1 月 1 日，集团本部出纳进行企业定期存款业务处理，新增企业定期存款单，存款类型为“活期转定期”，定期账号为“机械销售公司内部账户_学号（定期）”，活期账号为“机械销售公司内部账户_学号”，本金为 1 000 000 元，起息日为“2019 年 1 月 1 日”，存期一个月，实际利率为 4.5%，活期利率 4%，提交该笔单据。

7.8.2　具体操作

以用户名：学生姓名，密码：学号进入系统。

切换当前组织为“集团本部_学号”，执行【资金管理】-【融资管理】-【企业定期（通知）存款】-【企业定期（通知）存款业务处理】命令，在定期存款查询界面，点击【确定】，进入企业定期（通知）存款序时簿界面。

进入企业定期（通知）存款序时簿界面后，点击新增按钮【】，根据任务七描述填写企业定期（通知）存款单，最后点击【保存】、【提交】即可，如图 7-43 所示。

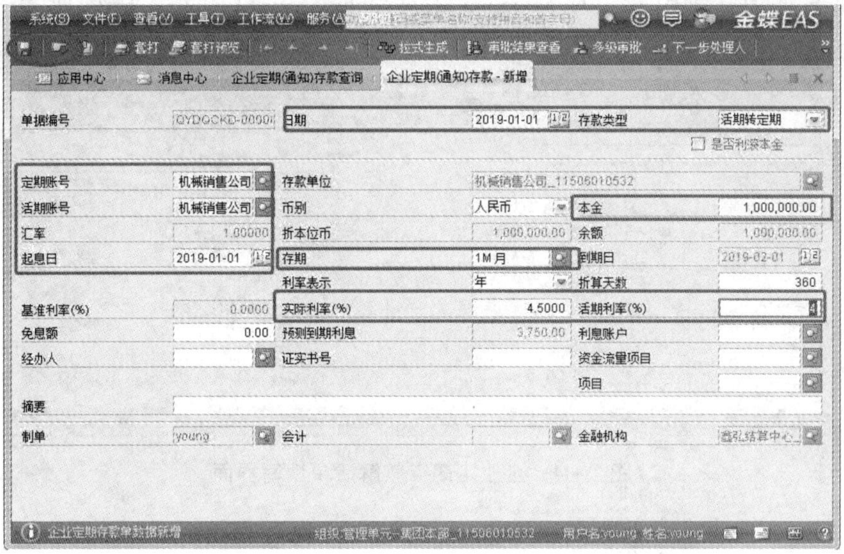

图 7-43　企业定期（通知）存款填写界面

7.9　任务八：企业定期（通知）存款解活

7.9.1　任务描述

2019 年 1 月 23 日，机械制造公司定期存款即将到期，集团本部通知机械制造公司，该公司企业定期存货还要九日到期。

任务：企业定期（通知）存款解活。

2019 年 1 月 23 日，机械制造公司定期存款即将到期，集团本部通知机械制造公司，该公司企业定期存款还要 9 天到期。2019 年 1 月 31 日，集团本部出纳进行企业定期（通知）存款解活处理，根据企业存款单拉式生成解活单据，提交该笔单据后，生成企业定期利息单，提交该笔单据。

7.9.2　具体操作

以用户名：学生姓名，密码：学号进入系统。

第一步：新增企业定期（通知）存款解活单。

切换当前组织为“集团本部_学号”，执行【资金管理】-【融资管理】-【企业定期（通知）存款】-【企业定期（通知）存款解活】命令，在企业定期存款解活条件查询界面，点击【确定】，进入企业定期（通知）存款解活序时簿界面。

进入企业定期（通知）存款解活序时簿界面后，点击新增按钮【】，进入企业定期（通知）存款解活新增界面，点击【拉式生成】，源单据类型选择“企业定期存款单”，单据号选择任务七提交的企业定期（通知）存款单。

拉式生成解活单后，日期选择“2019 年 1 月 31 日”，选择解活类型为“提前解活”，解活日期为“2019 年 1 月 31 日”，最后点击【提交】，如图 7-44 所示。

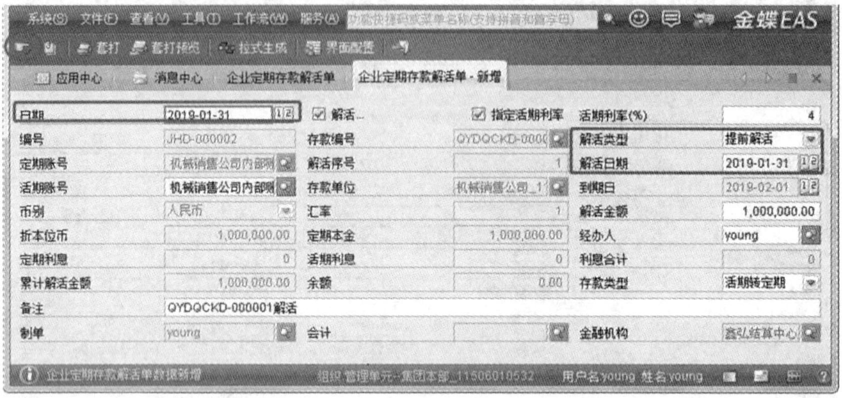

图 7-44　企业定期存款解活单填写界面

第二步：企业定期存款利息。

企业定期（通知）存款解活单提交后，会自动生成企业定期存款利息单，修改日期为“2019 年 1 月 31 日”，然后点击【提交】即可，如图 7-45 所示。

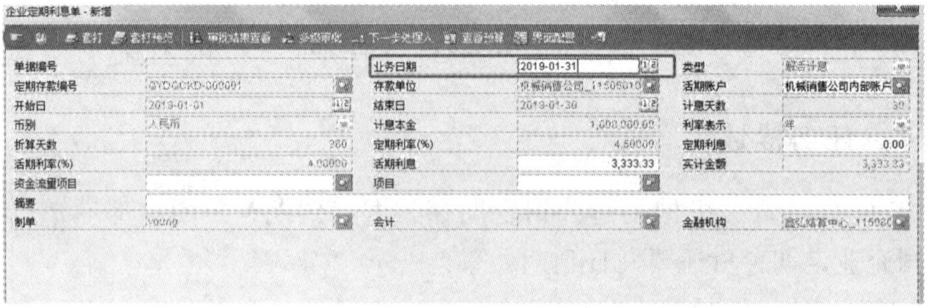

图 7-45　企业定期利息单填写界面

8　集团财务核算

8.1　集团财务核算概述

企业财务核算的目的在于：记录与财务相关的交易，保证财务数据的一致性、可比性、可审计性。

集团财务核算能够根据集团管控的需要，满足跨地域、跨行业、多元化经营的集团的上述财务核算的目的，实现整个集团统一、标准、规范的核算。集团财务核算的管理目标是实现数据集中、数据规范、核算统一，最终实现集团财务分析。因此集团企业需要通过统一会计核算政策、规范会计核算基础信息等财务核算管理手段，实现集团战略财务信息集中管理。

金蝶 EAS 系统集团财务核算管理系统支持统一、规范、高效的核算管理流程，并同时支持集中核算、分散核算、财务共享服务等多种财务核算管控模式。集团企业通过统一制定核算政策、核算基础资料和财务数据统计口径，能最大限度地保证集团核算从上到下的一致性，同时可以大大减少财务核算的操作性风险，帮助集团企业降低财务管理成本，提高核算处理效率，实现业务与财务一体化，助力集团企业的快速扩张与战略转型。

8.2　任务一：凭证处理

8.2.1　任务描述

（1）任务 1：凭证处理。

2019 年 1 月 11 日，机械制造公司_学号向耀星公司_学号销售挖掘机两台，价税合计 5 650 000 元，增值税 13%，机械制造公司_学号的财务会计新增对应会计凭证，摘要为“销售挖掘机”并提交凭证，再由机械制造公司_学号的财务主管审核凭证。

（2）任务 2：凭证处理。

1 月 25 日，机械制造公司_学号因生产需要，向机械配件公司_学号采购一批配件作为原材料并入库，该批原材料不含税售价为 53 097. 34 元，税率 13%，成本价43 000 元，尚未付款。当天两家公司的财务会计分别登记凭证，财务主管审核通过。

（3）任务 3：凭证处理。

1 月 30 日，机械制造公司_学号临时接了一笔订单，原材料库存不够，需要向机械配件公司_学号加订一批原材料，不含税价售价为 50 000 元，税率 13%，成本价为 40 000元，经商定 2 月 4 号结清所有款项。当天两家公司的财务会计分别登记凭证，财务主管审核通过。

（4）任务 4：凭证处理。

1 月 31 日，机械制造公司_学号以银行存款支付本月水电费 5 800 元（其中增值税 800 元），其中：应由车间负担 2 650 元，应由公司行政管理部门负担 2 350 元。当天财务会计登记凭证，摘要为“支付水电费”，财务主管审核通过。

（5）任务 5：凭证处理。

1 月 31 日，机械制造公司_学号财务会计结转本期制造费用 2 650 元，当天登记凭证，摘要为“结转制造费用”，财务主管审核通过。

（6）任务 6：凭证处理。

1 月 31 日，机械制造公司_学号完工产品入库，完工品成本 30 000 元，当天财务会计登记凭证，摘要为“完工品入库”，财务主管审核通过。

（7）任务 7：凭证处理。

1 月 31 日，机械制造公司_学号结转本期进项税额 14 202. 66 元，当天财务会计登记凭证，摘要为“结转进项税额”，财务主管审核通过。

（8）任务 8：凭证处理。

1 月 31 日，机械制造公司_学号结转本期销项税额 650 000 元，当天财务会计登记凭证，摘要为“结转销项税额”，财务主管审核通过。

（9）任务 9：凭证处理。

1 月 31 日，机械制造公司_学号财务会计计提本期地税，其中：城建税 44 505. 81 元，教育费附加 19 073. 92 元，地方教育费附加 12 715. 95 元，当天登记凭证，摘要为“计提地税”，财务主管审核通过。

（10）任务 10：凭证处理。

1 月 31 日，机械制造公司_学号财务会计计提企业所得税 229 626. 08 元，当天登记凭证，摘要为“计提企业所得税”，财务主管审核通过。

（11）任务 11：凭证处理。

1 月 31 日，机械制造公司_学号签发转账支票缴纳当月增值税 635 797. 34 元、城建税 44 505. 81 元、教育费附加 19 073. 92 元、地方教育费附加 12 715. 95 元、企业所得税 984 230. 86 元，财务会计当天登记凭证，摘要为“缴纳税费”，财务主管审核通过。

（12）任务 12：凭证处理。

1 月 31 日，机械配件公司_学号结转本期销项税额 13 402. 66 元，当天财务会计登记凭证，摘要为“结转销项税额”，财务主管审核通过。

（13）任务 13：凭证处理。

1 月 31 日，机械配件公司_学号财务会计计提本期地税，其中：城建税 938. 19 元，教育费附加 402.08 元，地方教育费附加 268.05 元，当天登记凭证，摘要为“计提地税”，财务主管审核通过。

（14）任务 14：凭证处理。

1 月 31 日，机械配件公司财务会计计提企业所得税 3 697.8 元，当天登记凭证，摘要为“计提企业所得税”，财务主管审核通过。

（15）任务 15：凭证处理。

1 月 31 日，机械配件公司签发转账支票缴纳当月增值税 13 402.66 元、城建税 938.19 元、教育费附加 402.08 元、地方教育费附加 268.05 元、企业所得税 3 697.8 元，财务会计当天登记凭证，摘要为“缴纳税费”，财务主管审核通过。

以用户名：学生姓名，密码：学号进入系统。

注：以下操作说明以任务 1 为例，其他凭证处理的操作方法类似，在此不再赘述，学生自行操作即可。

本书的任务描述只说明了业务场景及数据，没有给出具体的会计分录，需要学生自行思考，参考答案见总账管理的课件。

8.2.2 具体操作

第一步：凭证新增

切换当前组织为“机械制造公司_学号”，执行【财务会计】-【总账】-【凭证处理】-【凭证新增】命令。

进入“凭证-新增”界面，按任务 1 的任务描述内容，填写凭证相应信息，检查无误后，依次点击【保存】、【提交】即可，如图 8-1 所示。

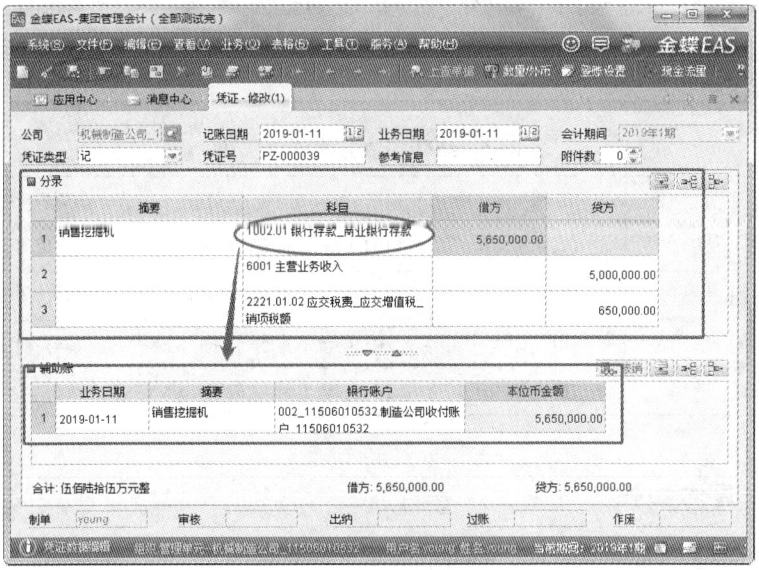

图 8-1　凭证新增界面

8 集团财务核算

第二步：凭证审核

凭证提交后，执行【财务会计】-【总账】-【凭证处理】-【凭证查询】命令。

在“凭证序时簿”界面，选中刚刚提交的凭证，在凭证处理下点击【审核】，可以看到单据状态变更为“已审核”，如图 8-2 所示。

图 8-2　凭证审核界面

到此，凭证处理完毕。

任务 2 至任务 15 的具体操作请结合各任务描述内容，参照以上操作步骤完成。

8.3　任务二：期末处理

8.3.1　任务描述

任务：期末处理。

2019 年 1 月 31 日，集团本部_学号、机械制造公司_学号、机械配件公司_学号、机械销售公司_学号的财务会计均进行凭证过账、结转损益、期末结账处理。具体结转损益方案见表 8-1。

表 8-1　结转损益方案详细信息

对应组织单元	编码	名称	本年利润科目
集团本部_学号	001_学号	2019 年 1 期结转损益	本年利润（4103）
机械制造公司_学号	002_学号	2019 年 1 期结转损益	本年利润（4103）
机械配件公司_学号	003_学号	2019 年 1 期结转损益	本年利润（4103）
机械销售公司_学号	004_学号	2019 年 1 期结转损益	本年利润（4103）

8.3.2　具体操作

以用户名：学生姓名，密码：学号进入系统。

本书以机械制造公司_学号为例进行期末处理，集团本部_学号、机械配件公司_学号、机械销售公司_学号的期末处理方法类似，此处不再赘述，学生自行操作即可。

第一步：凭证过账。

切换当前组织为“机械制造公司_学号”，执行【财务会计】-【总账】-【凭证处理】-【凭证过账】命令。

在“凭证过账”界面，凭证号不连续时，选择“继续过账”，过账发生错误时，选择“停止过账”，凭证范围为“全部未过账凭证”，点击【开始过账】，可看到过账结果，所有凭证过账成功后点击【确定】完成过账，如图8-3所示。

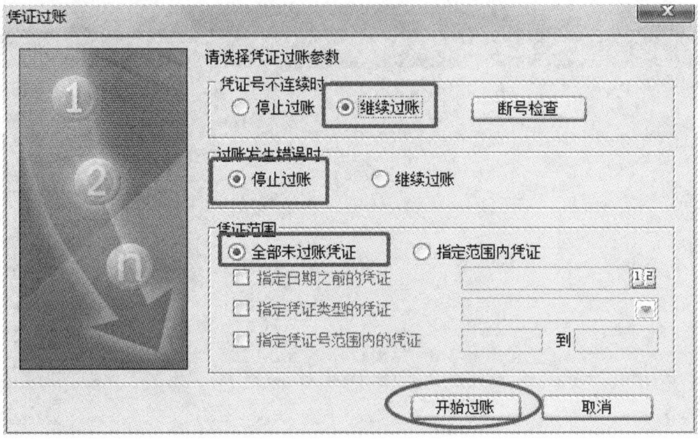

图8-3　凭证过账界面

第二步：结转损益。

凭证提交后，执行【财务会计】-【总账】-【期末处理】-【结转损益】命令。在“结转损益-条件查询”界面，选择公司为“机械制造公司_学号”，点击【确定】进入“结转损益”界面。

进入“结转损益”界面，点击【新增】，输入编码为“002_学号”，名称为“2019年1期结转损益”，本年利润科目为“本年利润（4103）”，点击【保存】即可，如图8-4所示。

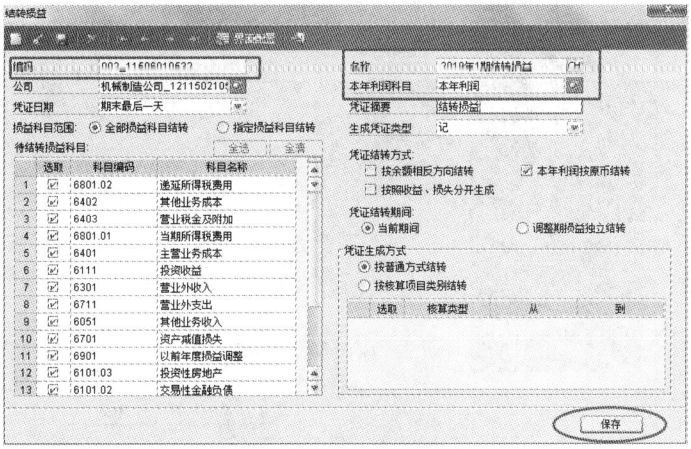

图8-4　结转损益界面

保存成功后，返回“结转损益”界面，选中“选择”下的勾选框，点击【生成凭

8 集团财务核算

证】，生成凭证后，点击【确定】，完成结转损益。

凭证生成成功后，执行【财务会计】-【总账】-【凭证处理】-【凭证查询】命令。

在“凭证-条件查询”界面，选择凭证过账类型为“全部”，点击【确定】。

进入“凭证序时簿”界面，选中刚刚生成的结转损益凭证，依次点击【提交】、【审核】、【过账】，单据状态变更为“已过账”，如图 8-5 所示。

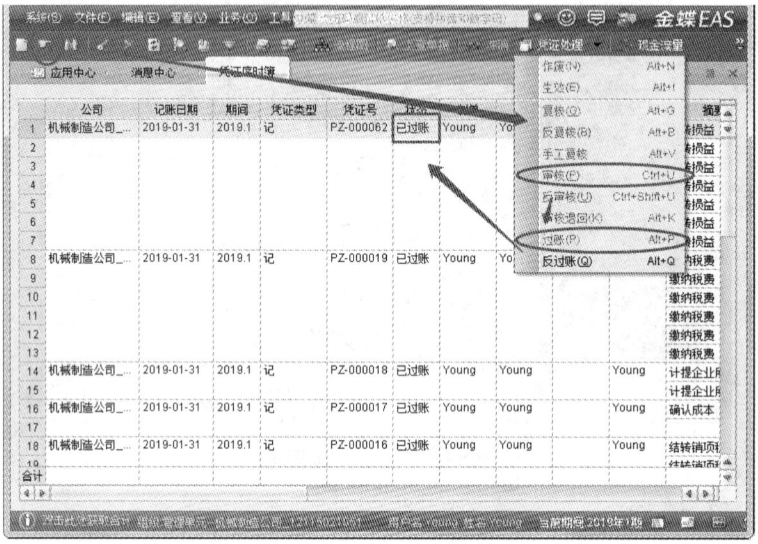

图 8-5　凭证序时簿界面

第三步：期末结账。

凭证提交后，执行【财务会计】-【总账】-【期末处理】-【期末结账】命令。进入“期末结账”界面，选择“月结”，点击【开始】，如图 8-6 所示。

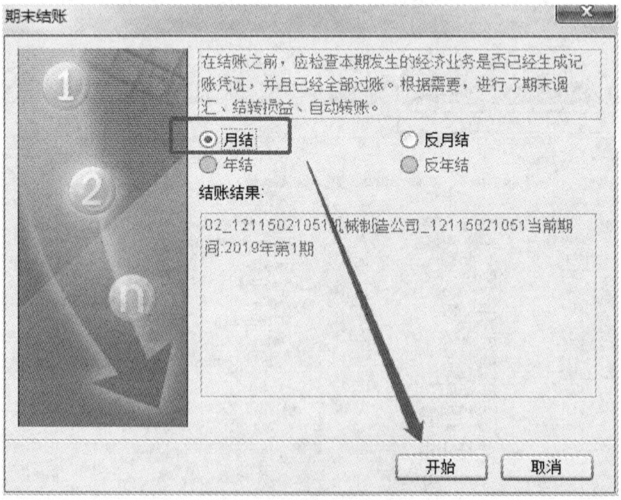

图 8-6　期末结账-开始界面

允许在凭证断号的情况下进行结账，在信息提示界面，点击【确定】。

可以看到结账结果为"当前期间：2019 年第 1 期 您已成功结账到期间：2019 年第 2 期"，点击【完成】，如图 8-7 所示。

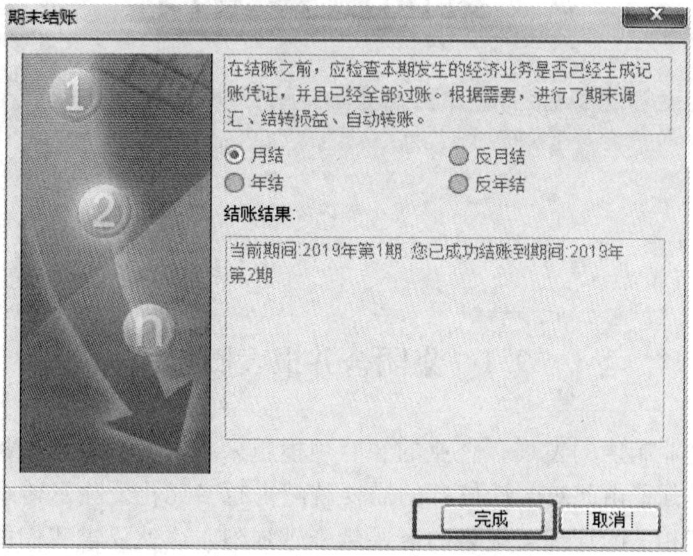

图 8-7　期末结账-完成界面

到此，期末处理业务完毕。

9 集团合并报表

9.1 集团合并报表概述

随着现代企业制度的发展，企业的经营规模越来越大，经营范围越来越宽，对市场的依赖越来越强，由此对会计信息的需要就越来越多元化，除了传统法定报表的披露以外，对经营相关的管理类报表的需要越来越强烈，这就要求我们能够快速、准确地提供用户所需要的管理类报表，并以此快速完成管理层面上的报表合并。

合并财务报表（简称“法定合并”），是指反映母公司和其全部子公司形成的企业集团整体财务状况、经营成果和现金流量的财务报表。

合并财务报表是在对纳入合并范围的母公司和其全部子公司的个别财务报表的数据进行加总的基础上，在合并工作底稿中通过编制抵销分录将内部交易对合并财务报表的影响予以抵销，然后按照合并财务报表的项目要求合并个别财务报表的各项目的数据。

合并财务报表能够向财务报告的使用者提供反映企业集团整体财务状况、经营成果和现金流量的会计信息，有助于财务报告的使用者做出经济决策。EAS 法定合并系统帮助企业集团及其下属子公司提供了编制法定合并的全面解决方案。

9.2 任务一：合并范围设置并授权

9.2.1 任务描述

2019 年 1 月 1 日，鑫弘机械集团_学号开始正式使用 EAS 法定合并模块进行合并报表处理，为保证系统的正常使用，集团财务会计先进行各项基础设置。

（1）任务 1：确定合并范围。

新增合并范围（详细信息如表 9-1 所示），保存后新增合并单元，首先新增合并单元组：001_学号 集团合并，然后新增所有子公司，最后启用合并范围，启用日期为 2019 年 1 月 1 日。

注：合并范围和集团合并的编码一定按照表内数据和题目要求填写，001 后的符号使用下划线“_”，否则会导致财务分析报表无法计算。

表 9-1　合并范围详细信息

编码	名称	是否基本合并范围
001_学号	鑫弘机械集团合并_学号	否

（2）任务 2：维护组织范围。

打开用户管理模块，针对自己登录系统的用户维护组织范围，增加组织：集团合并。

（3）任务 3：分配权限。

打开角色管理模块，针对“财务主管”角色分配法定合并模块的权限并保存。

（4）任务 4：分配用户。

在角色管理模块，针对“财务主管”角色分配用户，组织选择集团合并，用户选择自己登录系统的用户进行分配。

9.2.2　具体操作

（1）确定合并范围。

以用户名：学生姓名，密码：学号进入系统。切换当前组织为“鑫弘机械集团_学号”，执行【企业建模】-【组织架构】-【合并范围】-【合并范围】命令。

进入合并范围序时簿界面，点击新增按钮【】，进入合并范围新增界面。按实验数据要求，输入编码为“001_学号”，名称为“鑫弘机械集团合并_学号”，勾选“基本合并范围”，最后保存即可。保存后返回合并范围序时簿界面，选中刚刚保存的合并范围，点击【合并单元】。进入合并单元界面，点击左侧的新增合并单元组按钮【】，输入编码为“01_学号”，名称为“集团合并”，最后保存。

保存成功后，返回合并单元界面，选中左侧刚刚保存的合并单元组“集团合并”，点击左上角的新增按钮【

】。

进入财务组织界面，选中左侧的鑫弘机械集团_学号，将右侧的组织全加，在已选列表可以看到四个分公司，点击【确定】。

返回合并单元界面，可以看到添加的四个财务组织，退出返回合并范围序时簿界面即可。

在合并范围序时簿界面，选中之前保存的合并范围，点击【启用】，选择启用日期为“2019 年 1 月 1 日”，点击【确定】。到此合并范围新增并启用成功。

（2）维护组织范围。

重新登录，以用户名：administrator，密码：kdadmin 进入系统，执行【企业建模】-【安全管理】-【权限管理】-【用户管理】命令。

在用户管理序时簿界面，选中以自己姓名登录系统的用户，点击【维护组织范围】。在组织范围维护界面，点击【增加组织】，在组织单元界面，选中左侧的【集团合并】，点击【全加】，在已选列表，可以看到“集团合并”，点击【确定】即可。返回组织范围维护界面，可以看到“集团合并”组织，退出。

（3）分配权限。

依旧以用户名：administrator，密码：kdadmin 进入系统，执行【企业建模】-【安全管理】-【权限管理】-【角色管理】命令。选中“财务主管”角色，点击【分配权限】，进入分配权限-财务主管界面，将可授权的模块全选入已分配，最后点击【保存】即可。

（4）分配用户。

在角色管理界面，选中财务主管角色，点击【分配用户】。进入分配用户界面，选择组织为“集团合并”。然后点击【分配】，选中以自己名字为用户名的用户，点击【确定】，用户分配完成。

合并范围设置并授权成功后，以用户名为学生姓名，密码为学号重新登录系统。切换组织单元为“鑫弘机械集团_学号”，执行【战略管理】-【法定合并】-【合并范围】-【合并范围选择】命令。

在合并范围选择界面，选择报表日期为“2019 年 1 月 31 日”，合并单元为“集团合并”，点击【确定】。验证合并范围设置成功。

9.3 任务二：参数设置

9.3.1 任务描述

根据鑫弘集团的组织架构，确定使用平行法进行编制合并报表，鑫弘集团财务会计需要修改参数设置。在参数设置模块，选择战略管理下的合并报表，组织单元选择“鑫弘集团合并”。

任务：参数设置。

修改参数编码为 GR_CSL_MERGETYPE_004，参数名称为“合并汇总方式”的参数值为“平行法”。

修改参数编码为 GR_CSL_SupportCrossMerger，参数名称为“支持跨组织合并”的参数值为“是”。

9.3.2 具体操作

以用户名：学生姓名，密码：学号进入系统。切换当前组织为“鑫弘机械集团_学号”，执行【系统平台】-【系统工具】-【系统配置】-【参数设置】命令。进入参数设置界面，在左侧依次双击“战略管理”“合并报表”，选择组织单元为“鑫弘机械集团合并”，点击【确定】。

在参数列表中，选中参数名称为“合并汇总方式”的参数，点击修改按钮【 】，修改参数值为“平行法”，点击【确定】，保存成功。

返回参数列表，选中参数名称为“支持跨组织合并”的参数，点击修改按钮

【】，修改参数值为“是”，点击【确定】，保存成功。在参数值列表，可以看到修改后结果。

9.4　任务三：个别报表模板分配

9.4.1　任务描述

任务：个别报表模板分配。

2019 年 1 月 1 日，鑫弘集团财务会计将管理单元下提前内置好资产负债表和利润表的个别报表模板，分别分配给集团本部_学号、机械制造公司_学号、机械配件公司_学号、机械销售公司_学号。

9.4.2　具体操作

以用户名：学生姓名，密码：学号进入系统。切换当前组织为“管理单元”，执行【战略管理】-【法定合并】-【基础设置】-【个别报表模板】命令。

在个别报表模板条件查询界面，选择周期和类型均为“全部”，点击【确定】。进入个别报表模板序时簿界面，选中模板名称为“鑫弘统一资产负债表”的个别报表模板，点击【模板分配】，在个别报表模板分配界面选择合并范围为“001_学号 鑫弘机械集团合并”，点击【确定】。

合并范围选择完毕后，选择公司为“集团本部_学号、机械制造公司_学号、机械配件公司_学号、机械销售公司_学号”。

返回个别报表模板分配界面，检查合并范围和公司是否有误，确定无误后，点击【确定】，确定后，左下角显示“模板全部分配成功”。到此，资产负债表模板分配完毕。

返回个别报表模板序时簿界面，选中模板名称为“鑫弘统一利润表”的个别报表模板，点击【模板分配】，在个别报表模板分配界面选择合并范围为“001_学号 鑫弘机械集团合并”，点击【确定】。合并范围选择完毕后，选择公司为“集团本部_学号、机械制造公司_学号、机械配件公司_学号、机械销售公司_学号”。

返回个别报表模板分配界面，检查合并范围和公司是否有误，确定无误后，点击【确定】，左下角显示“模板全部分配成功”的提示。到此，利润表模板分配完毕。

9.5　任务四：合并报表模板分配

9.5.1　任务描述

任务：合并报表模板分配。

2019 年 1 月 1 日，鑫弘集团财务会计将管理单元下提前内置好工作底稿模板和合并报表模板，分配给鑫弘机械集团合并_学号。

9.5.2 具体操作

以用户名：学生姓名，密码：学号进入系统。切换当前组织为“管理单元”，执行【战略管理】-【法定合并】-【基础设置】-【合并报表模板】命令。

在合并报表模板条件查询界面，选择周期和类型均为“全部”，点击【确定】。进入合并报表模板序时簿界面，选中模板名称为“工作底稿”的合并报表模板，点击【模板分配】，在集团报表模板分配界面选择合并范围为“001_学号 鑫弘机械集团合并”，点击【确定】。合并范围选择完毕后，选择合并单元组为“集团合并”。

返回集团报表模板分配界面，检查合并范围和合并单元组是否有误，确定无误后，点击【确定】，确定后，左下角显示“模板全部分配成功”。到此，工作底稿模板分配完毕。

返回合并报表模板序时簿界面，选中模板名称为“合并报表”的合并报表模板，点击【模板分配】，在集团报表模板分配界面选择合并范围为“001_学号 鑫弘机械集团合并”，点击【确定】。

合并范围选择完毕后，选择合并单元组为“集团合并”。返回集团报表模板分配界面，检查合并范围和合并单元组是否有误，确定无误后，点击【确定】，确定后，左下角显示“模板全部分配成功”的提示。到此，合并报表模板分配完毕。

9.6 任务五：个别报表编制及上报

9.6.1 任务描述

任务：个别报表编制及上报。

2019 年 1 月 31 日，“集团本部_学号”“机械制造公司_学号”“机械配件公司_学号”“机械销售公司_学号”账号的财务会计，分别根据集团下发的模板，编制资产负债表和利润表（数据见表 9-2），并上报至鑫弘机械集团。

表 9-2 新建个别报表详细信息

公司	报表编号	报表名称	选用集团模板创建报表	创建期间	模板
集团本部_学号	001	资产负债表	是	2019 年 1 期	鑫弘统一资产负债表
	002	利润表	是	2019 年 1 期	鑫弘统一利润表
机械制造公司_学号	001	资产负债表	是	2019 年 1 期	鑫弘统一资产负债表
	002	利润表	是	2019 年 1 期	鑫弘统一利润表
机械配件公司_学号	001	资产负债表	是	2019 年 1 期	鑫弘统一资产负债表
	002	利润表	是	2019 年 1 期	鑫弘统一利润表

表9-2(续)

公司	报表编号	报表名称	选用集团模板创建报表	创建期间	模板
机械销售公司_学号	001	资产负债表	是	2019 年 1 期	鑫弘统一资产负债表
	002	利润表	是	2019 年 1 期	鑫弘统一利润表

9.6.2 具体操作

以下操作以机械销售公司_学号为例，进行个别报表编制及上报，集团本部_学号、机械制造公司_学号、机械配件公司_学号的个别报表编制及上报方法类似，不再赘述，由学生自行完成。

（1）个别报表编制。

以用户名：学生姓名，密码：学号进入系统。切换当前组织为“机械销售公司_学号”，执行【财务会计】-【报表管理】-【报表编制】-【报表制作】命令。在报表条件查询界面，点击【确定】。进入报表制作界面，点击新增按钮【】，进入报表新建界面，按实验数据要求，输入报表编码为“001”，报表名称为“资产负债表”，勾选“选用集团模板创建报表”，期间选择“2019 年 1 期”，模板选择“鑫弘统一资产负债表”，点击【确定】。点击确定后进入资产负债表新建界面，点击数据下的【报表计算】。计算成功后，可以看到计算后资产负债表的数据结果，核对资产总额是否等于“负债+所有者权益总额”。检查无误后，点击【保存】即可。返回报表制作界面，选中刚刚保存的资产负债表，点击【审批】，单据状态变更为“已审核”。

资产负债表审批完毕后，点击新增按钮【】，进入报表新建界面，按实验数据要求，输入报表编码为“002”，报表名称为“利润表”，勾选“选用集团模板创建报表”，期间选择“2019 年 1 期”，模板选择“鑫弘统一利润表”，点击【确定】。点击确定后进入利润表新建界面，点击数据下的【报表计算】。计算成功后，可以看到计算后利润表的数据结果。检查无误后，点击【保存】即可。返回报表制作界面，选中刚刚保存的利润表，点击【审批】，单据状态变更为“已审核”。

到此，机械销售公司_学号的个别报表编制完毕，集团本部_学号、机械制造公司_学号、机械配件公司_学号的个别报表编制方法类似，在此不再赘述，由学生自行完成。

（2）个别报表上报。

依旧在报表制作界面，按 Shift 键，同时选中刚刚审批通过的资产负债表和利润表，点击【批量上报】。两张报表均上报成功后，点击【确定】。

到此，机械销售公司_学号的个别报表上报完毕，集团本部_学号、机械制造公司_学号、机械配件公司_学号的个别报表上报方法类似，在此不再赘述，由学生自行完成。

9.7 任务六：报表接收

9.7.1 任务描述

任务：报表接收。

2019 年 1 月 31 日，鑫弘集团财务会计接收集团本部_学号、机械制造公司_学号、机械配件公司_学号、机械销售公司_学号上报的会计报表。

9.7.2 具体操作

以用户名：学生姓名，密码：学号进入系统。切换当前组织为“鑫弘机械集团_学号”，执行【战略管理】-【法定合并】-【报表接收】-【报表接收】命令。在报表接收条件查询界面，选择报表日期为“2019 年 1 月 31 日”，点击【确定】。进入报表接收界面，勾选“包含下级节点”，按 Shift 键，同时选中集团本部_学号、机械制造公司_学号、机械配件公司_学号、机械销售公司_学号上报的资产负债表和利润表，共 8 张报表，点击【接收】。信息提示：“确认接收选择的报表?”点击【确定】。提示报表接收成功。

到此，个别报表接收完毕。

9.8 任务七：集团合并报表处理

9.8.1 任务描述

任务：集团合并报表处理。

2019 年 1 月 31 日，鑫弘集团财务会计根据接收的各子公司会计报表，进行集团合并报表的业务处理，生成工作底稿和集团合并报表。

9.8.2 具体操作

第一步：生成工作底稿。

以用户名：学生姓名，密码：学号进入系统。切换当前组织为“鑫弘机械集团_学号”，执行【战略管理】-【法定合并】-【合并处理】-【工作底稿】命令。

在工作底稿序时簿界面，点击新增按钮【】，进入工作底稿新增界面，选中名称为“工作底稿”的模板，点击【保存】，工作底稿新建成功。

返回工作底稿序时簿界面，选中刚刚保存成功的工作底稿报表，点击修改按钮【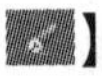】，进入工作底稿编辑界面。在工作底稿编辑界面，点击数据下的【计算当前表页】。计算完毕后，点击【保存】即可。

第二步：生成合并报表。

以用户名：学生姓名，密码：学号进入系统，切换当前组织为“鑫弘机械集团_学号”，执行【战略管理】-【法定合并】-【合并处理】-【合并报表】命令。

进入合并报表序时簿界面，点击新增按钮【】，在合并报表新增界面，选中名称为“合并报表”模板，最后保存即可，可以看到新建成功的提示框。返回合并报表序时簿界面，选中刚刚新建的合并报表，点击修改按钮【】。在合并报表编辑界面，点击数据下的报表计算，进行合并报表的计算。计算完成后，核对资产负债表和利润表的数据是否正确（见图 9-1 和图 9-2）。

编辑-合并报表-合并报表-2019年1期

资产负债表　　会企01表

公司名称：集团合并　　报表日期：2019年1月31日　　单位：元

资产	年初余额	期末余额	负债和所有者权益（或股东权益）	年初余额	期末余额
流动资产：			流动负债：		
货币资金	320370000.00	325007362.62	短期借款		1150000.00
交易性金融资产			交易性金融负债		
应收票据			应付票据		
应收账款	40000.00	4222.00	应付账款	50000.00	32223.00
预付款项		23500.00	预收款项		23500.00
应收利息			应付职工薪酬		
应收股利			应交税费		
其他应收款		1154145.50	应付利息		
存货		-3977252.66	应付股利		
一年内到期的非流动资产			其他应付款		
其他流动资产			一年内到期的非流动负债		
			其他流动负债		
流动资产合计	320410000.00	322211977.46	流动负债合计	50000.00	1205723.00
非流动资产：			非流动负债：		
其他投资			长期借款		
债权投资			应付债券		
长期应收款			长期应付款		
长期股权投资			专项应付款		
投资性房地产			预计负债	120000000.00	119944735.00
固定资产净值			递延所得税负债		
在建工程			其他非流动负债		
工程物资			非流动负债合计	120000000.00	119944735.00
固定资产清理			负债合计	120050000.00	121150458.00
无形资产			所有者权益（或股东权益）：		
开发支出			实收资本（或股本）	200360000.00	200360000.00
商誉			资本公积		
长期待摊费用			减：库存股		
递延所得税资产			盈余公积		
其他非流动资产			未分配利润		701519.46
非流动资产合计			所有者权益（或股东权益）合计	200360000.00	201061519.46
资产总计	320410000.00	322211977.46	负债和所有者权益（或股东权益）总计	320410000.00	322211977.46

图 9-1　资产负债表

利润表　　会企02表

公司名称：集团合并　　报表日期：2019年1月31日　　单位：元

项目	本期金额	本年累计金额
一、营业收入	5103097.34	5103097.34
其中：主营业务收入	5100007.01	5100007.01
其他业务收入	0.00	0.00
减：营业成本	4083000.00	4083000.00
其中：主营业务成本	4083000.00	4083000.00
其他业务成本	0.00	0.00
税金及附加	77904.00	77904.00
销售费用	4800.00	4800.00
管理费用	2350.00	2350.00
财务费用	200.00	200.00
资产减值损失	0.00	0.00
加：公允价值变动收益（损失以“-”号填列）	0.00	0.00
投资收益（损失以“-”号填列）	0.00	0.00
二、营业利润（亏损以“-”号填列）	934843.34	934843.34
加：营业外收入	0.00	0.00
减：营业外支出	0.00	0.00
三、利润总额（亏损总额以“-”号填列）	934843.34	934843.34
减：所得税费用	233323.88	233323.88
四、净利润（净亏损以“-”号填列）	701519.46	701519.46

图 9-2　利润表

数据核对无误后，点击【保存】即可。

到此，集团合并报表处理完毕。

10 集团财务分析

10.1 集团财务分析概述

财务分析是以会计核算和会计报表资料及其他相关资料为依据，采用一系列专门的分析技术和方法，对企业等经济组织过去和现在有关的筹资活动、投资活动、经营活动、分配活动的企业发展能力、盈利能力、营运能力、偿债能力状况等进行分析与评价的经济管理活动。它是为企业的投资者、债权人、经营者及其他关心企业的组织或个人了解企业过去、评价企业现状、预测企业未来，从而做出正确决策提供准确的信息或依据的经济应用学科。

金蝶 EAS 系统集团财务分析通过软件接口采集并整合来自集团内各企业的财务系统的数据，同时能够通过预定义的指标体系、分析报表体系和用户自定义能力，帮助财务分析人员快速进行财务分析工作。

10.2 任务一：财务分析模板分配

10.2.1 任务描述

任务：财务分析模板分配。

2019 年 1 月 31 日，集团财务会计合并报表后，需要根据财务分析模板的指标数据进行财务分析，现将财务分析模板分配至鑫弘机械集团合并_学号。

10.2.2 具体操作

以用户名：学生姓名，密码：学号进入系统。切换当前组织为“管理单元”，执行【战略管理】-【法定合并】-【基础设置】-【合并报表模板】命令。

在“合并报表模板-条件查询”界面，选择周期和类型均为“全部”，点击【确定】。

进入“合并报表模板序时簿”界面，选中模板名称为“财务分析”的报表模板，点击【模板分配】，在“集团报表模板分配”界面选择合并范围为“001_学号 鑫弘机械集团合并”，点击【确定】，如图 10-1 所示。

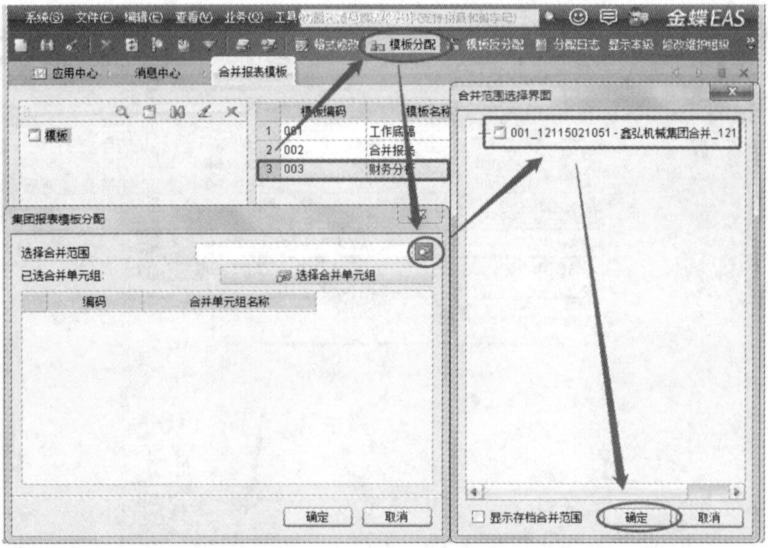

图 10-1　合并报表模板序时簿界面

合并范围选择完毕后，点击【选择合并单元组】为“集团合并”，如图 10-2 所示。

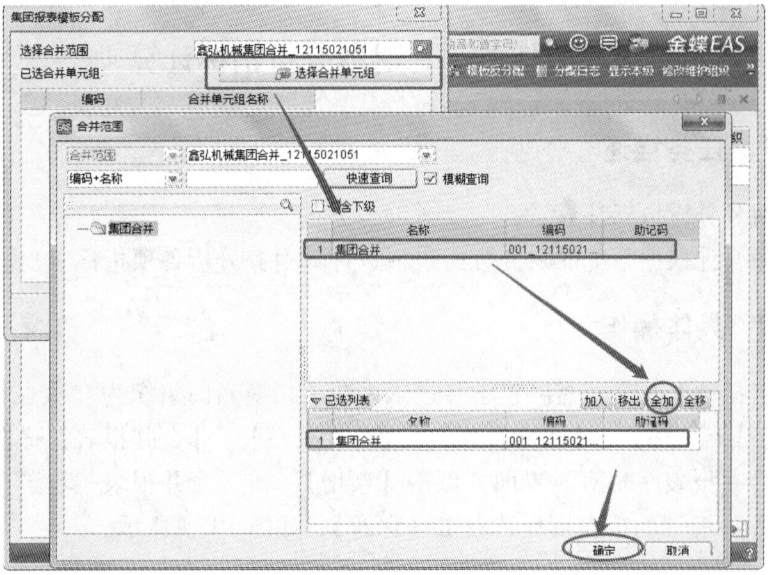

图 10-2　集团合并

返回“集团报表模板分配”界面，检查合并范围和合并单元组是否有误，确定无误后，点击【确定】后，左下角会显示“模板全部分配成功”，如图 10-3 所示。

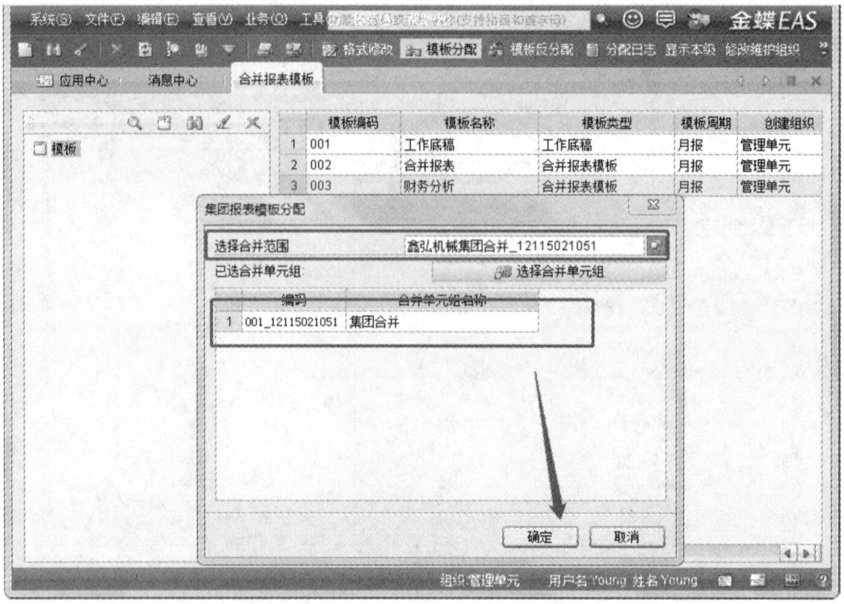

图 10-3　集团报表模板分配界面

到此，财务分析模板分配完毕。

10.3　任务二：财务分析指标计算

10.3.1　任务描述

任务：财务分析指标计算。

集团财务会计根据分配的财务分析模板，计算财务分析各项指标。

10.3.2　具体操作

以用户名：学生姓名，密码：学号进入系统。切换当前组织为“鑫弘机械集团_学号”，执行【战略管理】-【法定合并】-【合并处理】-【合并报表】命令。

进入“合并报表序时簿”界面，点击【新增】，在“合并报表-新增”界面，选择名称为“财务分析”的报表模板，点击【保存】，如图 10-4 所示。

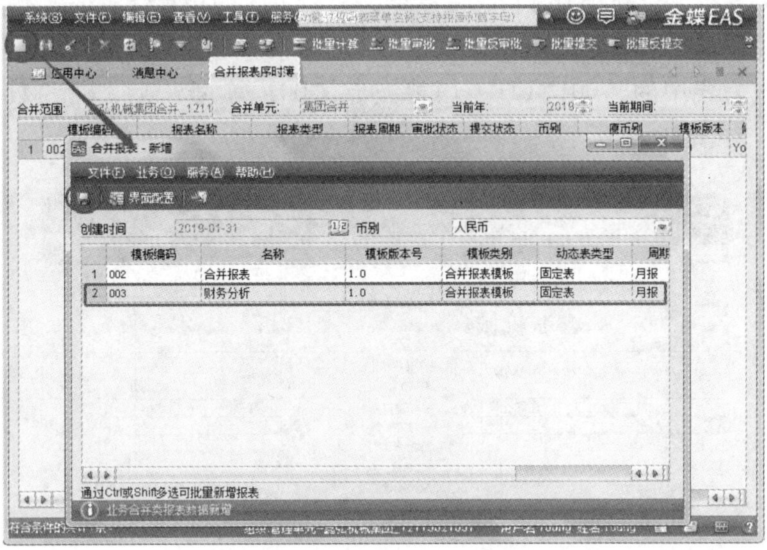

图 10-4　合并报表序时簿界面

返回“合并报表序时簿”界面，选中刚刚保存的“财务分析”报表，点击【修改】。进入“报表编辑”界面，在“偿债能力分析”页签下，点击【编辑】菜单下的【替换】。输入查找内容为“001_123”，替换为“001_学号”，点击【替换全部】，如图 10-5 所示。

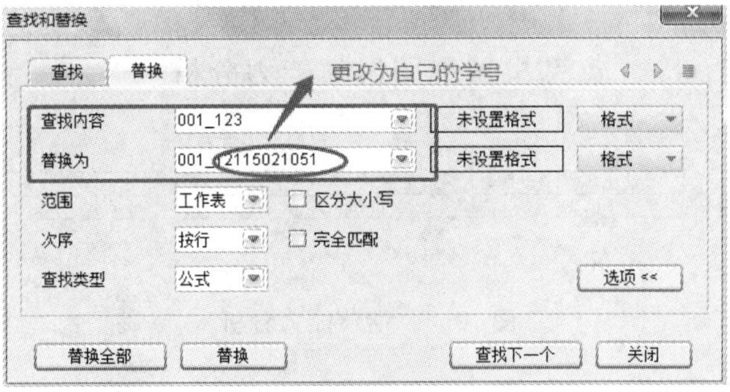

图 10-5　替换学号

选中指标名称下的单元格，用户可以看到公式中的 001_123 被成功替换成 001_学号，如图 10-6 所示。

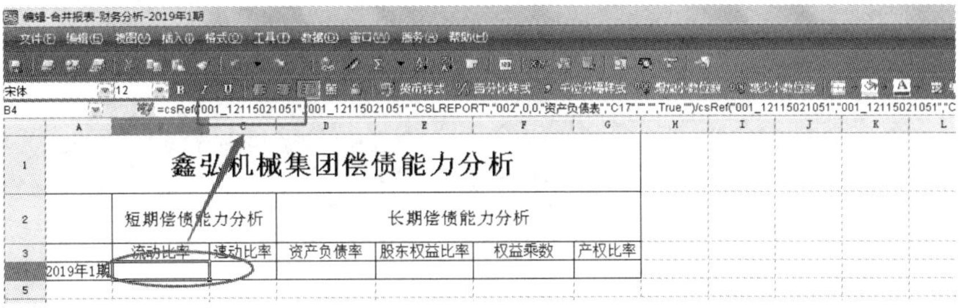

图 10-6　成功替换学号

营运能力分析、盈利能力分析、发展能力分析页签的指标计算公式替换方法类似，在此不再赘述，学生自行操作即可。

四个页签公式中的“001_123”均替换成“001_学号”后，在“数据”下点击【报表计算】，如图 10-7 所示。

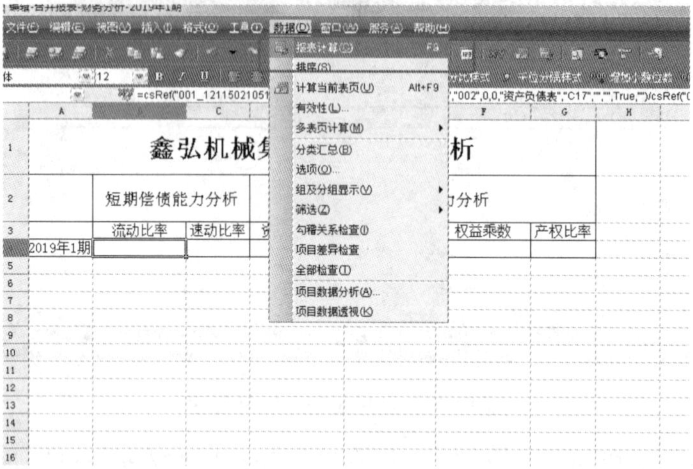

图 10-7　报表计算

四大能力分析的指标均计算完毕，结果如图 10-8、图 10-9、图 10-10、图 10-11 所示。

鑫弘机械集团偿债能力分析						
	短期偿债能力分析		长期偿债能力分析			
	流动比率	速动比率	资产负债率	股东权益比率	权益乘数	产权比率
2019年1期	267.24	271	0.38	0.62	1.60	0.60

图 10-8　偿债能力分析

鑫弘机械集团营运能力分析				
	应收账款周转率	存货周转率	流动资产周转率	总资产周转率
2019年1期	230.79	-2	0.02	0.02

图 10-9　营运能力分析

鑫弘机械集团盈利能力分析					
	资产报酬率	股东权益报酬率	成本费用净利率	销售毛利率	销售净利率
2019年1期	0.003	0.003	0.17	0.20	0.14

图 10-10　盈利能力分析

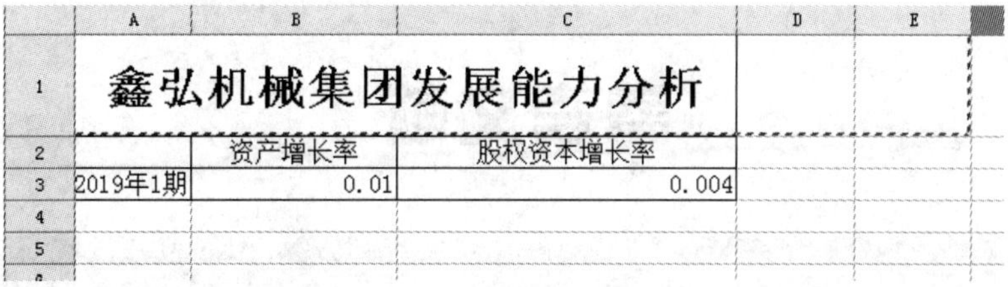

	A	B	C	D	E
1	鑫弘机械集团发展能力分析				
2		资产增长率	股权资本增长率		
3	2019年1期	0.01	0.004		
4					
5					

图 10-11　发展能力分析

核对数据无误后，点击【保存】即可。

到此，财务分析指标计算完毕。

参考文献

[1] 孙雪花. 集团财务管控问题及对策浅析 [J]. 财会学习, 2015 (11): 16-17.

[2] 高东胜. 国有企业集团管控体系建设问题研究 [J]. 管理工程师, 2014 (1): 12-14.

[3] 陆建群. 浅析集团企业财务管控体系的现状与改革对策 [J]. 现代经济信息, 2013 (15): 301-302.